KB217144

불교입문총서 ── 7

중국불교

계환 지음

中國 佛敎

민족사

중국불교

책을 내는 이유

훌륭한 재목이 못난 목수를 만나는 것은 재앙이다. 멋진 옥이 안목 없는 장인匠人과 만나면 그냥 돌과 같이 취급되어 가져간 사람의 뒤꿈치만 잘리게 된다. 또한 옥을 알아보더라도 안목과 솜씨가 없으면 귀한 재료를 이리 깎고 저리 깎아 못쓰게 만들어 버린다. 이와 마찬가지로 중국불교를 어떻게 표현하느냐에 따라 돌이 되어 안목을 가릴 수도, 옥이 되어 눈부시게 드러날 수도 있을 것이다.

대학에서 강의를 해 온 지도 어느새 벌써 이십 몇 년이 훌쩍 넘었다. 예전부터 전공자만을 위한 책이 아니라, 일반 불자들도 다 함께 볼 수 있는 중국불교사 책의 필요성을 느끼고 있었다. 그래서 이번 책에서는 바로 그러한 취지를 살리고 싶었다. 이 말은 보다 쉽고, 보다 이해하기 편안한 표현으로 설명하겠다는 뜻이다.

사실 불교를 전공한 필자로서 지금까지 봐 온 여러 연구 서적들이 너무 전문적이고 지나치게 현학적이어서 이해하기 힘들었던 것을 생각하면 일반 불자들에겐 난해한 대목이 더욱 많았을 것이라고 짐작이 간다.

언제까지 일반 대중들의 목마른 갈구를 외면한 채, 한정된 소수의 사람들만을 위한 연구에만 매달릴 것인가. 이미 우리는 모든 지식과 정보를 공유하는 시대에 살고 있다.

그런 의미에서 본서의 유일한 장점을 들라고 하면, 전공자와 일반 불자들이 다 함께 참조하고 공부할 수 있다는 점과, 내용 이해를 위한 예화를 많이 실었다는 점이다. 그러나 하늘 아래 새로운 것은 없고, 다만 새로워 보이는 것만 있을 뿐이다. 표현이 다소 다르다고 내용이 달라질 리가 없기 때문이다. 강호제현의 질책을 겸손한 마음으로 기다리는 이유이다.

본서가 출판되기까지 필자가 진 빚들은 엄청나다. 먼저 일본 유학 시절에 중국불교의 중요성과 가치를 인식시켜 주신 중국불교의 대가 마키다(牧田) 박사님, 탁월한 가르침으로 내 학문의 지평을 넓혀 주신 미즈타니(水谷) 교수님, 그리고 한국불교에 대한 박사 논문을 쓰려는 필자를 설득하여 전공을 중국불교로 바꾸게 해 주신 구모이(雲井) 교수님, 어려운 고비마다 용기를 북돋워 주신 가마타(鎌田) 교수님과 카기누시(鍵主) 교수님의 은혜는 잊을 수 없다.
그리고 교정을 봐 준 불교대학원 김용남 겸임교수와 다르마 칼리지

장미란 초빙교수, 색인을 도와준 불교학술원 이석환 연구원, 석사수료생 박수현 군에게도 많은 신세를 졌다.

　얼마 전에 짧은 글을 하나 읽었는데 한 줄 한 줄이 다 촌철살인이었다. 그 글을 읽고 많이 감동했는데, 글쓴이가 누군가 했더니 바로 도서출판 민족사 윤창화 사장님이었다. 그의 창의적인 아이디어와 해박한 지식, 그리고 교계 출판업에 대한 애정과 진정성에 의해 본서가 빛을 보게 되었다고 해도 과언이 아니다. 원고 청탁을 받고 초고를 끝낸 직후 학교 소임을 맡았기 때문에 본의 아니게 출판이 많이 지연되었다. 그럼에도 불구하고 믿고 기다려 주신 점에 깊은 감사의 뜻을 전하고 싶다.

불기 2558년(2014) 입춘을 앞둔 좋은 날
동악의 연구실〔圓敎之室〕에서
계환 합장

목차

서언

1. 불교 전래 이전의 정치·사회적 배경

지금부터 불교가 전래될 당시 중국의 정치·사회적 배경을 살펴보기로 한다.

우선 불교가 중국에 전래되었다고 추정되는 시기는 서한西漢 말과 동한東漢이 시작될 무렵인 기원 전후 1세기경이다. 그러므로 그 시기까지의 중국사를 먼저 살펴보는 것이 순서일 것이다.

춘추 전국 시대라고 하는 혼란 정국을 타파하고 새롭게 중원을 통일한 사람은 진시황제秦始皇帝이다. 현재 중국이 영어 표기를 'China'라고 하는 것도 그 진(秦, Chin)에서 따온 말이다. 진시황제라는 명칭이 부여된 것 또한 그와 같은 맥락에서 이해할 수 있다. 진나라로 치자면 시황제 영정嬴政은 31대 왕이지만, 그가 대제국의 첫 황제가 된 사람이라는 뜻에서 시황제라 한다.

중국의 시황제(기원전 221~206)는 등극하면서 기존의 봉건제封建制, 즉 신하에게 땅을 주고 통치하게 하던 방식을 폐지하고 군현제郡縣制를 실시하였다. 이는 봉건 제후의 힘을 무력화하고 중앙의 권력을 강화하고 싶었던 데서 나온 정책이라 할 수 있다. 그는 또한 무기를 몰수하여 반란을 미연에 방지하고자 하였다. 그뿐만 아니라 유교의 정명正名 사상을 들어 명분을 중시하는 유생들을 산 채로 땅에 파묻고 유교 전적들을 불태웠다. 그것이 이른바 분서갱유焚書坑儒이다.

이처럼 진시황제는 자신의 정권을 유지하는 데 필사적이었다고 할 수 있다. 그러나 이러한 노력에도 불구하고 시황제의 실정失政은 엉뚱한 데서 드러나게 된다. 그는 크고 작은 전란으로 삶이 피폐해질대로 피폐해진 민생을 돌보지 않았던 것이다. 오히려 영토를 더욱 확장하기 위하여 크고 작은 정벌을 일삼는 한편, 외세의 침입으로부터 자유롭기 위해 만리장성을 축조했다. 또한 자신의 권력을 향유하기 위하여 아방궁을 축조하느라 대대적인 토목 공사까지 벌였다. 이렇게 계속되는 대규모 공사와 정복 전쟁은 농민들의 불만을 고조시켰다. 그러나 시황제의 생전에는 누구도 불만을 터뜨릴 수 없었다. 엄격한 형벌이 가해지기 때문이었다. 모든 불만은 시황제의 사후에 폭발한다. 진승과 오광의 농민 반란을 시발점으로 삽시간에 중국 전역이 농민 봉기의 소용돌이에 휩싸이게 된다. 그 가운데 한 축이 숙부인 항량項梁과 함께 봉기의 선봉에 선 항우項羽이고, 그 다음 해에 또 다른 봉기군을 이끌고 항우의 봉기군에 합류한 사람이 유방劉邦이다. 그들의 연합 세력에 의해 통일 제국이었던 진은 겨우 15년을 유지하고 무너졌다. 그때가 기원전 206년이다.

진秦을 멸망시킨 후, 항우는 서초패왕西楚覇王이라 칭하고, 지원 세력이었던 유방을 한왕漢王으로 봉한다. 그러나 실제 항우의 속셈은 유방을 살해하려는 데 있었다. 그 계획은 유방의 수하 장량에 의해 무산

된다. 오히려 유방이 초왕 항우를 기원전 202년에 물리치고 중국 중원을 통일한 뒤 장안長安을 수도로 하여 황제 자리에 올랐으니, 곧 한고조漢高祖이다.

한고조 유방은 진나라에 이어 군현제를 기본으로 하면서도 개국 공신들을 제후왕과 열후列侯로서 각지에 봉하였다. 그것은 곧 봉건제의 부활을 의미한다. 그러나 오래지 않아 모두 쇠망하고, 제후왕은 유씨족劉氏族 출신자에 한한다는 것이 불문율이 된다. 중국불교사를 이해하는 데에 이 부분은 특히 깊은 이해가 필요한 부분이다. 서진을 멸망으로 몰아넣은 '팔왕의 난'과 같은 형제끼리의 싸움에 왕이라는 칭호가 붙는 것도 모두 이와 같은 체제하에서 명명되었기 때문이다.

한고조는, 진나라를 계승한 군현제와 개국 공신들을 제후로 봉한 봉건제를 함께 시행하는 군국제를 택하였다. 물론 이 시기의 봉건제는 춘추 시대 이전의 것과는 성질이 다르다. 제후왕은 중앙 관제와 유사한 관제를 가졌으므로 자립적 경향도 있었다. 하지만 점차 한漢 왕조의 지배체제가 안정되자 제후왕의 봉토 삭감 정책이 시행되고, 결과적으로 제후왕의 세력은 점차 약화되어 간다. 그리고 마침내 한무제 때에 이르러 제후왕은 봉국에 대한 통치의 실권을 완전히 상실하게 된다. 따라서 한무제 이후의 한 왕조는 진나라의 군현제와 똑같이 되어 중앙집권적인 전제 통치체제가 완성된다. 이것은 결과적으로 한무제가 대외적으로 한나라의 영토를 크게 확장하는 데에 힘을 실어 주는 토대가 된다.

한무제는 북방으로는 흉노족을 고비 사막 이북으로 물리치고, 동방으로는 한반도까지 진출하여 한사군漢四郡을 설치하였다. 또 남방으로도 안남까지 진출하였으며, 서역으로도 진출하여 실크로드가 개척되었다.

한무제의 치세기에는 이처럼 사상 최대의 대제국이 건설된 반면 부

작용도 나타났다. 대규모의 원정, 토목 사업, 궁정의 사치 등으로 국가 재정이 파탄에 이른 것이다. 무제는 이를 극복하고자 세금을 올리고 화폐 제도를 개선하였다. 그뿐만 아니라 소금·철·술 등의 전매제를 시행하는 한편 여러 재정 정책을 취하였다. 그러나 이 모든 것들은 농민에게 과중한 부담이 되었고, 사회적 모순은 더욱더 심화되었다. 게다가 무제의 장기적인 독재 통치로 인해 황제 측근인 환관이나 외척 및 근신이 실권을 잡게 된다. 따라서 정치적으로는 부패하고, 사회적으로는 혼란이 가중되었다.

무제가 죽고 8세밖에 안 된 소제昭帝가 황제에 오르자, 궁정에는 권력 투쟁이 끊이지 않게 된다. 권력 투쟁의 소용돌이 속에서 실권을 장악하지 못하고 지내던 소제는 21세의 나이에 후사도 없이 죽게 된다. 그 뒤를 이은 황제는 선제宣帝인데, 선제는 매우 현명한 황제로 손꼽힌다. 모든 일을 실권자인 곽광이 먼저 맡게 하고 나서 자신이 처리하였다. 곽광이 죽자 선제는 곽씨 친척들에게 있었던 군사 지휘권을 가져와 정사를 주관하였다. 곽씨 일족은 그에 대한 반발로 반란을 일으키려다 발각되어 모두 죽음을 당한다.

비록 짧은 기간이라 할 수도 있지만 소제와 선제가 다스린 36년은 전한과 후한을 통틀어 최전성기를 이룰 정도로 번영하였다. 실크로드의 서쪽 끝은 로마이고, 동쪽 끝은 장안이었는데, 수도 장안은 정치·경제·문화의 중심지가 되었다. 수많은 학자들이 장안으로 몰려들었고, 외국 사신 일행과 상인으로 항상 붐볐다.

선제가 죽고 아들 유석이 원제元帝로 즉위하였으나 병약하였다. 그는 유교를 좋아하였는데, 무제 때부터 국교로 지정되었던 유교는 원제 때에 이르러서야 뿌리를 내렸다.

원제에 이어 성제가 즉위하였는데, 그는 정사를 전혀 돌보지 않았다. 따라서 대권은 그의 외척이 서서히 장악하게 되었다. 성제의 어머니인 황태후 왕정군의 동생 왕봉이 대사마大司馬에 대장군까지 겸하게 된다. 조정의 모든 대권을 왕봉이 틀어쥔 셈이다. 따라서 그 일족의 위세는 하늘을 찔러 모두 교만하기 이를 데 없었다. 그러나 그 일족 가운데 유독 왕망王莽만은 매사에 조심하였으며 청렴하였다. 따라서 왕봉이 죽자 그 권력은 자연스레 왕망에게로 넘어간다. 왕망은 인재들을 많이 도와주었으므로 수많은 선비들이 그에게로 몰렸다. 주변의 신임을 한 몸에 얻게 된 왕망은 끝내 재상이라 할 수 있는 대사마가 되었다. 그런 가운데 성제가 죽고 애제가 즉위한다. 왕망은 신흥 외척의 압박을 피하고자 한때 정계에서 물러난다.

　그러나 몸이 약하였던 애제는 즉위한 지 1년 만에 후사도 없이 죽게 된다. 왕망은 때를 기다렸다는 듯이 태왕태후 왕씨와 쿠데타에 성공하여 대사마로 복귀하였다. 그리고 당시 9세였던 유간劉衎, 즉 평제平帝를 황제로 옹립하고 자신의 딸을 황후로 삼는다. 이로써 다시금 모든 국가 대사는 왕망이 주관하게 되었다. 온갖 아첨을 일삼는 대신들이 왕망을 한나라를 안정시킨 대공신이라 추켜세우며, 안한공安漢公으로 책봉해야 한다는 상주서를 황태후에게 올렸으나 왕망은 그것을 사양했다.

　왕망이 거절하면 할수록 새로운 봉호를 내려야 한다는 목소리가 높아졌다. 당시 왕망의 책봉을 높여야 한다며 상주서를 올린 사람은 조정 대신과 지방 관리, 그리고 일반 백성까지 합쳐 무려 48만 명이나 되었다고 한다. 결국 왕망은 봉호를 받아들여 안한공, 재형宰衡, 즉 재상이 됨으로써 평제의 보정자가 된다. 모든 권력을 손에 넣은 왕망은 독주毒酒로 평제를 독살한다. 그때 평제의 나이 고작 14세였으므로 자식은 없었다. 왕망은 유씨 왕실에서 두 살배기 아기를 데려다 황태자로 삼았는데, 그가 바로 유자영孺子嬰(선제의 현손)이다. 왕망은 스스로를 '가황제假皇帝'라 하고, 신하들에게는 '섭황제攝皇帝'라 부르게 했는데, 여기서의 '가'는 가짜의 뜻이 아니라 '대리', '대행'의 뜻이다. 이로써 왕망의 권세는 나는 새도 떨어뜨릴 정도가 되었다.

한편, 전한 말기의 사상계에는 오행참위설五行讖緯說이 유행하였다. 따라서 경학자들은 음양가의 말을 빌려 유가의 경전을 해석하였다. 더욱이 『주역』은 본래 점서로, 시초점에 쓰인 술수의 일종이었던 만큼 그런 해석을 수용하기가 더욱 쉬웠다. 이른바 『역위』가 바로 그 방향으로 『주역』을 해석한 것으로, 전한 시대 중엽 이후 위서緯書가 출현한다.

참위讖緯에서의 '참'이란 거짓으로 비밀스런 말을 꾸며 길흉을 예언한 것을 말한다. 그리고 '위'란 경經의 지류로서 다른 의미로까지 부연한 것을 의미한다. 그 결과 『역위』·『서위』·『시위』·『춘추위』·『예위』등과 같은 책들이 저술되었다. 이러한 저술은 전한 시대 이래 유학자들이 제멋대로 학설을 추론하여 지은 것이므로 경의 본의와는 거리가 멀었다. 더욱 문제가 된 것은 위서 속에 뒤섞인 '참', 즉 예언이었다. 거기에서 춘추 전국 시대에 위대한 스승이었던 공자는 왕이 되었고, 마침내는 신으로 변했다. 이러한 맥락에서 왕망은 참讖에 부응한다며 '한漢'을 '신新'으로 바꾸었으며, 광무제는 참讖에 부응한다며 '신新'을 다시 '한漢'으로 바꾸었다.

왕망은 "안한공 왕망은 황제가 되라"는 붉은 글씨가 써진 흰 돌이 나타나게 하고, "왕망이 황제가 되라"는 하늘의 의사 표시로 간주되는 새 우물을 출현시키는 연극을 벌였다. 인간에게 표시되는 천명을 부명符命이라 하는데, 왕망은 이 부명을 교묘하게 이용한 셈이다. 기원후 8년

마침내 왕망은 유영을 몰아내어 한나라를 멸망시키고 '신新'나라를 개
국하여 황제가 되어 선양혁명에 성공한다.

왕망은 모든 토지를 왕조가 차지하여 개인은 매매할 수 없게 하는 왕
전제王田制를 실시하였으나 실패한다. 가혹한 형벌 제도 역시 노비의
수만 늘려 놓았으며, 흉노와의 전쟁으로 백성은 도탄에 빠졌다. 게다
가 민란까지 일어나는 바람에 왕망은 정신을 차릴 수조차 없었다. 적미
병赤眉兵과 녹림병綠林兵을 포함하여 반란군이 전국에서 일어났으며,
각 지방의 호족과 귀족들도 합세하였다. 결국 왕망은 그들에게 살해당
하고, 신新나라는 불과 15년 만에 막을 내리게 된다. 왕망이 집권한 15
년 동안 대혼란이 지속되었다.

한 왕조 만세를 외치는 사람들 가운데는 호족 집단의 지도자로서 반
란군을 이끌었던, 경제景帝의 6대손으로 추정되는 유수劉秀가 있었다.
그가 곧 낙양에 수도를 정하고 한 왕조를 재건한 광무제이다. 후한을
동한이라 부르는 것은 수도인 낙양이 전한의 수도였던 장안보다 동쪽
에 있었기 때문이다.

광무제는 즉위한 후 10여 년 동안 왕망 때부터의 유적流賊 세력을 진
압하여 통치권을 강화하는 데 주력하였다. 그는 마침내 적미군을 진압
하고 각지에 할거하던 세력을 평정하여 36년에 전국을 평정한다. 재위
기간 동안 그는 아홉 차례나 명령을 공포하여 노비를 해방하고, 노비를
잔혹하게 해치는 것을 금지하였다. 죄인들을 석방하여 양민의 수를 늘
리고, 400여 개의 현縣을 통합하여 관리의 수를 줄였다. 나아가 지방
병권을 장악하고 있던 도위都尉를 폐지하여 중앙집권적 통치체제를 공
고히 하였다. 또한 전한 말기의 심각한 문제 가운데 하나였던 면세 토
지 문제를 제거하였다.

광무제는 이러한 문제들을 해결하려고 몇몇 호족들의 지원을 받았고, 계속해서 그들의 군사적인 지원에 의존하였다. 유교의 국교화 강화도 호족층이 자체 결합의 근거를 유교에서 구했던 것과 관계가 있다. 그들은 효행이 있는 사람과 청렴한 사람을 관리로 임용하는 제도를 통하여 중앙 관료로의 길을 확보하였다. 또한 지방에서는 소농층을 자신들의 지배하에 편입시키면서 자신들의 소유지를 점차 늘려 나갔다. 그 결과 황제 통치의 기반인 농민층은 축소되고, 제국은 마치 호족 연합체처럼 되어 국가의 통제력이 감퇴하였다. 57년 광무제는 낙양의 남궁南宮에서 병사한다. 뒤를 이은 것은 광무제의 넷째 아들 유장劉莊, 즉 명제明帝이다.

이상으로 불교 전래기까지의 중국의 정치·사회적 배경 및 사상계의 동향을 살펴보았다. 진시황이 중원을 통일한 이후부터 후한後漢이 건국되기까지의 중국은 크고 작은 전란의 연속이었다고 할 수 있다.

전한이 비록 200여 년 간 유지되었다고는 하나, 황위를 이어갈 때마다 수많은 사람들이 피를 흘리는 과정을 겪어야만 했다. 황제의 후사가 많으면 많은 대로 그들끼리 황권을 다투었다. 또 후사가 없으면 그 틈을 비집고 들어서려는 세력들끼리의 권력 다툼이 더욱 심했다. 따라서 황권皇權을 향한 크고 작은 투쟁은 조정 안팎에서 끊일 새가 없었다. 그러므로 백성들의 삶은 늘 척박할 수밖에 없었고, 그들의 마음은 불안하기 그지없었다.

이처럼 사회가 혼란스럽고 정국이 불안하면 할수록 백성들은 동요할 수밖에 없다. 결국 힘없고 소외된 자들이 희구해 마지않는 것은 그들을 구원해 줄 새 인물과 새로운 사상의 출현이다. 그것은 예언이나 상서로운 조짐을 찾아내려는 몸부림으로 나타난다. 불교가 중국으로 유입될 당시의 혼란기에 그에 부응하여 나타난 것이 오행참위설五行讖緯說이다. 참서는 거짓으로 비밀스런 말을 꾸며 길흉을 예언한 책이다. 이러한 괴이한 참서는 전한 말에 이르러 더욱 성행하였다. 따라서 비밀리에 거짓으로 예언과 상서로운 조짐을 만들어 내는 일이 많았다. 이 모든 것은 동요하는 민심을 수습하는 한편 정권을 유지하기 위한 수단으로 사용된 것이었다.

중국에 유입될 당시 인도에서 발흥한 불교는 부파불교를 지나 대승불교로 뿌리내린 시점이다. 따라서 불교는 절대적인 위력을 간절히 소원했을 당시 중국의 상황에 충분히 부합하는 사상이었던 것이다.

2. 불교사를 다루는 관점

　　불교사가 중국불교의 연구에 커다란 중요성을 갖는 까
닭은 그것이 긴 역사를 통해 중국인의 생활 방식에 끊임없이 영향을 미
쳐 왔기 때문이다. 물론 20세기 이후 중국에서는 불교가 쇠퇴하였다.
그러나 바로 그 이유 때문에 불교가 중국 문화에 끼친 영향과 중국인들
의 삶에 지속적인 자취를 남겼다는 사실까지 간과해서는 안 될 것이다.

　따라서 더욱 중요한 점은 중국인들의 삶이 불교 교리와 의례 그리고
수행에 깊은 영향을 받았다는 사실이다. 동시에 이는 바로 우리 자신의
모습이기도 하기에 더욱 타산지석으로 삼아야 할 것이다.

　그러나 역사를 바라보는 눈은 사람마다 다를 수밖에 없다. 역사에는
어떤 법칙이 있다고 믿는 사람, 경향성만을 주장하는 사람, 역사가 반
복된다고 확신하는 사람, 무의미하다고 냉소하는 사람도 있다.

　하지만 역사란 바로 현재 의식에서 포착하는 과거이다. 포착하는 사
람의 주관에 따라 얼마든지 역사의 모습도 바뀌기 마련이다. 왜냐하면

역사란 항상 '승자勝者'들이 쓰는 것이기 때문이다. 그러한 사례들이 중국불교사에도 자주 나타난다. 다시 말해 사가史家가 누구냐에 따라 불교적인 요소가 삭제되거나, 증폭되는 경우도 있다. 나쁘게 왜곡되기도 하고 물론 반대의 경우도 있다.

따라서 과거에 있었던 하나하나의 사실들을 어떻게 파악할 것인가 하는 문제는 불교사 전개에서 매우 중요하다. 오늘의 어떤 사실이나 어떤 사람을 좀 더 알려 한다면 어제의 그 사실과 어제의 그 사람에 대해 몰라서는 안 되듯, 역사 연구가 선행되어야 하는 당위성도 바로 여기에 있다.

보통 '불교'라 하면 산문山門 안의 불교와 산문山門 바깥의 불교로 나눌 수 있다. 전자는 바로 불교 교단 내에서 나온 여러 가지 사상들, 즉 교단을 이끌어 온 여러 훌륭한 조사스님과 교학적 연구를 한 재가 학자들이 삼장에 근거하여 전개한 여러 사상들, 즉 불교 사상을 가리킨다. 후자의 경우는 교단 바깥을 말하므로 사회적으로 불교의 영향 아래 형성된 불교 문화적인 여러 측면을 말한다.

그런데 불교사는 바로 이 두 가지 측면을 역사적인 전개에 따라 다 함께 관망할 수 있는 학문이다. 다시 말해 전문적인 사상, 예를 들면 천태·화엄·유식·정토 사상 등, 지엽적인 한 분야만을 연구하는 사람들도 불교사 전체를 파악하게 되면, 오히려 자신의 전공 분야에 대한 이해가 훨씬 빠를 것이다. 왜냐하면 그 시대에 그러한 사상이 나올 수밖에 없었던 사회적 배경을 고려하지 않고, 그 사상에만 치중한다면 한 면밖에 모르는 사람이 될 것이기 때문이다. 따라서 사상적 연구는 역사적 연구를 겸하여야 그 기초를 견고히 할 수 있고, 역사적 연구는 사상적 연구에 의해 비로소 그 내용을 충실히 할 수 있게 된다.

기원 후 1세기에 전래되어 20세기 초까지 그 넓은 대륙과 장구한 역사, 그리고 수많은 인구, 전통 사상과 찬란한 문화까지 지닌 중국이라는 땅에서 불교가 그들의 정신적 지주가 되기 위하여 얼마나 노력하였는가? 기존 사상과 문화에 대처하기 위해 어떠한 방법을 강구하였으며, 때로는 그들과 동화하기 위하여 불교 자신이 어떠한 변용을 시도하였는가? 그러한 과정을 거치면서 얻은 것은 무엇이고, 잃은 것은 무엇인가? 하는 점을 살펴봐야 할 것이다.

　　다만 문제는 '불교사'라는 것이 어느 한 독특한 사상의 설명과는 달리 지루하고 딱딱한 내용일 수도 있다는 것이다. 그래서 때로는 중국불교사를 빛낸 기라성 같은 고승들의 숨어 있는 일화를 소개함으로써 지루함도 달래고, 불교를 위해 치열하게 살다 간 그분들의 삶을 통하여 오늘날 우리들이 처한 어려움을 극복하는 데 도움이 되었으면 하는 바람도 없지 않다.

　　그런 의미에서 중국 사상의 거대한 산맥의 하나로까지 발전한 중국불교, 기원후 1세기에 전래되어 20세기 초까지 거의 2천여 년 동안 중국인들의 정신적 지주가 되어 온 중국불교를 불교사적佛敎史的인 관점에서 다루고자 한 것이다.

제1장

초기 번역 시대

(전래 시~도안)

1. 중국불교사의 특징과 시대 구분

1) 중국불교사의 특징

중국에 불교가 전래된 후, 불교와 중국 사상 사이에는 두 가지 관계가 성립되었다. 첫째는 중국 사상이 불교의 영향을 받아 중국 사상 그 자체의 내용이 더욱 풍부하게 된 점이다. 둘째는 불교 사상이 중국 사상의 영향을 받아, 인도불교에는 없었던 교리상의 새로운 문제들이 전개되었다는 점이다. 그런데 중국의 사가들은 전자를 과소평가하는 반면, 불교사가들은 후자를 과대평가하는 경향이 있다.

그러나 중국불교사를 올바르게 이해하기 위해서는 사상적인 면만이 아니라, 사회·문화적인 면도 함께 고려해야 할 것이다. 중국은 오랜 전통문화와 고유 사상을 지녔고, 또한 인도와는 전혀 다른 문화권에 속해 있기 때문이다. 이것은 중국불교를 인도불교의 연장선상에서 바라볼 것이 아니라 독자적인 중국불교로서 조명해야 한다는 의미이기도 하다.

그러면 중국불교사의 현저한 특징 몇 가지를 살펴보자.

첫째, 중국불교는 한국불교의 모태母胎가 된다.

다시 말해 우리나라 불교는 인도불교의 전래로 시작된 것이 아니라 중국인들이 이해하고 연구하여 대성시킨 중국불교로부터 출발하였다는 점이다. 물론 한국불교가 단순히 중국불교의 이식이나 모방이라는 말은 아니다. 다만 독자적인 전개를 해 온 우리나라 불교의 원류가 된 것은 바로 중국불교였다는 점이다.

예를 들면 불교 사상 가운데 천태나 화엄과 같이 철학적 교리 체계를 갖추게 된 것은 중국불교에서 이루어졌고, 또한 실천불교로서의 선종과 정토종도 모두 중국에서 가장 발달하고 전개된 교리이자 종파들이다. 결국 한국불교를 연구하기 위한 선행 연구라는 점에서도 중국불교의 연구와 이해는 필요 불가결하다는 의미이다.

둘째, 중국 전통 사상과의 만남, 즉 유儒·불佛·도道 3교의 교섭사적인 측면이다.

원래 외래 종교가 다른 나라에 전파될 경우 고유 문화와 새로이 전파된 이질 문화 사이에 다소간의 갈등은 있기 마련이지만 중국의 경우는 조금 다르다. 불교가 적극적으로 유교와 도교의 용어를 차용해서 쓰기도 하고, 때로는 그들의 사고에 맞추기 위해 오히려 불교 자신의 모습을 변용하기도 하였다.

반대로 유교의 경우도, 불교의 영향으로 훈고학적인 학문에서 벗어나 새로운 유학 즉 송학宋學과 양명학陽明學을 완성시켰고, 또한 도교는 도교대로 정비된 불교 교리와 의례에 자극 받아 도교 의례를 비롯하여 도학 체계와 특히 도교 경전을 새롭게 정비하게 되었다.

말하자면 외래 종교로서의 불교가 기후와 풍토, 그리고 생활 습관과

중국불교

문화가 전혀 다른 중국 대륙에서 뿌리 내리기 위해 어떠한 노력을 하였는가? 중국의 사상적 지주가 되기 위해서 기존의 유교·도교와 어떻게 타협했으며, 한편 불교 자신은 어떤 모습으로 탈바꿈하였는가? 하는 문제에 대한 해명 없이는 진정한 의미에서의 중국불교사 이해는 어렵다고 할 수 있다.

셋째, 한역漢譯 대장경大藏經의 성립을 들 수 있다.

이것은 자기 문화와 문자에 대해 어느 나라보다도 강렬한 우월감과 자부심을 가지고 있던 중국인들의 소위 '중화의식中華意識'의 발로로 얻어진 결과물이다.

중국인들은 처음부터 불교를 자기들의 말과 글로써 이해하고자 노력하였고, 그 결과 중국에 전해진 경전은 진언眞言이나 다라니dhāraṇī를 제외하고는 전부 한문으로 번역하여 한역 대장경을 성립시켰다. 중국 불교는 바로 이 한역 대장경을 중심으로 재출발한 불교라고 해도 과언이 아니다.

바꾸어 말하면 불교 교리를 연구한 결과 한역 대장경이 만들어진 게 아니라, 한역 대장경이 만들어짐으로써 이를 바탕으로 불교 교리를 이해하고 불교 사상을 전개시켰던 것이다. 만약 똑같은 한문 문화권인 우리나라와 일본이 중국의 한문 경전을 그대로 독송하였듯이, 인도의 산스크리트Sanskrit어나 팔리Pāli어 원전을 중국인들이 그대로 수용하여 번역하지 않았더라면 오늘날 우리가 볼 수 있는 독특한 중국불교의 성립과 그 문화 유산은 없을 것이다. 더구나 인도에서 불교가 완전히 자취를 감추게 된 것은 이슬람교도들이 밀교 사원과 승려들에게 무차별 폭격을 가한 1203년, 즉 13세기 초이다. 그러나 이미 그 이전에 산스크리트어 원본이 너무도 많이 산실되었기 때문에 한문으로 번역된 한역

대장경 자료에 의존하지 않을 수 없다. 특히 중국의 남북조 시대 이전에 해당하는 인도불교사를 알고자 할 경우 중국의 경전經典 전역사傳譯史가 오히려 인도에서의 경전 성립 연대를 역逆으로 추정해 주는 결정적 지침이 되고 있을 정도로 중요한 자료적 역할을 하고 있다.

네 번째 특징은, 중국불교는 교판불교敎判佛敎라는 점이다.

인도불교의 경우 불멸 이후 근본불교로부터 원시불교·초기불교·부파불교·소승불교등 다양한 시대의 역사적 발전 단계를 거쳐 대승불교의 흥기로 전개되었다.

그러나 중국의 경우, 이러한 역사적인 발전 단계 없이 전래 당시부터 대·소승의 불교 경전이 거의 동시에, 앞서거니 뒤서거니 전래되었다. 따라서 그들은 소승불교에 대해 미처 판단하고 비판할 여유을 갖기도 전에 대승불교를 접하게 되었던 것이다. 자연히 대승불교가 주류를 이루게 된 이유이다.

그런데 그들은 방대한 번역 경전을 앞에 놓고서 새로운 난관에 봉착하게 된다. 이 많은 경전은 어떠한 순서로 설해진 것일까? 이 가운데 과연 어떤 경전이 가장 수승한 경전인가? 그리고 경전 상호 간의 교리적 모순은 어떻게 이해해야 하는 것인가? 석존의 참뜻을 전하는 핵심적인 경전은 과연 어느 것인가 하는 의문이 꼬리를 물고 일게 된 것이다. 그 결과 그들은 경전의 형식과 방법, 그리고 설해진 순서와 교리 내용 등을 분류하고 체계화하는 작업, 즉 교상판석敎相判釋을 하였던 것이다.

끝으로 중국불교가 인도불교와 명확히 다른 점은 국가불교라는 입장이다. 이것은 인도의 제왕들이 이상 국가의 건설을 위해 '법法(Dharma)에 의한 통치'를 기준으로 한 것과는 근본적으로 다르다.

그것은 중국에서는 국가 권력에 의지하여 교리가 형성되고 발전되는가 하면, 반대로 폐불 단행 역시 국가 권력에 의해 좌지우지되었기 때문이다. 물론 불교는 원래 보편적인 진리를 말하기 때문에 초종교적이며 더욱이 국가나 민족을 초월한 종교임에도 불구하고, 중국에서는 불교가 처음 전래된 후한後漢 이래 현재에 이르기까지 국가적 종교로서의 성격을 강하게 띠고 있다.

이러한 국가불교적 색채는 우리나라를 비롯하여 동아시아 불교권의 여러 나라에 그 영향을 미쳤다고 볼 수 있다.

이상 몇 가지 특징에서 알 수 있듯이, 중국불교는 그 전개와 발전 과정에서 인도불교와는 상당한 차이점을 나타내고 있다.

2) 중국불교의 시대 구분

중국불교 2천여 년 간의 전개 과정에 대해 시대 구분을 할 때, 왕조의 변천에 입각하여 구분하거나 사회적 입장을 중시한 경우도 있고, 사상 내용이나 종파의 흥망에 중점을 두거나 역사적 인물을 기점으로 삼고 구분하기도 한다.

먼저 중국불교 2천여 년 역사를 2등분하는 2기설期說을 비롯하여·3기설·4기설·5기설 등이 있다. 근대 중국의 불교학자인 황참화黃懺華, 미국의 불교사학자인 아서 라이트Arthur F. Wrigt를 비롯하여 일본의 사카이노(境野黃洋), 가마타(鎌田茂雄) 등 여러 학자들이 4기설을 주장하였고, 미치바타(道端良秀)는 5기설을 주장하였다. 그 가운데 대표적인 것을 한 가지씩 소개하면 다음과 같다.

2기설	중세 │ 초전初傳 – 10세기 동안의 1천 년 간
	근세 │ 북송北宋 – 20세기 동안의 1천 년 간

3기설 (츠카모토)	제1기 │ 초기 수용기(후한~서진)
	제2기 │ 전성기(동진~당)
	제3기 │ 지속 점쇠기(송~현대)

4기설 (아서 라이트)	제1기 │ 준비 시대(65~317)
	제2기 │ 육성 시대(317~589)
	제3기 │ 독자적 발전 시대(589~900)
	제4기 │ 동화 시대(900~1900)

5기설 (미치바타)	제1기 │ 불교 전래설(전한~동진 초기)
	제2기 │ 연구 시대(동진 초기~남북조 시대)
	제3기 │ 건설 시대(수·당 시대)
	제4기 │ 계승 시대(오대~명나라 말)
	제5기 │ 쇠퇴 시대(청나라 이후)

이러한 시대 구분은 어디까지나 편의상 나눈 것에 불과할 뿐 명확한 것은 아니다. 따라서 3·4·5기설 그 어느 것도 크게 보면 전기와 후기로 나눌 수 있다. 전기는 외래 종교와 문화였던 불교가 중국에 수용되고 정착한 시대인 반면에, 후기는 불교가 이미 외래 종교가 아니라 도교·유교와 동화하여 중국인들의 사회생활 속에 완전히 파고들어 그들의 종교가 되었던 시기로 봐야 할 것이다.

중국에 불교가 전래된 이후 2천여 년 동안 많은 우여곡절이 있었으리라는 것은 짐작하고도 남는 일로, 교세가 급속히 진전되던 때도 있었는가 하면 반대로 정체된 시기도 있었을 것이다.

그러므로 중국불교 전개 과정에 따른 시대 구분을 고찰하는 것은 비록 후대 사람들이 편의상 구분한 것이긴 하지만, 전체를 관망하기 위해 필수적이라고 하겠다. 이로써 중국불교사를 공부해 나갈 기초 단계의 준비가 끝난 셈이다.

2. 불교의 전래 경로와 전래설

불교는 어떤 경로를 거쳐 어떤 식으로 중국에 전해졌는가? 그 전래 경로와 전래설에 대해 살펴보기로 하자.

교통수단이 발달하지 않았던 2천 년 전, 험난한 파미르Pamir 고원과 타클라마칸 사막은 인도와 중국을 가로막는 대장벽이었다. 불교는 그 대장벽을 뚫고 동쪽에 위치한 중국으로 전해진다. 불교 전래 초기에는 서역西域이라 불리는, 지금의 중앙아시아1를 거쳐 중국으로 전해진 것이다. 그 당시 서역에는 대월지국大月氏國, 안식국安息國, 계빈국罽賓國을 비롯하여, 유명한 실크로드Silk Road에 위치한 소륵국疏勒國(Kashugar), 구마라집이 출생한 구자국龜玆國, 『화엄경』을 전래한 우전국于闐國, 그리고 고창국高昌國 등 36개국이 있었다고 전한다.

---

1) 『한서漢書』 96 「서역전西域傳」에서는 '동역東域'에 대한 서역의 의미라고 한다. 경계에 대해서는 동쪽은 돈황, 서쪽은 파미르 고원, 남쪽은 곤륜 산맥, 북쪽은 천산 산맥으로 표기하고 있다.

중국과 인도를 잇는 교통로는 육로와 해로 두 가지가 있었는데, 육로의 이용이 많았다. 그러나 7세기 이후 8세기부터는 중국이 더 이상 서역을 지배할 수 없게 되면서 해로 이용이 훨씬 많아지게 된다. 법현法顯, 구마라집鳩摩羅什, 현장玄奘 등이 육로를 이용한 승려인 반면, 불타발타라佛馱跋陀羅, 진제眞諦, 의정義淨, 불공不空 등은 해로를 이용하였다. 이러한 구법의 발자취는 법현의『불국기佛國記』, 현장의『대당서역기大唐西域記』, 의정의『남해기귀전南海寄歸傳』에 고스란히 남아 있다. 이 여행기들은 인도와 서역 일대의 지리와 기후를 비롯하여 당시의 풍속, 언어, 문화, 종교 등을 아는 데에 더없이 귀중한 자료이기도 하다.

기원전 1세기 무렵 서역에서 확고한 기반을 다진 불교는 중국으로 전파될 준비를 이미 갖추고 있었던 것이다. 즉 실크로드의 서쪽 끝에는 대월지국이 있었고, 동쪽 끝에는 중원을 통일한 한漢 제국의 수도 장안과 낙양이 있었다. 수많은 상인들이 이 두 문화의 중심지를 왕래하게 되자, 전법승傳法僧들 역시 장도에 오르게 되었다. 그 당시 그들이 걸었던 육로와 해로를 좀 더 구체적으로 살펴보기로 한다.

먼저 육로는 인도 서북부 지방을 출발하여 아프가니스탄을 지나 파미르 고원을 넘어 소륵국에 이르게 된다. 여기서 육로는 두 갈래로 나뉜다. 서역남도와 서역북도가 그것이다. 남도는 타클라마칸 사막의 남쪽에 있는 곤륜 산맥의 북쪽 기슭을 따르는 노선으로, 도중에 사거(Yarkand)와 우전(Khotan), 그리고 선선국(Lopnor)을 경유하여 돈황敦煌에 이르는 길이다. 반면, 북도는 타클라마칸 사막의 북쪽에 있는 천산 산맥의 남쪽 기슭을 지난다. 그래서 천산 산맥을 기준으로 삼아 천산남로天山南路라고도 한다. 이 길은 도중에 구자(Kucha)와 언기(Karashar), 그리고 고창(Turfan)을 경유하여 역시 돈황에 이른다.

한편, 북도는 소륵에서 서남쪽의 계빈(Kasmir)으로도 통하였는데, 구마라집이 이 길을 이용하였다. 현장은 천산남로로 오다가 도중에 북쪽 기슭인 천산북로를 이용하였다. 법현[2]은 돈황에서 선선국까지 와서 언기국으로 북상하였다가 타클라마칸 사막을 횡단하여 우전국에 이르는 길을 이용한다.

이렇게 육로의 어느 쪽 길이든 모두 중국 서북 변방에 있는 돈황敦煌에서 만나게 된다. 이는 돈황이 당시 중국과 중앙아시아를 잇는 교통의 요충지였음을 알게 해 준다. 그뿐만 아니라 오늘날까지 많은 불교 문화유산이 남아 있는 것으로 보아 불교 문화의 중심지였다는 것도 알 수 있다.

다음으로 해로에 대하여 구체적으로 살펴보기로 하자. 당시 이용되었던 해로는 주로 코베리(Cauvery) 강 하구와 갠지스 강 하구에서 출항하여 실론(Ceylon)과 자바(Java), 그리고 말레이 반도를 따라 우회하면서 베트남을 지나 중국 남부의 교지나 광주에 도착하는 경로이다. 수많은 구법승 가운데 특히 의정이 해로를 따라 귀국하면서 주변 여러 나라에 대해 보고 들은 것을 정리한 여행기, 『남해기귀전南海寄歸傳』을 남겼다는 사실은 이미 앞에서 언급한 바 있다.

그렇다면 불교는 과연 중국의 어느 시대, 누구에 의해 처음 전래되었을까?

이 문제는 사실상 명확하게 말하기가 어렵다. 왜냐하면 가장 정확한 것이 문헌이지만 자료상 기록이 될 때는 이미 어느 정도 시일이 지났을 것이고, 또한 전래는 물질적인 것이 아니므로 분명하게 이때라고 선을

---

2) 『법현전』 1(대정장 51), p.857상.

긋기가 어렵기 때문이다. 따라서 중국으로의 불교 전래에 대해서는 여러 가지 설이 있다. 다만 한 가지 공통점은 있다. 즉 불교 전래 시기를 '되도록이면 아주 오래된 시기로 잡고 있다'는 점이다. 그것은 전통을 중시하는 중국인들이 불교 전래 시기를 고대古代로 설정함으로써 더욱 더 권위를 부여하기 위해서이다. 그래서 수많은 전래설이 나오게 되는데, 그 중에서 타당성이 있다고 평가받는 몇 가지만 살펴보기로 한다.

먼저 이존구수경설伊存口授經說[3]이다. 이것은 전한前漢 애제哀帝의 원수 원년(기원전 2년), 당시 재상인 경로景盧가 서역의 대월지국 사신인 이존伊存으로부터 구수口授, 즉 말로 경전을 전해 받았다는 설이다. 다만 이때 말로 전한 경전의 내용이 무엇이었는지는 전혀 알 수 없다.

그 다음으로 후한後漢 명제에 얽힌 감몽구법설感夢求法說[4]이다.

명제明帝(재위 58~75)가 꿈에 금인金人을 보고, 조정 대신들에게 얘기한 결과 천축天竺에 불교가 있음을 알게 된다. 그래서 채음과 주경 그리고 왕준 등 몇 사람의 사신을 인도로 보내게 된다. 그들은 가는 도중에 불상과 경전을 싣고 중국으로 오던 가섭마등迦葉摩騰과 축법난竺法蘭을 만나게 되고, 더불어 자초지종을 얘기함으로써 함께 낙양으로 돌아온다. 황제는 기쁘게 맞이하여 낙양 입구에 백마사를 건립하고 그곳에 거주하면서 경전을 번역하게 한다. 그 결과 『사십이장경四十二章經』이 번역되었다고 전해진다. 그러나 그 경전의 내용으로 보아 후대에 윤색된 부분도 적지 않음을 알 수 있다.

---

3) 진수陳壽의 『삼국지』 가운데 「위지魏志」에 인용된 『위략魏略』 「서융전西戎傳」에 보이는 기록이다.
4) 『후한기』와 『후한서』 88권의 「서역전」, 『모자이혹론』, 『양고승전』 등에 전해지고 있으나, 가장 원형적인 것은 앞의 두 가지 사료이며, 그 밖의 것은 후대에 여러 수식과 전설이 덧붙여진 것이다.

한편, 감몽구법설과는 별도로 후한 명제 때 불교가 중국에 들어왔다는 불교초전佛敎初傳의 유력한 자료5가 있다. 명제의 부친인 광무제光武帝와 후궁인 허씨許氏 사이에 영英이라는 아들, 즉 명제의 이복동생이 있었다. 태자 시절의 명제는 이복동생을 무척 아꼈다. 하지만 광무제의 총애를 받지 못한 부인 허씨와 마찬가지로 그 아들 역시 변방의 초楚 지방에 왕으로 봉해졌으니 초왕영楚王英이라 한다. 부왕이 죽자 명제는 동생을 아끼는 마음에 왕궁으로 불러들이려 하였다. 그러나 주변의 시샘으로 인해 오히려 초왕영은 반역의 모함을 받게 된다. 명제는 고심 끝에 묘책을 강구하여 "사형을 당할 죄인도 속죄의 의미로 비단을 바치면 속죄할 수 있다"는 조칙을 내린다. 그러자 형의 속내를 알아차린 초왕영은 황색과 흰색의 비단을 바쳤다. 명제는 동생이 바친 비단의 의미를 파악하고, 그의 무고함과 충성심에 감동하여 조서詔書를 내린다. 그런데 그 내용이 바로 중국의 불교초전佛敎初傳으로, 즉 전래설과 연관이 있을 뿐만 아니라, 그 당시 불교 신앙의 형태까지도 잘 알려주고 있다. 명제와 초왕영 사이의 의혹을 푸는 과정을 근거로 정리해 보면 다음과 같은 내용을 알 수 있다.

흰색과 황색의 비단은 황로黃老 신앙과 불타佛陀를 상징한다. 그래서 명제는 초왕영이 황로 신앙과 더불어 불타를 받들고 있음을 칭찬하고 그를 의심했던 점을 도리어 사죄하게 된다. 하여 그가 바친 속죄의 비단을 되돌려 줘 우바새와 사문의 공양에 보탬이 되도록 하라는 조서를 내렸다는 것인데, 여기서 우리는 세 가지의 사실을 알 수 있다.

첫째는 초왕영이 황로 신앙과 함께 불타를 신선처럼 생각하여 믿었

5) 『후한서』 42 「광무시왕열전光武十王列傳」

다는 점이고, 둘째로 석 달 동안 몸을 깨끗이 하고 서원하였다는 것은 불교의 윤리적 규범에 따른 참회가 행해졌다는 점이다. 이것은 불교 이론보다 신앙적인 측면이 먼저 수용되었음을 보여주는 면이기도 하다. 셋째는 우바새와 사문에게 비단을 공양하라고 한 것으로 미루어, 우바새 즉 재가 신도가 있었다는 점이다.

그런데, 앞서 이존구수경설에 나온 월지국과 중국과의 교류가 기원전 2년경부터 계속되었다면, 반세기 이상의 시간적 여유가 전법승傳法僧들에게도 많은 기회를 주었을 것이다. 그럼에도 불구하고 중국의 역사서를 관장하던 사람들이 주로 유학자들이었기 때문에 외국 승려들의 활동은 그들의 안중에 없었던 모양이다. 이로 인해 그 당시 전법자의 이름이나 활동 사항을 구체적으로 알려 주는 기록이 없는 것은 실로 유감스러운 일이다.

비록 후한의 명제 때 불교가 중국에 전래되었고, 또한 초왕영이 신봉하였다고는 하지만 불교가 중국에 뿌리 내리기 시작한 것은 역시 경전 번역이 이루어지고 나서이다. 만약 중국인들이 산스크리트어나 팔리어 원전을 그대로 외우고 공부했더라면 독자적인 중국불교를 꽃피우지 못했을지도 모른다. 그만큼 그들은 중국에 전래된 경전을 다라니와 진언을 제외하고는 철저하게 번역하였고, 일단 번역된 경전의 원전은 이미 그들의 관심 대상이 아니었다. 이것은 그들이 번역된 경전에 원전 이상의 가치를 부여하였다는 것을 의미한다. 그만큼 그들은 자기 문자에 대한 강렬한 자부심을 갖고 국가적인 사업으로 역경 사업에 전력을 기울였다. 이러한 역경 사업이 무려 천 년 간이나 계속되었던 것은 실로 대단한 일이 아닐 수 없다. 지금부터 이러한 대대적인 경전 번역 사업의 첫 테이프를 끊은 후한 시대의 역경가를 만나 보기로 하자.

3. 후한 시대의 불교

여기서 살펴볼 내용은 역경승의 도래와 그들의 경전 번역에 대한 것이다. 우선 기록상에 나타나 있는 후한의 안세고安世高와 지루가참支婁迦讖, 그리고 도안道安에 이르는 대략 4세기까지를 일단락 지어 다루고자 한다. 다만, 설명하는 과정에서 다음 시대를 넘나들며 언급하는 경우도 있을 것이라는 점을 미리 밝혀두고 싶다.

후한 명제 때(기원후 65) 불교가 전래되었다는 것은 여러 자료를 통하여 알 수 있지만, 불교가 중국에 뿌리 내린 것은 역시 그들의 문자로 옮겨지고부터임을 부인할 수 없다. 그리고 이것은 안세고와 지루가참이라는 역경가에 의해 시작된다.

1) 안세고

안세고의 전기[6]에 의하면, 그는 인도와 중국 사이, 즉 서역의 안식국安息國의 태자로 태어난다. 재가 생활을 하면서도 계율을 엄격히 지키고 불법을 신봉하였다. 부왕이 세상을 떠나자 왕위 즉위를 놓고 고민하다가 세간사의 무상無常, 고苦, 공空함을 느껴 숙부에게 왕위를 양보하고 출가한다. 물론 안식국의 정치적 불안과 왕실 내부의 권력 장악에 대한 암투도 있었을 것이다. 그것은 안세고 입적 후 50년도 못 가서 안식국이 멸망한 점에서도 미루어 짐작할 수 있다. 이처럼 안세고는 왕위를 계승할 신분임에도 불구하고 출가하여 수도할 뜻을 세웠고, 아비담阿毘曇(아비달마阿毘達磨)과 삼매 경전을 통달한다.

한편, 석도안이 편찬한 중국 최초의 경전 목록인『종리중경목록綜理衆經目錄(도안록道安錄)』[7]에 의하면 안세고는 어려서부터 효심이 강했으며 그의 여린 마음은 벌레에까지 미칠 정도였다고 한다. 게다가 학문에도 힘써 외국어에 능통하며, 기상이나 천문, 풍수, 침술 등도 터득하여 사람의 안색만 보고도 무슨 병인지 알아내 약을 조제하여 고쳤다. 더구나 그의 너그러운 마음은 짐승과 새소리에까지 미치어 울음소리만 들어도 그 뜻을 알아차렸다고 한다. 이러한 안세고의 명성은 자연히 서역의 36개국 전역에 알려졌다. 그는 여러 나라를 돌아다니며 불법 공부를 하다가 중국의 후한 시대, 즉 환제桓帝의 건화 2년(148)에 낙양으로 오게 된다. 빈궁했지만 편안히 도를 즐기고, 전법을 위하여 중국으로 왔다고 하는 점은 모든 역사가들이 칭송하는 부분이기도 하다. 특히 전진前秦의 도안道安은 안세고의 번역을 두고 아름다운 문장은 아니지만 정확하고도 진실하다고 칭송하였을 뿐만 아니라, 안세고가 번역한 경전에 서문을 짓고 그의 역경을 정리하는 등 존경심을 표하고 있다.

6)『고승전』1(대정장 50), p.323상.
7)『출삼장기집』13(대정장 55), p.95상.

낙양에 도착한 이후 안세고는 20여 년 간 중국에 머물면서 경전 번역과 불법 전파에 열중하였는데, 특히『선경禪經』과 아비담학에 정통하였다. 여러 나라를 편력하면서 이미 외국어를 익혔다고는 하나 처음에 중국어로 역경할 때는 어려움이 뒤따랐을 것이다. 그때 안세고의 나이가 30세였다고 한다. 물론 경전 번역이 이전에 전혀 행해지지 않았다고 속단할 수는 없으나, 기록상으로 분명하게 나타나 있는 것은 이때부터이다. 따라서 안세고는 중국 역경사를 장식하는 최초의 인물인 셈이다.

현존하는 가장 오래된 경록인『출삼장기집出三藏記集』[8]에 의하면, 안세고가『안반수의경安般守意經』2권,『음지입경陰持入經』2권,『인본욕생경人本欲生經』1권 등 34부 40권의 불전을 한역했다고 전한다. 그러나 현존하는 것은 20부 23권뿐이며, 크게 두 가지로 분류할 수 있다. 하나는 선관禪觀에 관한 것이다. 예를 들면『안반수의경』·『음지입경』·『선행법상경禪行法想經』등으로, 선정의 실천에 관한 내용이 많다. 다른 하나는 법수法數에 관한 것이다. 예를 들면『사제경四諦經』·『팔정도경八正道經』·『십이인연경十二因緣經』등이 그것이다. 이것들은 모두 부파불교(설일체유부)계의 전통과 관련된 것이고, 대승불교에서 소승이라 불리는 계통에 속하는 것이다.

특히『안반수의경』은 선정의 구체적인 지침서로서 대단히 귀중한 번역서이다. 안반安般은 산스크리트어 'āna-apāna'의 음역으로 호흡의 들숨과 날숨을 의미한다. 그러므로『안반수의경』은 정신을 호흡의 들숨과 날숨에 집중시켜 찬찬히 살핌으로써 마음이 흐트러지는 것을 막고 안정시키는 선정법에 대해서 설명한다. 이것이 바로 인도에서 오래 전부터

8) 상동, p.95상.

행하여져 왔던 전통적인 정신 집중의 실천법인 '수식관數息觀'이다. 『출삼장기집』에 수록되어 있는 서문 등을 참고해 보건대, 『안반수의경』이 번역되자 중국에서 수식관이 크게 유행했던 것으로 짐작된다.

사실 선정禪定은 삼학의 하나로서 불교 수행에서 가장 중요한 요소 가운데 하나이다. 그렇기 때문에 불교의 이국적인 면모를 드러내는 방식일 수도 있었을 것이다. 따라서 어쩌면 불교 수행법에 대해 중국인의 저항감이 있었을지도 모른다. 이와 같은 상황에서 불교 교리가 중국인에게 자연스레 스며들 수 있도록 매개체 역할을 한 것이 있다. 그것은 바로 『역易』·『노자老子』·『장자莊子』의 3현玄이다. 선정은 아마도 3현의 수행 방식을 매개로 하여 중국인들에게 스며들었을 것으로 보인다. 특히 중국에 오래 전부터 전해 내려오던 도교道敎의 신선술神仙術과 같은 양생술養生術이 이에 해당할 것이다.

다시 말해 수식관이 당시의 중국인들에게 환영받을 수 있었던 이유는 도교의 태식법胎息法과 흡사하였기 때문이 아니었을까 한다. 이러한 유사성은 중국에서의 불교 수용을 가능하게 한 큰 요인이었다. 엄밀한 의미에서는 분명히 다른 것이지만, 중국인들은 불교에서 그들의 전통사상과 동질성을 발견하고자 했다. 그래서 처음부터 불교를 자연스럽게 받아들일 수 있었던 것이다. 만약 불교가 그들의 전통 사상과 전혀 다른 것이었다면 중화의식이 강했던 중국인들로서는 수용하기 힘들었을 것이다.

2) 지루가참

안세고와 거의 동시대에 또 한 사람의 역경가가 중국으

로 오게 되는데, 그가 바로 지루가참支婁迦讖이다. 그는 월지국에서 중국으로 건너온 첫 역경승이다. 앞서의 안세고보다 조금 늦은 후한 환제 말년(178~183)에 와서 중평 연간(184~189)까지 12년 간 역경 사업에 종사한다.

지루가참의 전기는 『고승전高僧傳』[9]에 실려 있으나 지극히 간단하여 그가 월지국에서 중국으로 왔다는 것과 그의 번역 경전에 대해서만 기술되어 있다. 따라서 그가 언제, 어디서, 어떻게 세상을 떠났는지는 전혀 기록되어 있지 않으므로 알 길이 없다. 다만 그가 월지국 출신이고, 끊임없이 정진하였으며 엄격한 계율주의자로서 한평생 불법을 펴는 데에 뜻을 두었다는 것은 여러 자료[10]에서 일치한다.

지루가참이 번역한 경전은 출전마다 조금씩 차이는 있지만, 대략 14부 27권 정도이다. 그 가운데서도 특히 『도행반야경道行般若經』·『수능엄경首楞嚴經』·『반주삼매경般舟三昧經』이 핵심 경전이라 할 수 있다.

먼저 『도행반야경道行般若經』은 최초로 번역된 반야 경전이며, 『반주삼매경般舟三昧經』은 아미타불을 중국에 처음 소개한 경전이다. 『반주삼매경』에 의하면, 반주삼매般舟三昧를 얻음으로써 눈앞에서 아미타불을 볼 수 있다는 것이다. 반주삼매란 산스크리트어 'pratyutpanna-samadhi'의 음역이라고 생각되며, 이때의 삼매를 불립삼매佛立三昧라고도 한다.

여기서 주목되는 것은 이 수행법이 중국에서 옛날부터 전해지던 '존사存思'라는 수행법과 유사하다는 점이다. 존사는 본래 '의식을 집중한다'는 의미로 신들이 마치 눈앞에 있는 것처럼 상념하는 것을 말한다.

---

9) 『고승전』 1(대정장 50), p.324중.
10) 『출삼장기집』 7(대정장 55), p.49상.

그 신들을 아미타불로 바꾸고 보면 불교에서 말하는 불립삼매나 견불삼매見佛三昧와 서로 비슷하다. 또한, 이 반주삼매는 승려뿐만 아니라 일반 신자(우바새, 우바이)도 실천 가능하다는 점이 주목된다. 그리고 경전에서는 바로 눈앞에 아미타불이 나타난다고 하는데, 이 부분이 중국에서는 매우 중시된다. 이것은 동진 시대의 여산혜원廬山慧遠(334~416)이 바로 이 경전에 입각하여 중국 최초의 염불결사念佛結社인 백련사白蓮社를 조직한 것에서도 알 수 있다. 그뿐만 아니라 훗날 천태지의天台智顗(538~597)의 상행삼매常行三昧에도 큰 영향을 미친다.

그리고 『수능엄경首楞嚴經』에는 한역하지 않고 발음 그대로 음사音寫한 다라니 부분이 많은데, 이는 『수능엄경』이 최초기 번역 경전임을 알려주는 것이기도 하다. 당시의 『수능엄경』은 현존하지 않지만, 이후 구마라집 번역인 『수능엄삼매경首楞嚴三昧經』에 이르기까지 여러 차례 보완되어 번역된다. 『출삼장기집出三藏記集』[11]에 의하면 일곱 번, 『개원석교록開元釋敎錄』[12]에 의하면 아홉 번이나 한역되었다고 한다. 이 경전에서 말하는 수능엄삼매首楞嚴三昧는 산스크리트어 'surangama-samadhi'의 음역으로, 보살이 닦아야 할 삼매이다. 따라서 수능엄삼매는 다른 모든 삼매나 보살의 덕목을 포괄하는 것이며, 최상위의 보살이 획득하는 삼매이다. 혜사慧思의 수자의삼매隨自意三昧나 천태지의天台智顗의 비행비좌삼매非行非坐三昧는 이 삼매를 기초로 하여 완성된 것으로 중국불교에 막대한 영향을 미쳤다고 할 수 있다.

물론 두 사람 이외에도 후한 시대에 활약한 사람은 더 있다. 먼저 안세고와 같은 안식국 출신의 안현安玄이 있다. 그는 재가 불자였는데 낙

11) 『출삼장기집』 2(대정장 55), p.14상.
12) 『개원석교록』 4(대정장 55), p.519중.

양으로 와서 교역交易의 공적으로 기도위騎都尉라는 벼슬을 하였다. 점차 중국어가 능통하게 되자 승려들과 불교 경전에 대해 담론하기도 하였다. 그것이 계기가 되어 엄불조嚴佛調가『법경경法鏡經』을 번역할 때 도와주기도 하였다. 엄불조의 번역은 문장이 명료하여 번거롭지 않다는 칭송까지 받았을 정도이다.

다음으로 지루가참을 도와 역경에 종사하였던 인도인 축불삭竺佛朔이 있다(축삭불이라고도 한다). 그는 때때로 번역의 어려움에 부딪히고는 하였는데, 그럴 때마다 문장에 구애받지 않고 전체적으로 그 경전의 뜻을 살리는 데 역점을 두어 번역한 사람으로 알려져 있다.

또한 지루가참과 같은 월지국 출신의 두 사람, 지량支亮과 지겸支謙이 있는데, 지겸은 본격적인 활동 시기가 삼국 시대이므로 그때 다루기로 한다. 다만 지량은 지루가참의 제자로서, 당시 사람들은 "천하에서 세 명의 지씨支氏보다 박식한 이는 없다"[13]고 칭송할 정도로 내內·외外 전典에 통달하였다고 한다.

이상으로 후한 시대 최초의 역경승들의 활약상을 살펴보았다. 안식국의 안세고는 주로 소승경전을, 월지국의 지루가참은 대승경전 위주로 거의 같은 시기에 번역에 종사한다. 그것은 어쩌면 지극히 자연스러운 일일 수도 있다. 안세고가 출생한 안식국은 소승불교가, 지루가참의 월지국은 대승불교가 융성한 나라였기 때문이다. 이처럼 중국불교는 애초부터 소승경전과 대승경전이 동시에 유입되었음을 알 수 있다. 소승경전이 가장 원초적인 교학과 설법을 전하는 초기경전이라면, 대

---

13) 境野黃洋(1935),『支那佛敎精史』, 境野黃洋博士遺稿刊行會, p.108.

승경전은 부파불교 이후에 전개된 것이다. 이것은 중국불교계가 불교사의 흐름을 이해하지 못한 상태에서 양상이 다소 다른 교학과 설법을 동등하게 석존의 금구직설로 받아들였음을 의미한다. 그로 인해 중국불교계는 이후 그 혼란을 해결해야 할 상황에 처하게 된다. 그것이 결국 중국불교의 특징 가운데 하나인 교상판석을 통한 해법으로 마무리된다.

안세고가 번역한 『안반수의경安般守意經』에서의 수식관數息觀은 당시 크게 유행하던 도교의 태식법胎息法과 유사하게 생각되어 중국인들에게 환영받기도 한다. 그리고 지루가참이 번역한 『도행반야경』은 반야 사상을 처음으로 중국에 소개하였다는 점에서 이후 공空 사상 전개에 큰 영향을 끼쳤다고 할 수 있다.

이와 같이 두 사람은 최초의 역경승으로서 중국불교사에서 차지하는 위상이 매우 높다. 중국인들이 이들로 인해 비로소 그들 나라의 말과 글로 된 경전을 지닐 수 있게 되었을 뿐만 아니라, 그들의 경전 번역은 훗날 중국인들이 자랑하는 한역대장경漢譯大藏經의 초석이 되는 결실을 맺게 된다.

4. 삼국 시대의 불교

후한 말기가 되면서 왕실의 정치적 통제력은 점차 약화된다. 따라서 왕실의 위신은 땅에 떨어지고 황건黃巾의 난을 비롯하여 각지에서 군웅群雄이 벌떼처럼 일어난다. 그런데도 이미 힘을 잃은 왕실은 난을 수습하지 못하고 위魏나라에 찬탈당하고 만다. 급기야 통일 제국인 한漢은 조조의 위나라, 손권의 오나라, 유비의 촉나라로 삼분됨에 따라 삼국 시대를 맞이하게 된다.

삼국 시대의 불교는 북쪽에 위치한 낙양洛陽을 수도로 하는 위나라, 남쪽에 위치한 건업建業을 수도로 하는 오나라를 중심으로 발달하게 된다. 또한 서역과의 교통도 한층 더 발달하여 많은 역경승들이 중국으로 건너오게 된다. 그러나 삼국이 대립한 시기는 겨우 45년(221~265) 정도에 불과하며, 그나마 그 가운데 오나라가 가장 늦게까지 정권을 유지한다. 그러므로 그 시기까지 포함하더라도 대략 60년 정도이다. 촉나라는 사천의 분지에 위치하여 영역도 작았을 뿐만 아니라 불교 자료 역시 거의 남아 있지 않다. 따라서 북방의 위나라와 남방의 오나라를 중심으로 불교에 대하여 살펴보기로 하자.

1) 위나라 불교

위나라는 화북華北의 전 지역을 점령한 후, 세력 확장을 위해 동북 방면으로 우리의 옛 고구려를 공격하기도 하고, 서역의 여러 나라로부터 조공을 받기도 하면서 교류를 시작한다. 게다가 조조의 아들 조비가 즉위하면서 무술인이나 예언가를 신앙하는 자는 단죄하겠다는 조칙을 선포함에 따라 그때까지 유행하던 불로장생술不老長生術이나 신선神仙 사상 등의 도교적 신앙은 많이 위축된다. 위나라의 역사를 전하고 있는『위서魏書』「석로지釋老志」[14]에는 다음과 같은 내용이 있다.

어느 날 위나라 명제가 궁전의 서쪽에 있는 불탑佛塔을 부숴 버리고자 하였다. 그때 외국 승려가 궁전 앞에 물이 담긴 금쟁반을 놓고 그 가운데 불사리佛舍利를 던져 넣었다. 그러자 거기서 오색五色의 광채가 일어나는 게 아닌가? 이를 본 임금이 놀라서, "불타佛陀의 신통력이 없다면 어찌 이런 일이 일어날 수 있겠는가?"라고 하며 감탄하였다. 그리하여 불탑을 부수지 않고 동쪽으로 옮긴 후, 탑 주위에 백 칸의 건물을 짓고 원래 탑이 있던 서쪽에는 연못을 파서 연꽃을 심었다고 한다. 물론 이 기록이 어디까지가 진실이고, 어느 부분이 수식된 것인지는 알 수 없다. 하지만 당시 황제가 불교에 대해 알고 있었고, 불교의 상서로움에 귀의했다고 하는 것만은 부정할 수 없다.

14)『위서』114「석로지」

위나라에 온 여러 명의 역경승 가운데 제1인자는 담가가라曇柯迦羅[15]
이다. 그는 중인도中印度 출신으로 유복한 가정에서 태어났다. 어려서
부터 재능이 뛰어나 책을 한 번 본 후에는 없애 버려도 될 정도로 암기
력이 뛰어났다. 인도 고전인 4베다를 비롯하여 천문 지리에도 통달하
여, 스스로 "천하의 문리文理는 내 심복心腹에 있다"고 자신할 정도였
다. 그러나 25세 때 법승法勝의 『아비담심론阿毘曇心論』은 도저히 이해
할 수가 없었다. 그러던 중 어느 승려로부터 아비담학阿毘曇學을 배우
고 인과因果의 이치를 터득한 후, 불교의 광대함은 세속의 서적으로 미
칠 바가 아니라는 것을 깨달아 출가하게 된다.

담가가라는 대·소승 경전은 물론, 특히 율장律藏에 관심을 가지고
깊이 연구하다 3세기 중엽(250)에 위나라로 오게 된다. 그가 중국으
로 옴으로써 중국불교에는 갈마법羯磨法의 신기원이 마련된다. 다시 말
해 그때까지는 출가자가 있어도 수계受戒를 받지 못했다는 뜻이다. 그
러므로 승려의 잘못에 대한 기준 및 규제가 없었다. 단지 머리를 삭발
하는 것만으로 출가와 재가가 구분 지어질 뿐이었던 것이다. 이러한 상
황에서 율장을 깊이 연구한 담가가라의 도래는 중국불교계의 계율과
의례 정비에 크게 기여하게 된다. 담가가라가 번역한 『승지계본僧祇戒
本』에 의해 중국에 비로소 여법한 수계 작법이 알려지게 되었던 것이
다. 그리고 그 수계법에 근거하여 최초로 계戒를 받은 이가 바로 주사
행朱士行이다.

주사행은 몇 가지 점에서 새 시대를 연 인물이다. 먼저 한인漢人으로
서는 처음으로 수계를 받고 출가하였다는 점이다. 이렇게 정식 절차를

15) 『고승전』 1(대정장 50), p.324하.

중국불교

거친 승려가 한인 중에서 나왔다는 것은 중국인들에게 불교가 본격적으로 정착되기 시작했음을 의미한다. 다음으로 주목할 것은 그가 출가 후 최초로 경전을 강의하게 된 인물인 동시에 구법승의 선구자였다는 점이다. 그는 중국불교사에서 최초로 반야 경전의 중요성에 눈을 돌린 인물로, 오로지『도행반야경』을 강의했다고 하는데, 간혹 도저히 의미가 파악되지 않는 경우도 있었다. 주사행은 그것이 번역의 문제라고 여겨, 감로甘露 5년(260)에 경전의 원전을 구하기 위해 서역으로 떠난다. 그리고 우전于闐(호탄), 즉 현재 신강 유오이(위구르) 자치구인 화전和田에 이르러『반야경』의 원전을 구하게 된다. 하지만 당시 주사행은 이미 고령이어서 중국으로 귀환하는 것을 포기하고 그가 구한 원전은 사신에게 부촉하여 낙양으로 보낸다. 그는 호탄에서 숨을 거두었다.

그런데 그때 우전에서 주사행이 구한 원전은『대품반야경大品般若經』이었다. 이 경전은 이후 서진西晉 시대에 호탄에서 온 무라차無羅叉와 축숙란竺叔蘭에 의해 태강太康 3년(282)에 번역된다. 이것이 바로『방광반야경放光般若經』으로, 서진 시대 축법호가 번역한『광찬반야경光讚般若經』과 동본 이역이다.

전기에 의하여[16] 그의 신통력을 보여주는 대표적인 예화를 소개하면, 주사행이『대품반야경』을 중국으로 보내려 할 때의 이야기이다. 우전국의 소승불교도들이 반대하여 국왕에게 상소문을 올렸고, 국왕은 그의 출국을 금지시킨다. 이에 분개한 주사행이 왕에게 불법 홍포의 당위성을 증명해 보이겠다고 하였고, 왕은 그것을 허락한다. 주사행은 궁전 뜰 앞에다 땔나무를 쌓아 불을 붙이고, "불법이 만약 한나라 땅에 유

16)『고승전』4(대정장 50), p.346중.

포될 인연이 있다면 이 경전은 결코 불타지 않을 것이다!"라고 서원하며 불 속에 경전을 던졌다. 이윽고 불이 꺼진 뒤 경전을 꺼내 보니 글씨는 하나도 손상되지 않고 겉표지만 약간 누렇게 그을려 있었다. 대중들은 모두 감복하여 절을 하였고, 이때부터 경전의 책 표지를 황색으로 하였다고 한다.

위나라 불교에서 조식曹植을 빠뜨릴 수 없다. 그는 조조가 가장 총애한 셋째 아들이었는데, 형인 문제文帝와의 패권 다툼에서 진 후 불교에 귀의한다. 그가 지은 『변도론辯道論』의 핵심 내용은 신선의 서적은 허망한 것이라고 비평하는 것이다. 뿐만 아니라 불교와 연관된 그의 업적 가운데 특히 빼놓을 수 없는 것이 범패梵唄[17]의 창시이다. 조식은 어느 날 산에서 명상에 잠겨 있었는데 공중에서 범천이 불타를 찬탄하는 노래를 듣게 된다. 그런데 그 곡조가 너무나 우아하고 감동적이어서 즉시 그대로 옮겼다고 한다. 물론 후대에 와서 고저와 강약, 그리고 음률音律을 보탰겠지만 그 효시는 조식에게서 비롯된 것이다. 그때의 산 이름이 어산魚山이었고, 범천梵天의 노래(패唄)라는 의미에서 지금도 '범패'라고 부른다.

2) 오나라 불교

삼국 가운데 가장 오래 존속한 오나라는 위나라에 비해 전란도 적고 비교적 안정적이어서 문화 의식도 높았다. 이러한 사회적 분위기는 지겸과 강승회에 의해 불교의 기초가 다져지고 충실해질 수

17) 『광홍명집』 5(대정장 52), p.117하.

있는 기반이 되었다.

지겸支謙[18]은 강남, 즉 양자강 이남의 불교 개척자로서 월지국 출신이다. 그는 어려서 할아버지인 법도法度와 함께 중국 후한後漢으로 귀화한 재가 불교 신자이다. 13세 때부터 서역 여러 나라의 글을 익혀 6개 국어에 능통하였고, 지루가참의 제자 지량支亮에게 사사받는다. 후한 말기의 혼란함을 피하기 위하여 고향 사람 수십 명과 함께 오나라로 피신한다(229~231). 그의 인품에 대해 짐작할 수 있는 유명한 일화가 있다. 어느 날 몹시 추운 밤에 일행 중 한 사람이 지겸의 외투를 몰래 갖고 달아났다고 한다. 아침이 되어 지겸이 속옷 바람으로 벌벌 떨고 있는 것을 본 사람들이 깜짝 놀라 어찌된 영문인지를 물었다. 그 내용을 들은 대중이 어찌하여 그 순간에 소리치지 않았느냐고 묻자, "만약 내가 소리쳤다면 당신네들이 그를 죽일 수도 있지 않았겠느냐? 어찌 외투 하나로 사람의 목숨을 빼앗을 수 있겠는가"라는 대답을 했다고 한다.

그는 황무黃武 원년(222)부터 건흥 연간(252~53)에 걸친 30여 년 간 많은 경전을 한역한다. 지루가참의 손제자라는 면에서 짐작이 가듯이, 지겸이 번역한 경전은 대승불교의 계보로 이어진다. 그는『유마경維摩經』을 비롯하여『무량수경無量壽經』의 다른 번역인『대아미타경大阿彌陀經』·『태자서응본기경太子瑞應本紀經』과『대명도무극경大明度無極經』 등 36부 48권을 번역한다. 이 경전들을 한역한 것은 중요한데, 이러한 불전을 통해 석존의 모습을 구체적으로 나타냄으로써 공자나 노자와 견줄 서역 성인의 모습을 드러낼 수 있었기 때문이다. 특히『대명도무극경』은 지루가참이 번역한『도행반야경』의 동본 이역이다. 이 경을

---

18)『고승전』1(대정장 50), p.325상.

비롯하여 반야 사상을 설명하는 경전들은 중국불교계에서 중대한 역할을 한다.

한편, 삼국 시대 이후의 사상계에는 청담淸談이 성행하였는데, 이러한 시대적 분위기는 『유마경』의 주인공인 유마힐 거사에게 친근감을 가지게 되었을 뿐만 아니라, 이 경전의 문학적 표현은 청담의 소재로서도 관심을 받게 된다.

이와 같이 강남에 불교를 전한 이가 지겸이라면, 지겸에 이어서 강남에 불교를 정착시킨 이는 강승회康僧會[19]이다. 그의 선조는 강거康居 사람이나 대대로 천축天竺에서 살다가 중국으로 이주한다. 강승회는 10세 때 양친을 여의고 출가하였다. 그는 강남 지방에 불법을 펴고자 당시 오나라 수도인 건업建業으로 온다. 사람들은 복장과 태도가 다른 그를 기이하게 여겼고, 마침내 오나라 왕인 손권孫權에게로 데려가게 된다. 이하는 당시 둘이 주고받은 대화이다.

"불타를 믿으면 어떤 영험이 있는가?" "비록 불멸 이후 천년이 지났으나 사리舍利의 영험은 여전하여 불타의 인격을 대변하고 있다." "만일 나도 아쇼카 왕처럼 사리를 얻을 수 있다면 탑을 세우겠다."

강승회는 오나라 불법이 여기에 달렸다고 생각하여 자청해서 기도한다. 그리하여 동銅으로 만든 사리병을 앞에 놓고 기도하기를 7일, 이어 14일이 지났으나 효과는 없었다. 그러자 왕이 화를 냈다. 그런데 다시 7일을 죽을 각오로 기도하자, 21일째에 사리병에서 소리가 났다. 사리는 영롱한 빛을 발했다. 이에 왕도 감복하여 사리탑을 건립하고 사찰을 세웠다. 강남에 최초로 세워졌기 때문에 건초사建初寺라 하고 그 지역

19) 『출삼장기집』 13(대정장 50), p.96중.

을 불타리佛陀里라 명명하였다.[20] 물론 이 얘기는 역사적 사실이 아닐 수도 있다. 그러나 3세기 중엽 강남에 사찰을 세우고 불법 전파를 위해 이토록 노력했다는 상징적인 의미까지 부정할 수는 없을 것이다.

강승회는 경전 번역보다는 번역된 여러 경전에 대한 서문을 많이 남 겼다. 그가 여러 경전들의 서문을 썼다는 것은 그 경전들의 내용을 충 분히 이해했다는 뜻이다. 그렇지 않고서는 서문을 쓸 수가 없기 때문이 다. 게다가 강승회가 그렇게 연구 위주의 업적을 남길 수 있었던 것은 그가 중국 문화나 문장에 능통하였기 때문에 가능했을 것이다. 그것은 강승회가 쓴 『안반수의경』과 『법경경』의 서문에 노장학老莊學의 용어 들이 많이 보이는 것을 통해서도 추정할 수 있다.

지겸과 강승회는 동시대에 활약한 인물들임에도 불구하고 그 사상적 계통은 다소 달랐던 점이 주목된다. 안세고와 강승회의 계통이 불로장 생을 추구하는 도교적 불교에 가깝다고 한다면, 지루가참과 지겸의 계 통은 현학玄學과 유사하다고 할 수 있다. 이러한 경향은 후대에까지 영 향을 주게 된다. 따라서 불교와 중국 전통 사상과의 융합은 다음의 『모 자이혹론』을 통하여 살펴보기로 한다.

3) 『모자이혹론牟子理惑論』

대승 반야학의 경전을 처음으로 전해 준, 지루가참 계통 에 속하는 지겸의 번역 활동에 의해 불교의 중요한 개념인 진여眞如라 든가, 공空, 반야바라밀般若波羅蜜 등이 전래된다. 그러나 경전을 번역

---

20) 상동.

하는 과정에서 기존의 중국 전통 사상을 빌리지 않을 수 없었다. 즉 노장 사상을 통하여 불교를 이해하고자 한 측면이 있었다는 뜻이다. 따라서 『모자이혹론牟子理惑論』을 통하여 지금부터 살펴볼 내용은 중국에 전래된 외래 사상으로서의 불교가 중국의 고유 사상과 어떤 점에서 달랐는가 하는 것과, 유가儒家나 도가道家의 사상과 유사한 부분은 무엇인가 하는 것이다.

후한 시대의 안세고와 지루가참으로부터 삼국 시대의 지겸과 강승회에 이르기까지 계속해서 대승 경전들이 한역되었다. 그러자 그 당시 지식인들은 불교의 가르침이 무엇인가라는 의문을 품게 된다. 예를 들면 불타는 누구이며 불법은 무엇인가? 혹은 불교는 유교·도교와 같은 것인가, 아니면 다른 것인가? 다르다면 어떻게 다른 것인가? 출가자들은 왜 머리를 깎는가? 등 다양한 형태의 의문들이다. 그리고 『모자이혹론』은 그러한 의문에 대하여 의혹을 풀어 주는 형식, 즉 질의응답한 내용을 엮어 놓은 것이다. 사실, 『모자이혹론』이라고 할 때의 '모자'는 찬술자의 이름이고 '이혹론'은 책 이름이나, 예로부터 붙여서 부르고 있다. 어쨌든 『모자이혹론』은 유儒·불佛·도道 3교三敎의 교섭을 전하는 현존 최고의 논서이다.

물론 이 책에 관해서는 저자의 진위眞僞 문제를 비롯하여 찬술 연대 문제와 후대의 가필설加筆說 등 여러 가지 문제점이 지적되고 있다. 그럼에도 불구하고 이 책이 중시되는 것은 유·불·도 3교의 교섭에 대한 최초의 저술이라는 점 때문이다. 이 책은 당시 중국인들이 불교에 대해 어떠한 의문을 가지고 있었으며 불교를 어떻게 이해하고 있었는지 살필 수 있게 해 준다. 다시 말해서 불교의 사상적인 문제가 대두되기 시작하던 때의 상황을 소박한 형태로 전달하고 있는, 중국인이 쓴 최초기의 불교 논서라는 점에서 주목된다는 뜻이다.

『모자이혹론』의 서문에서 모자 자신이 밝힌 바를 보면 저술 동기가 잘 표현되어 있다. 즉 "내가 지향하는 바는 불교이지만 『노자도덕경老子道德經』과 유교의 오경五經도 아울러 공부하고 있다. 그것 때문에 유가儒家 이외에 불도佛道와 노자老子를 함께 수행하는 것은 유가의 가르침을 등지고 이단으로 향하는 것이라는 비판을 받았다. 그렇다고 하여 만약 그들과 다투게 되면 이미 도道에 어긋나고, 그렇다고 묵묵히 있을 수도 없으므로, 이제 글로써 옛 성현의 말씀을 인용하여 이를 논증하고자 한다"[21]고 하는 비장한 결의가 엿보이는 내용이다.

『모자이혹론』의 본문은 앞서 설명한 대로 문답 형식이며 모두 38조로 되어 있다. 그러나 마지막 38조의 내용은 본론을 37조로 구성한 이유를 밝히고 있으므로 순수 본문은 37조까지라고 할 수 있다. 모자는 그가 『이혹론』의 본문을 37조로 구성한 이유에 대해, 불교에서 깨달음을 얻기 위한 수행 방법이 37가지(37조도품)이고 『도덕경』도 37편[22]으로 나누어져 있으므로 그것을 따랐다고 한다.

사실 잘 정리되고 체계화된 불교 교리나 내용을 알고 있는 우리의 입장에서 보면 『모자이혹론』의 내용이 다소 소박한 질문으로 여겨질 수도 있다. 그러나 『모자이혹론』에는 당시 처음 불교를 접한 사람들의 의문과 비판이 그대로 나타나 있기 때문에 다종교 사회를 살아가는 입장에서 참으로 시사하는 바가 적지 않다. 아이러니한 것은 불교 배척론에 반대하고 반박했던 다수의 문헌들도 결국은 바로 『모자이혹론』에 근거

21) 『홍명집』「모자이혹론」(대정장 52), p.1중.
22) 물론 현행하는 『노자도덕경』은 81장이지만 이것은 개편된 것이다. 한대본漢代本은 37편이다.

하여 대답하고 있다는 점이다. 그 문헌들이 이 책의 범주를 크게 벗어나지 못하고 있다는 의미에서, 이 논서가 차지하는 비중이 어느 정도인지를 가늠하게 해 준다.

여기서는 『모자이혹론』 37조의 내용 중에 불교 전래 초기에 해결되지 않으면 안 되었을 것 같은 가장 근본적이고도 기초적인 문제와 후대에 불교 배척론이 대두될 때마다 거론되었던 문제 한두 가지만 살펴보고, 사상적인 문제는 유불 논쟁에서 다루기로 한다.

(1) 불타론

불타에 대한 물음이다.

유가와 도가의 가르침을 배운 모자는 불타를 어떻게 생각하고 있었을까? 그는 '불타란 무엇인가? 무엇을 불타라고 말하는가?'라는 질문을 설정한다. 그리고 이에 대한 대답으로 중국 고대에 전설상의 세 천자를 신神이라 하고, 오제五帝를 성인이라고 칭하는 것과 같이, 불타란 사후에 얻어지는 존칭(시호)이고, 도덕의 원조이며, 신명神明, 즉 여러 신들의 종서宗緖이기 때문에, 불타는 중국의 여러 신들보다도 근원적인 존재라고 풀이한다.

또한 불타를 의역하면 각覺, 즉 깨달음을 의미하는 것이라고도 답한다. 그리고 그는 불타에 대해 다음과 같이 묘사한다. 변화자재하여 여러 형태로 나타날 수 있으므로 어떤 때는 존재하고 어떤 때는 소멸하며, 크기도 하고 작기도 하고, 둥글기도 하고 사각이기도 하며, 늙기도 하고 젊기도 하고, 숨거나 나타나기도 하며, 불에 넣어도 타지 않고 칼로 베어도 상처가 없다. 더러움 속에 있어도 때가 묻지 않는다. 그뿐 아니라, 가려고 생각하면 곧 날아가고 앉아서도 광명을 놓는다. 그렇기 때문에 호號를 불佛이라고 한다.

위의 문답은 무엇을 의미하는가? 그들이 진정으로 원하고 바라던 것은 결국 신통자재한 불타였다는 것이다. 모자의 답을 통해서도 확인할 수 있다시피, 중국인들은 애초부터 깨달음에 중점을 둔 것이 아니라, 그들이 알고 있는 신선神仙처럼 죽지 않고 신출귀몰한 불타의 모습을 원했다는 점이다.

(2) 윤리관

중국의 윤리 사회에서 가장 문제가 되었던 것은 효孝 문제이다.

질문 내용을 보면 『효경孝經』에는 신체발부身體髮膚는 부모로부터 받은 것이므로 상하게 해서는 안 된다고 한다. 그러므로 사문의 삭발은 성인의 말씀에 위배되어 효자의 도가 아니라고 비판한다. 또한 증자曾子는 임몰臨沒, 즉 임종에 이르러 나의 손과 발을 꺼내 상처가 있는지 없는지를 살펴봐 달라고까지 했다. 그런데 지금 사문들은 머리를 깎는다. 이것은 어찌 된 일인가? (이러한 사문들의 행동은) 성인의 말씀에 위배되고 노자老子의 도리에도 어긋나는 일이다. 당신은 항상 시비是非를 논하고 선악을 가리기를 좋아하는데, 그렇다면 사문의 행위를 선善이라고 할 수 있겠는가?

이에 대해 모자는 다음과 같이 답한다. 원래 성현을 비방하는 것은 벌써 인仁이 아니며, 선악을 가리는 것도 적합하지 않을 때는 지혜가 아니다. 인도 없고 지혜도 없으면 어찌 덕德을 세운다고 할 수 있으며 덕을 세울 수 없다면, 그것은 완고하고도 어리석은 무리에 불과할 뿐이다. 그러한 사람들과 논한다는 것은 쉽지 않은 일이다.

여기서 우리는 두 가지 점을 포착할 수 있다. 첫째, 유교 윤리의 절대성을 부정하고 있다는 점이다. 다시 말해서 유교의 일반적인 도덕과 윤리는, 안정된 상황을 전제로 했을 때 필요한 질서 규범에 불과한 것이다. 그러므로 비상시에는 결코 통용되지 못한다. 둘째, 이러한 비판을 하면서도 불교 경전을 전혀 인용하지 않고, 오히려 중국의 고유 사상을 예로 들어 대답하고 있다는 점이다. 다시 말해서 이것은 불교인들의 생활 방식이 유교적, 혹은 노장적인 입장에서도 얼마든지 정당화된다는 무언의 암시라고 할 수 있다.

이상으로 『모자이혹론』을 통하여 삼국 시대의 불교 인식, 또는 그들이 불교와 공존의 길을 모색하고자 한 노력의 한 단면을 살펴보았다. 우리는 경전이 전래된 후 그들이 느꼈던 갈등과 불교 측에서 유교의 절대적 윤리를 부정하면서도 공존을 도모하였다는 점을 알 수 있다. 불교 본래의 가르침을 선양하고자 한 것이 찬술 동기였듯이, 『모자이혹론』은 중국인이 만든 현존하는 중국불교 초전기의 대표적인 논서로서 당시의 불교 이해를 잘 전해 주고 있다.

5. 서진 시대의 불교

서진西晉은 위·오·촉으로 3분三分되어 있던 중국을 병합하여 천하를 통일하고 세운 국가이다. 촉나라를 멸망시킨 위나라 장수 사마염司馬炎이 왕위를 찬탈하고 오나라까지 병합한 후, 낙양을 도읍으로 정하여 세운 나라가 바로 진晉나라이다. 하지만 진나라 역시 북방 호족胡族들의 남하로 결국 50여 년 만에 멸망하게 된다(316). 그때 왕실 귀족들이 남쪽으로 피난하여 다시 사마씨의 나라를 이어 간다. 이것이 동진東晉이다. 그러므로 그때의 동진과 구별하기 위해 이전의 진을 서진이라 부른다.

서진 불교를 살펴보기에 앞서 당시까지의 사상계의 흐름을 잠시 살펴보기로 한다.

한나라 시대까지는 그야말로 유교를 정치 이념으로 한 통치력이 강하였다. 그러나 후한 말기의 혼란으로 인해 왕실과 함께 유교의 권위도 땅에 떨어지게 된다. 그로 인해 사상계의 조류는 유교에서 노장학 쪽으로 기울어진다. 즉 죽림칠현竹林七賢을 중심으로 한 청담淸談 사상이 유행하여, 명사名士들이 예의라든가 질서 규범에 얽매이지 않는 자유스러움에 심취한다. 이러한 풍조는 불교의 반야 사상을 수용 가능하게 하는 조건을 성숙시키게 된다. 따라서 불교에 대한 이해도 후한과 삼국시대와는 달리, 불교를 불교 그 자체로서 받아들이는 풍조가 점차 싹트기 시작한다. 『낙양가람기』[23]에 의하면, 후한 시대 때부터 불교 전파의 중심지였던 낙양은 이 시대에 이르러 사찰과 불상 그리고 승려 수가 급증하였다고 한다.

『낙양가람기』는 당시 낙양 사찰들의 모습을 기록하고 있는데, 인도 승려인 기역耆域은 어느 사찰을 보고 "아! 도리천에서 내려온 사람이 짓고서 다시 도리천으로 되돌아갔구나!" 하며 감탄했다고 할 정도이다. 또 『고승전高僧傳』[24]에는 다음과 같은 내용이 전한다. 어느 날 기역이 양양襄陽이라는 지방에 와서 강을 건너기 위해 배를 타려고 하자 뱃사공이 기역의 옷이 너무 남루한 것을 보고 업신여겨 태워주지 않았다. 그런데 배가 건너편에 닿자 기역은 이미 건너와 있었고, 그 앞에는 기역을 태우고 온 호랑이 두 마리가 꼬리를 흔들고 있었다. 기역이 손으로 호랑이 머리를 쓰다듬자 호랑이가 물러갔다고 한다. 이 광경을 본 언덕의 사람들은 모두 감격하여 기역에게 귀의하였다는 것이다.

『고승전』에 기록된 이러한 대목은 당시 사찰과 승려들의 복장이 지나치게 화려하였음을 꼬집는 것이기도 하다. 또한 기역에 의해 불교의 수행법과 기도법 등 불교 의례의 원초적 형태가 행해졌던 것 같기도 하다. 어느 날 기역이 설법을 청탁받고 법상에 오르니 대중이 구름처럼

---

23) 『낙양가람기』(대정장 51), p.999상.
24) 『고승전』 9(대정장 50), p.388상.

중국불교

모였는데, 그때 칠불통계七佛通戒를 설하였다고 한다. 이는 일곱 가지 계가 아니라 과거 일곱 불타가 공통으로 수지하였다는 계를 말한다. 그 핵심 내용은 악을 짓지 말고 선을 행하라는 것이다.

1) 축법호의 역경

서진 시대의 불교를 대표하는 인물은 축법호竺法護[25]이다. 축법호는 서진 시대의 최대 역경가로서 원래 월지국 사람이지만 선조 때에 귀화한 이후 대대로 돈황에서 살았다. 8세 때 출가하여 인도 승려인 축고좌竺高座에게 사사하고 스승의 성을 따라 축씨竺氏를 사용하게 된다. 일반적으로는 축법호라 불리지만 지支법호라고도 한다. 승려의 성이 나타내는 것은 인종이나 민족보다도 학문의 계통이기 때문이다.

그는 눈길 한 번만 스쳐도 모두 기억할 정도로 기억력이 뛰어났다. 그러나 그보다 더욱 훌륭한 것은 그의 인품이다. 세간의 어떠한 칭찬과 비방에도 초연하였다고 전한다. 그는 대승 경전이 서역에 많다는 말을 듣고 자진해서 스승을 따라 서역 여러 나라를 돌며 수많은 호본胡本을 얻었을 뿐만 아니라 36개국의 언어도 통달한다. 그는 서역에서 입수한 범본을 순례길 내내 한역하면서 돈황을 경유하여 장안으로 향한다.

또한 진의 태시泰始 원년(265)에서 영가永嘉 2년(308)에 걸쳐 40여 년 간 경전 번역에 매진하였으니, 구마라집 이전의 최고 역경승이라 할 수 있다. 『광찬반야경』을 비롯하여 『유마경』·『정법화경正法華經』·『미륵

---

25) 『출삼장기집』 13(대정장 55), p.97하.

하생경彌勒下生經』 등 150여 부 삼백여 권을 번역하는데 대승 경전이 압도적이다. 그가 번역한 경전은 질적으로나 양적으로 그 이전의 것을 압도하며, 그의 영향력으로 중국불교의 대승 경전을 중시하는 풍조가 확연해진다.

특히 『광찬반야경』은 『방광반야경』과 동본 이역으로 반야 사상의 이해를 더욱 심화시키는 역할을 한다. 또한 『정법화경』은 『법화경』의 정리된 번역으로는 최초의 것이다. 『법화경』은 그때까지 번역되었던 반야 사상을 설한 경전이나 선정 방법을 지향하는 경전과는 다르다. 인도에서는 『법화경』이 수기授記를 설하는 경전으로 받아들여졌으나, 중국에서는 일승一乘을 설하는 경전으로 채택된다.

중국에서는 초기의 가르침을 설하는 부파불교의 경전과 고도의 추상적인 대승불교의 경전이 사상적인 발전 과정을 무시하고 거의 동시에 유입된다. 그래서 언뜻 보기에 복잡하게 보이는 교리를 정리하기 위해 중심 사상이 요구되었던 것이다. 『법화경』의 일승 사상은 그러한 중국인의 요구에 부합하는 것이었다. 거기에 다양한 가르침이 있는 것처럼 보이는 이유는 다양한 능력을 가진 중생에게 맞춰 가르침을 설하기 때문이며, 불타의 본래 의도는 모든 사람이 불타가 된다는 일승의 가르침을 설하는 데 있다. 이러한 『법화경』의 가르침은 불교 경전을 통일적으로 이해하는 실마리로 큰 주목을 받는다. 더욱이 『정법화경』의 「관세음보살보문품」으로 인해 관음 신앙이 보급되는 원동력이 된다. 마지막으로 축법호가 번역한 『유마경』은 당시 청담淸談 사상이 유행하던 귀족 사회에서 크게 환영받아 동진 시대까지 그 영향을 미치게 된다.

양나라 승우僧祐는 축법호를 평하기를, "경법經法이 중화中華, 즉 중국에 널리 퍼진 것은 실로 법호의 힘이다"[26]라고 칭송하였다. 그래서 그의 덕을 기리는 사람들은 그를 '돈황 보살'이라 칭하기도 하였다. 그는 일생 동안 부지런하여 나태하지 않았고, 끊임없이 역경에 종사하다가 78세에 입적한다. 축법호는 많은 일화를 남겼는데, "호공護公은 맑고도 고요했으며, 도덕이 깊고도 아름다웠구나!"라는 지둔의 찬사는 그의 면모를 말해 준다. 그의 문하에는 수많은 제자가 있었지만 특히 섭승원과 섭도진이 유명하다. 부자父子간인 두 사람은 재가자로서 역경을 도운 이들이다.

물론 서진 시대 때 활약한 역경자로는 축법호 이외에도 많은 사람들이 있다. 그들이 번역한 경전을 모두 합하면 330부 590권이라 하니, 당시의 역경 활동이 얼마나 활발했는지 짐작할 수 있다. 이러한 역경자들 중에는 사문만이 아니라 우바새도 있었다. 그것은 이 시대에 이르면서 경전 번역이 출가승뿐 아니라 재가자까지 참여할 정도로 정착해 가고 있었음을 의미한다.

재가자로서 역경에 참여한 사람 가운데는 축숙란竺叔蘭이 있다. 축숙란은 중국에서 태어난 인도 사람이다. 그의 조부는 학문과 신심이 돈독한 절도 있는 사람이었으나 반역자에게 살해당한다. 마침 그의 아들이 이 소식을 듣고 사문인 두 처남과 함께 서진으로 망명하는데, 그때 태어난 사람이 바로 축숙란이다. 축숙란은 일찍이 인도말과 중국말에 통달하였다. 더욱이 승려였던 두 외숙에게서 불교까지 배운다. 축숙란이 번역한 경전으로는 『방광반야경』과 『수능엄경』 등이 있다. 전자는 주사행이 우전에서 구해 온 바로 그 범본을 번역한 것으로, 무라차無羅叉와 공역共譯하였다. 그때까지도 동본 이역인 축법호의 『광찬반야경』이

---

26) 『출삼장기집』 13(대정장 55), p.98상.

중원 지방까지는 전해지지 않았던 까닭에, 그의 번역은 청담과 현학이 성행했던 중원 지방의 지식인층에 유포된다.

그런데 여기서 한 가지 궁금한 것은 그렇게 방대한 경전을 번역하는 역경장譯經場에 과연 어떠한 사람들이 참여하였을까 하는 점이다. 예를 들어 축법호가 150부 3백여 권을 혼자서 번역하였을 리는 없다. 그렇다면 과연 어떤 부류의 사람들이 역경을 도왔을까?

양나라 승우僧祐의 「역경승전譯經僧傳」[27]에 의하면, 안세고의 번역은 안세고 자신이 중국어를 숙달한 후에 직접 범문梵文을 한문으로 고쳤다고 기록되어 있다. 그리고 연대가 명확한 지루가참의 첫 역경인 『도행반야경』(179)은 필수筆受한 사람이 낙양의 맹복孟福과 장련張蓮이라는 재가자이다. 이는 모두 역경 작업에 중국인 출가자가 포함되어 있지 않았다는 사실을 보여준다. 다시 말해 경전을 번역할 때 외국의 삼장이 역주譯主가 되는 것은 당연하다고 할 수 있다. 하지만 그렇더라도 경전의 정확한 의미를 이해하기 위해서는 중국어로 받아 쓰는 필수자는 있어야 한다. 그런데 그 역할을 중국인 출가자가 한 것이 아니라, 유교나 노장 사상에 정통한 재가자들이 담당했다는 것이 된다.

이와 같은 상황에서 불교 자체에 대한 이해는 물론 불교 용어에 따른 인식과 어휘조차 없었던 당시의 지식인들은 어떠한 기준을 가지고 경전 번역에 임했을까? 역경자들이 그들 자신의 지식이나 용어를 가지고 번역에 임하는 것은 어쩌면 당연한 일이었을 것이다. 어차피 그 당시에 필수라도 할 수 있는 능력을 갖춘 사람은 유학자, 혹은 노장 사상을 수학한 지식인들뿐이었을 것이기 때문이다. 따라서 그들은 중국 고전의 개념을

---

27) 『출삼장기집』 13(대정장 55), p.95상.

중국불교

차용하거나 또는 매개로 하여 불전을 해석하고자 했다. 이러한 방법을 '격의格義'라 하고, 이러한 방식에 의해 전개된 불교를 격의불교格義佛敎라고 한다. 그 내용은 다음 격의불교에서 자세히 살펴보기로 한다.

　이상으로 서진 시대의 불교를 살펴보았다. 후한과 삼국 시대와는 달리 서진 불교는 불교를 그 자체로 받아들이는 경향이 있었으나 사상계는 노장학老莊學으로 기울어졌던 듯하다. 이러한 풍조는 오히려 불교의 반야 경전류에 의한 공 사상의 수용을 가능하게 하는 조건을 성숙시키게 된다. 그리고 서진 불교를 대표하는 축법호의 역경을 비롯하여 기역과 재가자였던 축숙란의 역경 등 총 6백여 권에 달하는, 당시로서는 엄청난 양의 경전을 번역한 사실과 여기에 재가자가 직접 역경에 참여했다는 사실 또한 알 수 있었다.

2) 격의불교

　　　　축법호로 인해 『법화경』 연구의 신기원이 마련되고 관음 신앙도 알려지게 된다. 또한 3백여 권에 달하는 그의 번역 경전은 그가 구마라집 이전의 최대 역경가임을 대변한다. 앞에서 이미 언급했듯이, 이렇게 방대하게 역경이 이루어지기까지는 당시의 많은 지식인들의 도움이 있었다. 그들은 경전 번역에 동참하면서 중국 고전의 개념을 차용하거나 매개로 하여 불전을 이해하고 해석하였다. 앞서 말했듯이, 그러한 방식으로 전개한 불교를 격의불교라 한다.
　사실 이질적인 문화와 사상을 더욱 빠르게 수용하기 위해서는 반드시 받아들이는 측에도 그 외래 사상과 유사한 사상이 있어야만 한다.

만약 그것을 수용할 수 있는 정신적 풍토가 조성되어 있지 못한 경우라면 어떠한 외래 사상도 쉽사리 받아들이기 어렵다. 중국에서 처음부터 불교를 그다지 거부감 없이 수용할 수 있었던 것도 바로 중국에 불교와 유사한 고유 사상이 있었기 때문이다. 그러므로 중국불교의 성격을 논할 때, 특별히 사용되는 용어가 바로 '격의'라는 말이다. 이때 유교보다는 대체로 도교, 즉 도가 사상을 빌어서 불교의 이해를 도모한 것이 격의불교의 특징이다. 따라서 격의불교는 인도에서 성립된, 이질적인 문화이자 종교로서의 불교를 받아들여 신속히 중국화하는 데에 기여했다는 점에서 그 의의를 찾아야 할 것이다.

그렇다면 격의불교의 중심 과제는 무엇인가? 한마디로 불교의 핵심 사상인 공空 사상을 어떻게 이해하는가 하는 문제이다. 후한의 말기적 혼란과 삼국 시대의 분열을 거치면서 점차 유교의 예교주의禮敎主義에 실망한 지식인들은 노장 사상에서 말하는 '무無의 철학'에 심취하게 되는데, 문제는 그들이 불교의 공 사상을 바로 이 무의 철학을 매개로 하여 이해하고자 하였다는 것이다. 공, 즉 반야般若에 대한 견해가 분분하여 크게 6가家7종宗으로 나뉜다. 그리고 이것을 다시 삼가三家로 크게 나누어 비판한 이가 승조이다.

승조僧肇[28]는 경조京兆 출신이다. 생몰 연대에 대해서는 여러 가지 설이 있지만, 대체로 384~414년, 또는 374~414년의 두 가지 설이 설득력을 얻고 있다. 그는 집이 가난하여 서자생書字生으로 생계를 꾸렸으므로 고전을 학습할 수 있었다. 노자와 장자의 교학에 밝았으나 만족하지 못하고, 지겸이 번역한 『유마경』을 읽은 것이 계기가 되어 출가한

---

28) 『고승전』 6(대정장 50), p.365상.

다. 그 후 고장姑藏에 있던 구마라집을 찾아가 스승으로 모셨으며 스승과 함께 장안으로 간 것이 후진의 홍시 3년(401)이다. 구마라집의 번역을 보좌하면서 스승의 허락을 얻어 홍시 7년(405), 『대품반야경』의 역출을 받아서 『반야무지론般若無知論』을 집필하여 스승 구마라집으로부터 칭찬받는다. 그 다음 해에 유유민이 『반야무지론』에 대한 질문장質問狀을 승조에게 보냈는데, 승조는 그에 대한 답변과 함께 전년도에 완성한 『유마경주維摩經注』를 보낸다. 도생 역시 그 『유마경주』를 보게 되었는데, 그것에 만족하지 못하던 도생은 자신이 직접 『유마경』의 주석서를 저술했다고도 한다.

승조는 그의 대표적 논서 『조론肇論』[29]의 「부진공론不眞空論」에서, 삼의三義 즉, 공空을 심무心無, 즉색卽色, 본무本無로 해석하는 것은 모두 반야공의 올바른 해석이 아니라고 비판한다. 심무설心無說은 마음은 없고 경지는 있다고 보는 입장이고, 즉색설卽色說은 색色이 그대로 공空이라고 보는 입장이며, 본무설本無說은 비유비무非有非無가 다 무無로 돌아간다는 입장이다. 이 세 가지 해석이 어찌하여 공의 올바른 해석이 아니라는 것일까? 과연 불교의 공空과 노장 사상의 무無는 어떤 점에서 다른 것일까?

불교의 공은 결코 유를 전제하거나 부정하지 않는 반면, 무無는 이미 유有를 전제로 한다는 것이 근본적인 차이라고 할 수 있다. 공은 오히려 고정불변한 그 무엇이라는 것으로부터의 해방이며, 구애받지 않는 마음에서 출발하기 때문이다. 사실 이러한 격의의 의미를 최초로 정의한 사람은 바로 축법아이다.

---

29) 『조론』(대정장 45), p.152상.

축법아竺法雅의 전기에 의하면,[30] 그는 인품이 시원스러워 사물에 구애받지 않았고 어린 시절부터 유학과 노장 사상에 통달하였으며 장성해서는 불교에 심취한다. 여기서 특히 주목할 것은 그가 어린 시절부터 외전外典의 충분한 소양을 닦았다는 점이다. 축법아가 장성하여 수많은 사대부들을 가르치게 되었을 때, 그가 그들의 이해를 돕기 위해 유가와 도가의 서적을 종횡무진 인용하며 불교를 설명할 수 있었던 것도 그 덕분이다. 이처럼 축법아가 격의를 생각하게 된 이유는 자신의 가르침을 듣는 사대부들이 중국 고전에 대해 소양은 있어도 불교 교리를 모른다는 사실 때문이었다. 그래서 축법아는 강승랑康僧郎 등과 함께 불교 경전의 교리를 중국의 고전에 있는 내용에 견주어 이해할 수 있도록 한다. 이때 중국 고전 가운데 노장老莊의 말이 가장 적합하여 더 많이 이용하게 된 것이다.

그런데 문제는 불교의 법수法數, 즉 사제·오온·칠각지·팔정도·십이인연 등에 꼭 맞는 말을 중국 고전에서 찾을 수 없다는 점이었다. 그래서 불교의 오계五戒를 유교의 오상五常, 즉 인의예지신仁義禮智信에 대비시키기도 하고, 『안씨가훈顔氏家訓』이나 『마하지관摩訶止觀』에서는 오계를 오행五行(火水木金土)과 오경五經(『역경易經』·『서경書經』·『시경詩經』·『예기禮記』·『춘추春秋』)에 적용시키기도 한다. 그러나 이러한 해석은 적합한 것이 아니다. 물론 그렇다고 해서 격의불교가 노장 사상에 동화됐다거나 노장 사상을 이용하여 불교를 펼치려는 의도에서 진행되거나 했던 것은 아니다. 다만 중국이라는 사회와 그 시대, 그리고 사상계를 주도하던 인물들이 불교를 그런 식으로 이해했다는 뜻이다. 그리고 또 그

30) 『고승전』 4(대정장 50), p.347상.

중국불교

러한 한계 상황에서는 그렇게밖에 불교를 전할 수 없었던 점도 분명 염두에 두고 이해해야 할 것이다. 격의불교는 어찌되었든 불교계의 노력의 산물이며, 그것이 불교 홍포에 일조한 것만은 사실이기 때문이다.

한편, 이러한 격의적 방식에 지속적으로 의존한다면 불교의 참뜻(진의眞義)은 어떻게 될 것인가에 관해 의구심을 품고 이로부터의 탈피를 외친 사람이 있다. 그가 바로 도안道安이다. 도안은 "불교는 외전外典을 빌려서 해석할 것이 아니라 오직 불전佛典에 의지하여 풀이하고 이해되어야 한다"고 주장하며 격의불교로부터 탈피할 것을 외친다. 그렇다고 해서 격의불교에 대한 사상적 기반이나 사용된 용어를 버린 것은 아니었다. 오히려 사상을 더 구체화하고 같은 용어를 사용하면서도 그 의미를 중국적으로 지양한 것이다.

양나라 승우가 『홍명집弘明集』[31]에서 "도道는 사람에 의해 전파되고 가르침은 문장에 의해 밝혀지는 것"이라고 하였듯이, 도안의 출현으로 중국불교는 비로소 진정한 의미의 불법승 삼보를 갖추게 된다. 그러므로 도안은 중국불교를 실로 중국불교답게 만든 승려라 할 수 있다. 도안에 대해서는 전진前秦의 불교를 설명하는 데에서 다루기로 한다.

서진의 불교를 정리하면서 빼놓을 수 없는 것이 있다. 바로 당대에 논쟁을 불러일으켰던 '노자화호설老子化胡說'이다. 글자 그대로 해석하면, '중국의 노자가 인도로 가서 그들을 교화했다'는 의미이다. 중국인들은 자신들이 세계 문화의 중심이라는 자부심을 강하게 지니고 있다. 따라서 외래 종교나 외래 풍속이 중국을 어지럽히는 것을 가장 싫어한다. 이러한 현상은 지금도 마찬가지이다. 그런 의미에서 노자화호설은

---

31) 『홍명집』 1(대정장 52), p.1상.

중국의 성인을 불타보다 우위에 두고자 하는 중화의식에서 만들어진
것이라 할 수 있다. 이 설을 이용하여 서진 시대의 도사인 왕부王浮는
경전까지 만드는데, 그것이 바로 『노자화호경老子化胡經』이다.

6. 강북의 5호 16국과
강남의 동진 시대의 불교

1) 5호 16국의 불교

　　　　　50여 년 간 지속된 서진이 멸망하게 되자 왕실의 귀족들은 강남으로 피난을 가서 다시 나라를 세우게 되는데, 이를 동진東晉이라 한다. 한편 강북 지역은 북쪽의 호족胡族, 즉 다섯 이민족(흉노匈奴·선비鮮卑·갈羯·저氐·강羌)들이 앞을 다투며 16개 나라를 세워 130여 년 동안 흥망을 거듭하는데, 이를 5호胡 16국國이라 한다. 서진이라는 통일 중국이 양자강을 중심으로 하여 강남과 강북으로 양분되어 강남은 한족이 차지하고, 강북은 이민족이 지배하게 된 것이다.

　먼저 강북의 5호 16국부터 살펴보고자 한다.

인종人種	국명國名	건국자建國者	국도國都	흥망興亡
흉노匈奴	한漢전조前趙	유연劉淵	평양平陽 산서성 평양(山西省平陽)	三〇四－三二九
저氏	성成	이웅李雄	성도成都 사천성 성도(四川省成都)	三〇三－三四七
한漢	전량前涼	장식張寔	고장姑藏 감숙성 량주(甘肅省凉州)	三一四－三七六
갈羯	후조後趙	석륵石勒	양국襄國 하북성 순덕(河北省順德)	三二八－三五二
선비鮮卑	전연前燕	모용준慕容儁	업鄴 하남성 창덕(河南省彰德)	三四九－三七〇
저氏	전진前秦	부견苻堅	장안長安 섬서성 장안(陝西省長安)	三五一－三九四
선비鮮卑	후연後燕	모용수慕容垂	중산中山 하북성 정주(河北省定州)	三八四－四〇九
강羌	후진後秦	요장姚萇	장안長安 섬서성 장안(陝西省長安)	三八四－四一七
선비鮮卑	서진西秦	걸복국인乞伏國仁	완주宛州 감숙성 난주(甘肅省蘭州)	三八五－四〇〇
저氏	후량後涼	려광呂光	고장姑藏 감숙성 위현(甘肅省威縣)	三八六－四〇一
선비鮮卑	남량南涼	독발조고禿髮烏孤	서평西平 감숙성 서녕(甘肅省西寧)	三九七－四一四
흉노匈奴	북량北涼	단업段業	장액張掖 감숙성 감주(甘肅省甘州)	三九七－四三九
선비鮮卑	남연南燕	모용덕慕容德	광고廣固 산동성 청주(山東省青州)	四〇〇－四一〇
한漢	서량西涼	이고李暠	돈황燉煌 감숙성 돈황(甘肅省燉煌)	四〇〇－四二〇
흉노匈奴	하夏	혁련발발赫連勃勃	통만統万 섬서성 윤림(陝西省倫林)	四〇七－四三一
한漢	북연北燕	풍발馮跋	용성龍城 내몽고(內蒙古)	四〇九－四三六

앞의 16개국 가운데 전량과 서량 그리고 북연은 한족이지만 총칭하여 5호라고 한다. 16국 가운데 후조·전진·후진·북량의 네 나라에서 특히 불교가 융성한다. 5호 16국이라는 명칭에서도 알 수 있듯이, 강북은 여러 민족의 쟁탈지로서 항상 전란이 끊이지 않았으므로 생활도 안정되지 않았을 것으로 보인다. 그러나 불교는 오히려 강남인 동진에서보다도 활발하였다. 그 이유는 남쪽의 한족들이 불교를 외래 종교라고 여긴 것에 반해, 강북은 그들 자신이 이민족이듯이 외래 종교로서의 불교를 환영하였기 때문이다. 게다가 당시는 왕조의 교체와 전란이 이어지던 혼란기였다. 그러므로 전쟁으로 인한 학살은 사람들로 하여금 정신적 불안과 괴로움으로부터 도피를 희구하도록 만들었을 것이다. 따라서 현세를 고통과 무상無常으로 파악하는 불교가 영혼의 구제를 추구하는 사람들에게 호응받게 되는 것은 지극히 당연한 일이다. 오히려 5호 16국이라는 난세야말로 불교 포교의 좋은 기회였던 셈이다.

왕조가 교체되면 승리자였던 지배자도 결국 멸망하고, 한족漢族 위에 군림하던 호족胡族도 끝내 한족에 의해 토벌당하는 운명에 놓이게 된다. 그러므로 그것을 눈앞에서 목격한 사람들은 인과응보의 도리를 온 몸으로 체험하게 된다. 당시 사람들 역시 불교의 인과응보나 윤회 사상이 참으로 옳다는 것을 두려워하며 자각하게 된다. 그 결과 불교는 급속도로 민중들 속에 파고들었다. 이러한 5호 16국의 시대적 배경을 염두에 두고 강북에서의 불교 상황을 살펴보기로 하자.

(1) 후조 불교와 불도징

후조後趙는 흉노족이 세운 나라이다. 후조의 왕 석륵石勒과 석호石虎의 절대적 존경과 귀의를 받으며 후조의 불교 발전에 중추적 역할을 한 승려는 불도징佛圖澄(232~348)이다. 보통 불교의 사가史家들은 초기 중국불교계의 고승으로 불도징과 도안, 그리고 혜원을 꼽는데, 그 첫 번째 인물이 바로 불도징이다. 양나라 혜교慧皎(497~554)가 저술한 『고승전』[32]에 의하면 불도징은 서역의 구자국 출신이다. 하지만 『진서晉書』[33]에는 천축, 즉 인도에서 태어났고 성은 백씨帛氏라고 되어 있다. 그런데 동진 시대에 구자국에서 백씨 성을 가진 역경승이 왔다고 한 것으로 미루어 볼 때 불도징은 구자국 출신일 가능성이 높다.

불도징은 79세라는 나이에 전법傳法의 뜻을 품고 중국으로 오게 되는데(310), 낙양에 당도하자마자 사찰을 세우고자 하였다. 그러나 아직 인연이 성숙되지 않았음을 알고 초야에 묻혀 세상의 움직임을 관망한다. 그러던 중 불법을 믿는 대장군 곽흑략郭黑略을 교화하고, 이어서 후조의 왕인 석륵(재위 319~333)의 귀의를 받게 된다. 석륵은 성격이 아주 포악하여 백성의 원성을 많이 샀으나 불도징의 간언과 충고로 말년에는 선정을 폈다고 한다. 후조의 왕 석륵의 보호를 받으며 군사·정치의 고문을 맡았던 불도징은 적의 존재를 사전에 가르쳐주거나 대소 길흉을 통찰하는 등 신통을 부려 석륵에게 진력했다고 한다. 석륵이 낙양의 전투에서 전조의 유요劉曜를 사로잡아 후조왕이 되어 패업을 달성할 수 있었던 것도 불도징의 신통력 덕분이었다고 한다. 『고승전』에 불도징의 전기가 「신이편神異篇」의 첫 번째에 실려 있을 정도로, 불도징이 전파하려 했던 불교에는 신통력을 창출하는 가르침이라는 이미지도 수반되어 있었다. 그러므로 당시의 사람들에게 불교의 승려가 외국의 선인仙人으로 보였을지도 모른다. 석륵이 죽자 그의 아들이 왕으로 즉위하

---

32) 『고승전』 9(대정장 50), p.383중.
33) 『진서晉書』 95 「열전」 65

였으나 석륵의 조카인 석호石虎(재위 334~349)가 왕위를 찬탈한다.

석호는 석륵 이상으로 포악하고 잔인하였으나 불도징에게만은 존경과 귀의를 다했다. 불도징이 조정에 들어갈 때는 나라의 보배라 하여 임금의 수레를 사용할 수 있도록 배려하였고, 궁궐에 도착하면 직접 나가서 맞이했을 정도이다. 석호가 불도징을 이토록 존경한 데는 이유가 있다. 석호의 아들 석빈石斌이 죽어가는 것을 불도징이 살려주었고, 또 그의 대단한 신통력에 굴복하였기 때문이다. 따라서 불도징에게 귀의한 석호는 아들을 사찰에 맡겼으며, 불탄일에는 직접 가서 참배하고 관불회灌佛會를 행하여 아이들의 무병장수를 기원하였다. 중국에서의 관불 행사의 기원은 이때부터라고 전한다.[34]

불도징이 불교 전파와 교화 수단으로 이용한 신통과 영험이라는 것이 어쩌면 한족에 비하여 문화가 뒤떨어진 이민족을 교화하는 데에는 오히려 더 효과적일 수도 있었을 것이다. 삶이 불확실한 시대의 사람들은 운명과 행운에 더 의지하게 되고, 미래를 예언하거나 하는 신비한 능력에 더 빨리 귀를 기울이게 되기 때문이다. 그러나 위에 소개된 일화들은 사람들을 속이고자 하는 의도가 아니라, 당시 사람들에게 불타의 신통력을 찬양하게 하기 위한 후대 사람들의 수식일 수도 있음을 감안해야 할 것이다.

불도징은 단 한 권의 경전도 번역하지 않았지만, 그의 업적 가운데 가장 주목받는 것은 바로 한족의 출가를 공인하도록 한 것이다. 그 이전에는 서역 출신에 한하여 출가를 허락하였으나 불도징이 석호를 설득하여 한족에게도 출가를 허락하게 한 것이다. 이렇게 불도징의 교화

---

34) 陸翽(1985), 『鄴中記』, 中華書局, p.8.

로 한족의 출가가 공인되자 수많은 사람들이 다투어 출가하게 된다. 그러자, 이때 왕도王度라는 재상이 상소문을 올린다. 그것은 불타가 외국의 신神이기 때문에 중국의 천자가 섬길 바 못 되며 후조 사람들이 출가하는 것은 옛 법도에 어긋난다는 내용이었다. 이에 석호는 자신과 백성들이 이민족이기 때문에 외국의 신을 숭배하고 섬기는 것은 당연하다고 반박한다. 그리고 "옛 법도에 어긋난다고 하지만 변방에서 태어난 이민족인 자신이 현재 어엿하게 중국의 천자인데 어느 것이 옛 법도인가?"라고 되묻는다. 그리고 법도는 위로부터 시행해야 하는 법이므로, 천자가 귀의하고 있는 신이 불타이니 아래에서도 따라 시행하라고 하였으며, 또한 한족에게도 출가를 허용하라는 참으로 획기적인 조칙을 내리게 된다.

불도징은 권력자뿐만 아니라 민중들에게도 외경의 대상으로 받아들여졌다. 왕을 받들어 신임을 얻은 불도징은 국내 각지에 893군데나 사찰을 세웠고, 한인漢人 승니僧尼를 거주시켰다고 한다. 불교라고 하는 외래 종교가 한인들에게 침투하기 위해서는 추상적인 이론이나 실천 규범뿐만 아니라, 구체적으로 그것을 꾸준히 실천하기 위한 장소가 필요했기 때문이다.

마지막으로 불도징의 업적으로 들 수 있는 것은 일만 명이나 되는 그의 문하생 가운데 신승神僧이라 존경받는 승랑僧朗과 격의불교를 주창한 축법아, 그리고 중국불교를 중국불교답게 정립시킨 도안을 배출시켰다는 점이다. 비록 경전을 번역하지는 않았지만 수많은 인명을 살려내며 널리 교화 활동을 하던 불도징은 117세로 세상을 떠난다. 그가 입적한 다음 해에 석호도 세상을 떠나자 왕위 계승을 둘러싸고 왕실이 어지럽게 되었고, 결국 후조는 멸망하게 된다.

중국불교

이상으로 후조 불교를 살펴보았다. 후한 시대에 들어와 초왕영楚王英 등이 믿고 받든 불교는 황로黃老와 불타를 동일시하던 신선적이고 도교적인 불교였다. 그때는 불교 교리에 무지하였기 때문에 주술이나 치병治病이 오히려 교화에 유용하였을 것이다. 이어서 삼국과 서진 시대에는 지겸이나 축법호 등과 같은 대역경가가 활약하여 많은 대승 경전이 번역되었지만 아직 일반 대중들이 불교 교리를 접하고 이해할 정도는 아니었다. 따라서 그들이 불교를 필요로 한 이유는 오히려 치병과 독심술讀心術과 같은 신통이나 영감에 대한 관심 때문이었다. 그런 의미에서 민중이 바라고 기대하던 불교에 그대로 부응한 이가 바로 불도징이다. 그는 백세를 넘긴 고승이었으므로 중국의 신선으로 생각되었을지도 모른다. 만약 불도징이 단순한 역경승이었다면 그의 교화력이 그토록 크지는 않았을 것이다.

(2) 전진 불교와 도안

왕조의 교체와 전란이 이어지던 난세에 후조라는 왕조의 절대적 존경과 귀의를 받으며 활동한 불도징의 제자이자 중국불교의 기반을 구축한 도안道安이 활약했던 전진前秦의 불교는 어떻게 전개되었는지 살펴보기로 한다.

사실 중국불교사에는 '도안'이라는 이름의 고승이 두 사람 등장한다. 한 사람은 지금 살펴보고자 하는 사람이고, 나머지 한 사람은 남북조 시대 북주北周에서 활약하며 『이교론二敎論』을 지은 사람이다. 이렇게 동명이인同名異人이 있기 때문에 전자를 '미천彌天의 도안道安'이라고도 부른다. 이는 습착치와의 만남에서 비롯된다. 양양의 호족 출신인 습착치習鑿齒는 도안이 양양에 왔을 때 서신을 보내 도안을 미천彌天의 구름에 비유한다. 그 후 습착치가 실제로 도안과 만나 '사해四海의 습착치'라고 하니, 도안이 '미천彌天의 도안'이라고 되받아쳤다고 한다. 그 후 습착치는 건강建康의 사안謝安(320~385)에게 보내는 편지에서, 도안의 능력과 인격을 높이 평가하는 것은 물론 도안 교단의 뛰어난 수행 생활을 절찬한다.

도안道安(312~385)의 전기에 의하면,[35] 태어난 곳은 하북성河北省의 부류扶柳이며, 성은 위衛씨이고 가문은 대대로 유학자 집안이었다. 어려서 부모를 잃고 친척 집에 맡겨진 것으로 보아 불우한 환경에서 자랐을 것으로 추정된다. 7세에 이미 오경五經에 통달할 정도로 총명하였으나, 12세에 출가했을 때 스승조차도 업신여길 만큼 추남이어서 주목받지 못했다. 도안은 출가 후 3년 동안 농사일만 하다가 어느 날 경전 공부를 원하여 스승으로부터 경전을 받았는데, 저녁에 돌려주면서 다른 경전을 원했다. 스승이 "한 가지라도 제대로 공부하는 것이 중요하다"고 하자, 모두 암송했다고 대답하였다. 깜짝 놀란 스승이 시험해 보니 단 한 글자도 틀리지 않았다. 그제야 비로소 스승은 도안의 재능을 알아보고 인정하여 구족계를 주었다.

도안은 스승이 입적하자 그곳을 떠나 업鄴이라는 지방으로 갔는데, 거기서 필생의 스승인 불도징을 만나게 된다. 불도징은 도안을 보자마자 감탄하며 하루 종일 이야기를 나눈다. 도안은 불도징에게 사사하며 경론을 연구하였는데, 경론의 대의를 파악하는 능력이 탁월하였다. 또한 이때 계율에 대해 큰 관심을 보였다. 도안은 불도징이 입적한 후, 업을 떠나 화북의 각지를 전전하다가 전란을 피해 태행太行 산맥의 호택

---

35) 『고승전』 5(대정장 50), p351하.

濩澤과 비룡산으로 간다. 도안은 선정의 실천자인 안세고를 특히 존경하였다. 그래서 안세고 번역의『음지입경陰持入經』·『안반수의경安般守意經』·『십이문경』·『대십이문경』 등에 주석이나 서문을 썼으며 자신도 선관의 실천을 중시하였다. 또한 축법아竺法雅, 축법태竺法汰, 강법랑康法朗 등의 동학과 함께 당시 전란을 피해 산중에 은거해 있던 한인漢人 지식인들에게도 포교하였다.

도안은 40대에 접어들어 항산恒山으로 이주하였는데, 전진前秦의 황시皇始 4년(354)인 그의 나이 43세에 혜원과 혜지 형제가 도안의 제자가 된다. 그 후 환온桓溫(312~373)이 일으킨 북벌의 난을 피하여 육혼陸渾으로 이주한다. 다시 54세(365)에 4백여 명의 제자를 거느리고 동진의 한족 치하에 있는 양양襄陽으로 갔다. 그는 거기에 단계사檀溪寺라는 절을 짓고 수많은 제자들과 함께 수행과 교화 활동을 한다. 양양이라는 곳은 강북과 강남을 잇는 교통상의 요충지일 뿐만 아니라 정치적으로도 중요한 지역이기 때문에 많은 명사와 사람들이 모여들었다. 따라서 도안과 그의 교단에 수많은 사람들이 귀의하였다. 도안은 여기서 15년 간『반야경』을 강설하며 경전에 주석註釋을 한다.

도안이 67세가 되었을 때, 화북을 통일한 전진前秦의 왕인 부견符堅은 동진의 합병을 노리고 도안이 사는 양양을 함락시킨다. 그때 부견은 이전부터 도안의 소문을 들었던 터라 도안을 장안으로 모셔 와 오중사五重寺에 주석하도록 한다. 그 당시 부견은 신하 권익權翼에게, "짐은 10만의 대군으로 양양을 공략하여 오직 한 사람 반을 얻었다. 바로 안공安公이 한 사람이고, 습착치가 그 절반이다"[36]라고 했다고 한다. 또한 부견

36) 상동.

은 도안을 존경하여 언제나 천자의 수레에 동승시켰는데, 권익이 천자의 수레에 출가승이 타는 것은 온당하지 않다고 간언하였다. 이에 부견은 도안의 덕은 천하를 바쳐도 아깝지 않은데 천자의 수레를 타는 영광은 그의 덕에 견주지도 못한다고 힐책하며 안색을 바꾸었다. 부견이 얼마나 도안을 존경하였는가를 짐작하게 하는 일화라고 할 수 있다.

부견이 양양을 공격한 것은 물론 양양을 자신의 세력권 안에 두려는 목적이었다. 하지만 그보다는 당시에는 고승들을 정치 고문 또는 정신적 지주로 모시는 풍조가 만연하였으므로 쟁탈전을 벌여서라도 도안을 모시려 했던 이유가 더 컸을 것으로 보인다. 이와 같은 군주들의 불교 정책은 앞으로 살펴볼 구마라집鳩摩羅什이나 담무참曇無讖의 경우에도 비슷한데, 당대의 고승들은 본인들의 의사와는 상관없이 국력에 이끌려 다니면서 활동한 듯 보인다.

이후 도안은 장안으로 옮겨 와 양양 지방에서부터 해 오던 연 2회의 『방광반야경』 강설을 계속함은 물론, 『반야경』의 추가 연구에 힘쓴다. 그리고 설일체유부계說一切有部系의 새로운 한역 문헌 연구에도 정진했지만, 385년 74세로 생을 마감한다. 도안이 살던 시대는 이와 같이 전란이 끊이지 않은 난세였으나 그는 꾸준히 학문의 연마와 오직 불법의 전파를 위해 노력한다. 아울러 도제 양성과 재가 신도의 교화 사업도 한다. 하지만 정작 그가 가장 힘을 쏟은 것은 경전의 정리와 불전에서 올바른 지식을 얻는 일, 그리고 불전을 근거로 하여 계율에 기초한 교단을 유지해 나가는 일 등이었다. 이러한 도안의 업적을 정리해 보기로 한다.

첫 번째로 큰 도안의 업적은 불전佛典 번역론의 정리이다. 도안은, 경전 내용을 되도록 정확하게 이해하고 불교의 본질을 이해하기 위해서는 불전은 불전의 말을 빌려서만 이해되어야 한다고 함으로써 마침내 격의불교를 탈피하게 한다. 비로소 중국불교를 중국의 풍토와 민족성에 알맞은 형태로 변화시키고 발전하게 하는 계기를 만든 것이다. 특히 도안이 번역 문제에 얼마나 세심한 주의를 기울였는지는 '5실본失本 3불역不易'의 내용을 보면 알 수 있다. 이 내용은 도안의 「마하발라야바라밀경초서摩訶鉢羅若波羅蜜經抄序」[37]에 보이고 있다.

먼저 5실본失本에 대한 내용이다. 5실본의 본의는, 번역 시에 필요하다면 그 한계 내에서 원형을 잃더라도 허용되어야 한다는 다섯 가지 조항이다. 첫째, 번역 시 말의 배열이 호문胡文(산스크리트어의 문장)과 번역문이 반대로 된다. 둘째로, 호경胡經(산스크리트어 경전)은 소박함을 으뜸으로 치지만, 진인秦人(중국인)은 문장을 즐기기 때문에 번역하면 본질을 다소 잃는다. 셋째로, 호경에는 반복이 많으나, 번역하면 없어진다. 넷째로, 호경에는 자칫 번잡스러워 보이는 설명문이 삽입되어 있지만 번역에는 그 문장이 대량 삭제된다. 다섯째로, 호경은 단락이 바뀔 때마다 앞서 기술한 사항을 반복하지만, 번역하면 그것은 모두 삭제된다.

다음은 3불역不易에 대한 내용이다. 3불역의 본의는 경문을 멋대로 바꿔서는 안 되는 근거 세 가지를 제시한 것이다. 첫째, 반야경은 그 시대의 풍속에 맞게 설해진 것이므로 우아하고 예스러운 설교를 제멋대로 없애고 현대식으로 고쳐서는 안 된다는 것이다. 둘째, 범부는 성자의 영역에는 다다르기 어려우므로 옛 성자의 미묘한 설교를 말세의 범부에 맞추어서는 안 된다는 것이다. 셋째, 불타가 입적한 직후 아라한들은 조신하게 결집을 행했다. 그러나 천년이 지난 오늘 만약 천박한

---

37) 『출삼장기집』 8(대정장 55), p.52중.

생각에서 예사로이 취사取捨를 가하려고 하는 것은 법을 모르는 자의 어리석은 일이라는 것이다.

물론 범어와 한어漢語는 다른 언어이다. 그러므로 범어에서 한어로 번역할 때에 변화가 생기는 것은 당연하다. 만약 그것조차 허용하지 않는다면 번역 그 자체가 성립할 수 없게 된다. 도안은 이것을 한편으로는 원본을 바꿀 수밖에 없는 한계를 5개 조항으로 나타내고, 다른 한편으로는 끝까지 원본을 고수해야 한다는 근거를 3개 조항으로 나타냈다. 이는 번역이란 그 양자의 긴장 속에서 이루어져야 하는 것임을 말하고자 한 것이다.

다시 한 번 정리해 본다. 5실본은 금지 조항이 아니라 한문으로 번역할 때 다섯 가지 규정 내에서는 원본의 원형을 잃더라도 어쩔 수 없다는 것으로, 번역 시에 부딪히는 실질적인 면이라 할 수 있다. 그리고 3불역은 경문을 마음대로 바꿔서는 안 된다는 세 가지 근거를 제시한 것으로 번역 시 반드시 지켜야 할 사항이다. 이는 번역에 대한 도안의 근본적 입장이 호본胡本의 성질을 잃지 않는 것과 문장의 질을 높이자는 데 있음을 말해 준다. 또한 번역 기술의 문제가 아니라 보리심菩提心과 구도심求道心에 역점을 둔 것이라 할 수 있다.

두 번째는 경록의 편찬이다. 그때까지의 역경승들이 경전을 번역한 시기와 장소, 번역자 등을 밝혀내고, 불전의 진위 여부를 판별하여 목록을 작성한 것이다. 그것이 바로 『종리중경목록綜理衆經目錄』1권(364)이다. 경전 번역의 역사는 도안에 이르기까지 이미 2백 년을 경과하였다. 경전의 번역자는 인도와 서역 각지에서 중국으로 찾아와서 중국 각지에서 제각기 경전을 한역하였다. 그러므로 그 작업에는 경전 선택의 체계성과 같은 것은 전혀 기대할 수 없었다. 때로는 같은 경전이 여러 번 번역되는 경우가 있는가 하면, 번역이 의심스러운 경전, 즉 인도 경전을 번역한 것이 아니라 중국에서 저술된 것도 유통되었다. 그 때문에 도안은 불법의 끊임없는 발전을 위하여 경전 연구의 기초 작업으로 중국 최초로 경전 목록을 제작한 것이다. 이 경전 목록은 유감스럽게도 현존하지 않는다. 그러나 다행히 현존하는 가장 오래된 양梁나라 승우僧祐(445~518)의 『출삼장기집出三藏記集』에 거의 대부분 인용되어 있어서 그 내용을 짐작할 수가 있다.

세 번째는 불전의 주석서와 서문 집필이다. 도안은 여러 경전에 대한 주석과 서문38을 많이 남겨 놓았다. 그는 특히 안세고를 존경하여 그의 한역 경전에 주석을 하는 동시에, 『반야경』의 연구에도 몰두하여 여러 개의 주석서를 집필한다. 하지만 아쉽게도 『인체욕생경주人體欲生經註』 외에는 현존하지 않는다. 연 2회 『방광반야경』을 강설하고, 동본 이역본인 『광찬반야경』을 얻고 나서는 두 경전의 비교 연구를 시도한다. 예를 들면, 『방광반야경』의 주석인 『방광반야절의준放光般若折疑准』 1권과 『방광반야절의략放光般若折疑略』 2권 등이 있다. 그래서 그의 반야에 대한 이해는 구마라집 이전에 가장 뛰어난 것으로 높이 평가받는다. 그 외에 선禪에 관한 것으로 『안반수의경해安般守意經解』 1권·『음지입경주陰持入經注』 2권·『대도지경주大道地經注』 1권 등도 있다. 그뿐 아니라 대승 경전에 대한 20여 부에 달하는 주석서도 남아 있다. 불전에 주석을 붙이는 것도 도안이 처음 했고, 경전의 서문도 많이 지었다. 그리고 경전의 내용을 설명하기 위해 서분序分·정종분正宗分·유통분流通分의 세 부분으로 나누어 놓는 형식을 만든 것도 빼놓을 수 없는 업적이

---

38) 『출삼장기집』 「경서經序」에 수록되어 있는 것만도 15종류나 된다.(『출삼장기집』 15(대정장 55), p.107하.)

다. 현재까지도 사용되고 있는 이 방식 역시 도안에게서 비롯되었다고 전해진다.

네 번째 업적은 출가 승려에게 석씨라는 성姓을 부여하도록 제정했다는 점이다. 남북조 시대 이전까지 외국 승려는 출신지를 나타내는 한 글자를 본래의 이름에 붙이고 성으로 칭하는 것이 일반적이었다. 또한, 도래승의 지도를 받은 한인漢人도 그 스승의 성을 계승했다. 예를 들면, 지支는 월지국月支國, 강康은 강거국康居國, 안安은 안식국安息國, 축竺은 천축국天竺國을 각각 의미한다.

그런데 불교에 입문하는 승려들이 점차 늘어남에 따라 그러한 성의 구별은 점차 파벌을 낳게 되고, 그 폐해가 컸다. 지금도 승려가 중국 외의 지명을 성으로 하여 이름을 짓는 경우가 있는데, 그것은 결국 중국 밖의 이름이라는 것을 자타가 공히 인정하는 것으로 보인다. 따라서 도안은 "각기 별개의 흐름을 갖는 강도 바다로 흘러 들어가면 동일한 짠맛이 되듯이, 불문에 들면 모두 동등한 석존의 제자이다. 그러므로 모두 석씨로 칭해야 한다"고 주장하여 그 자신도 '석도안'이라 하였다. 이후부터 불교도는 이름 앞에 '석' 자를 붙이게 된 것이다. 다시 말해서 출신국에 따라, 또는 스승의 성에 따라 관습처럼 사용해 오던 성을 없애고 '불법문중佛法門中에는 오직 일불제자—佛弟子'만이 있을 뿐이라는 입장에서 모두 '석씨釋氏'로 통일시킨 것이다. 이는 서역이나 인도의 다양한 불교가 단번에 중국으로 유입된 상황에서, 통일된 성씨라는 하나의 기반 위에 주체적으로 불교가 수용될 수 있게 하였다는 점에서 큰 효과가 있었을 것이다.

또한 중국불교에서는 초기부터 여러 가지 의식이 행해졌다고 생각되는데, 아마도 그들은 전래되는 각 지역의 방식을 모방했을 것이다. 그러므로 쉽게 의식을 통일시킬 수 없었을 것이다. 게다가 의식은 가시적이고 체험적이기 때문에 추상적인 교리보다 사람들에게 미치는 영향력이 지대하다. 교리적으로는 공유한다고 할지라도 외면적인 형식에서는 서로 맞지 않는 경우도 적지 않았을 것이다. 이러한 모든 것들을 '성姓'이라는 상징적인 것으로써 통일하려고 했던 도안의 공적은 매우 큰 것이라 할 수 있다.

다섯 번째는 계율과 불교 의례의 정비이다. 그가 수백 명의 제자를 거느리고 교단생활을 영위하기 위해서는 엄숙한 규칙이 필요했지만, 당시는 아직 계율에 대한 완역본이 없었다. 그러한 때에 도안이 독자적으로 『승니규범僧尼規範』을 제정한 것이다. 이것도 역시 현존하지는 않지만, 『고승전』 5권의 「도안전」에 보면 "첫째, 행향行香, 정좌定座, 상강경上講經, 상강지법上講之法을 말한다. 둘째, 상일육시행도常日六時行道, 음식창시飮食唱時의 법을 말한다. 셋째, 포살차사회과布薩差使悔過 등의 법을 말한다"[39]고 되어 있다. 자세한 설명이 없어서 내용이 명확하지는 않으나 단어가 지니는 의미로 볼 때, 첫째는 상위의 승려가 많은 승려에게 향을 나눠 주고 불佛을 권청하는 것에 대한 규정, 독경이나 강경 시의 의식에 관한 규정일 것이다. 둘째는 불상 주위를 아침저녁으로 여섯 번 시계 방향으로 도는 의식, 공양 때에 불명을 부르는 등의 규정을 의미하는 것 같다. 셋째는 월 2회 자기 죄를 참회하는 의식을 의미하는 듯하다.

이와 같이 도안은 구마라집 이전의 중국불교사에서 중국불교의 기초를 확립한 동시에 중국불교를 진정으로 중국불교답게 정비한 승려라고

---

39) 『고승전』 5(대정장 50), p.353중.

할 수 있다. 도제 양성에도 힘을 기울여 그의 문하생만도 수천 명에 이른다. 그 가운데『고승전』에 이름이 보이는 제자로는 혜원과 혜지 형제를 비롯하여, 담익·법우·담휘·담계·도립·혜영·도원 등이 있고, 그의 사상을 계승한 이가 바로 여산의 혜원이다.

한편, 이 시기에 활약한 인물로 도안 이외에 불도징의 제자인 태산泰山의 승랑僧朗을 꼽을 수 있다. 그는 황시 원년(351)에 태산에 들어가 민중들을 교화하며 세상에 나오지 않았다. 하지만 그의 명성은 사방에 알려져 부견이 몇 번이나 초빙하고자 하였으나 응하지 않았다. 승랑은 부견뿐만 아니라 주변 국가의 여러 왕들의 존경을 받은 고승이다. 부견이 승려들을 사태沙汰할 때 승랑이 주석했던 태산만은 특별히 제외시킨 것만 봐도 승랑의 덕화를 짐작할 수 있다.

그밖에도 이 시대에는 여러 역경승들이 중국에 도래한다. 승가제바 Sadghadeva는『팔건도론八犍度論』과『아비담심론阿毘曇心論』을, 담마난제Dharmanandi는『증일아함경增一阿含經』과『중아함경中阿含經』을, 축불념竺佛念은『십송비구계본十誦比丘戒本』을 번역한다. 특히 역경 조사로 칭송받았던 축불념은 인도나 서역으로부터 온 역경승들이 역경할 수 있도록 많은 기여를 한 중국인 승려이다.

(3) 북량 불교와 담무참

북량北涼은 5호 16국 가운데 마지막 나라이며 후진에 이어 불교가 성행한 나라이다. 북량의 왕인 저거몽손沮渠蒙遜은 전진의 부견과 후진의 요흥에 버금갈 정도로 불법을 받들어 펴고자 하였다. 그가 가장 존경한 고승이 북량 불교를 대표하는 담무참曇無讖(385~433)[40]이다. 그는 불도징과 마찬가지로 신통력이 뛰어난 도래승으로 꼽히기도 한다. 담무참은 중인도 출신이다. 6세 때 아버지를 여의고 어머니와 살다가 10세에 출가한다. 그는 어렸을 때 소승불교와 인도의 일반 학문을 두루 섭렵한다. 특히 강설에 뛰어난 재능이 있어 그와 논쟁을 하여 이기는 자가 없었다고 한다.

구족계를 받았던 20세 즈음에는 대소승 경전을 다 섭렵한다. 그 후 담무참은 『열반경』등 많은 경본經本을 가지고 서역의 구자국으로 갔으나 그곳은 소승불교만을 받들었다. 그러므로 그는 다시 선선국으로 가게 된다. 담무참은 거기서도 오래 머물지 않고 곧바로 돈황으로 옮겨가 수년 간 머물다가 마지막으로 양주로 간다. 그때에야 비로소 담무참의 명성이 저거몽손의 귀에까지 들어가게 된다. 결국 현시 원년(412)에 두 사람이 만났다. 저거몽손은 담무참이 가져온 경본을 번역할 수 있도록 지원을 아끼지 않았다. 그는 저거몽손이 다스리는 고장姑臧에 이르러, 『열반경』·『대집경』·『보살계본』등을 번역하였다. 그러나 그의 전기를 보면 그는 역경승이라기보다 오히려 신이神異의 승려라는 색채가 강하다. 이런 점은 북쪽 지역 사람들이 출가자를 보는 공통된 시각이었다고 생각된다.

이러한 성향의 담무참이 경전 번역을 중심으로 편찬한 『대집경大集經』이 크게 유행한다. 이것은 훗날 북제의 담란曇鸞(467~542경)이 담무참의 『대집경』에 주석을 달고자 했던 일화를 통해서도 충분히 짐작할 수 있다. 담란은 병약했던 탓에 『대집경』 주석을 완성하지 못할 것을 염려한다. 그래서 우선 수명을 연장한 후에 일을 완성해야겠다는 생각에 불로장생법을 구하고자 강남의 양나라에 있던 도사 도홍경陶弘景을

---

40) 『고승전』 2(대정장 50), p.335하.

찾아 묘법을 배운다. 그러나 돌아오는 길에 낙양에서 보리류지菩提流支를 만나『관무량수경』을 얻게 되고, 담란은 보리류지의 일갈에 의해 눈을 떴다고 전해진다.

담무참은 계학에도 뛰어났다. 그의 계율관은 행위보다 동기에 중점을 두었다. 불교의 교리에 반하는 행위라 할지라도 그것이 대승을 위한 것이라면 계율에 어긋나지 않는 행위로 보았던 것이다. 그러나 이 사상은 신앙이나 호법을 구실로 당당하게 비법非法을 행할 수도 있다고 생각됨에 따라 불교도의 방탕한 행위를 조장하는 결과도 초래하게 되었다.

어쨌든 그는『열반경』과의 만남이 계기가 되어 대승으로 전향한 승려이다. 담무참이『열반경』을 번역하기 시작한 것은 414~415년 무렵인데, 수백 명의 사람들이 역경장에 참석하여 의문점을 밝히면서 번역을 진행했다. 이것이 바로『열반경』초분初分에 해당하는 10권이다. 그때서야 담무참은『열반경』의 품수品數가 모자람을 알게 된다. 그래서 그는 부족한『열반경』의 나머지 경문을 구하러 인도로 갔고, 때마침 모친상을 당하여 1년 동안 그곳에 머무르게 된다. 그 후 서역의 우전于闐국에서『열반경』중분中分을 구하여 양주로 돌아와 번역한다. 이것이 바로『열반경』40권(북본北本)이다. 이로써 담무참은『대열반경』의 완본完本을 번역하였다고 생각한다. 그러나 그때 외국 사문 담무발曇無發로부터 "아직 이 경은 완품完品이 아니다"라는 말을 듣게 된 담무참은 다시 부족한『열반경』의 나머지 품품을 구하기 위해 길을 떠난다.

그런데 당시의 시대적 상황은 5호 16국 가운데 북연北燕과 북량北涼만 남고, 나머지를 다 멸망시킨 북위北魏가 강북의 강대국으로 군림하던 시기였다. 물론 나중에는 북위가 북연과 북량까지 함락시켜 결국 화북 전체를 통일하게 된다. 바로 그 북위의 태무제太武帝가 담무참의 박식함과 뛰어난 주술적 역량에 대한 소문을 듣고 저거몽손에게 담무참을 북위로 보내달라고 종용한다. 만약 담무참을 보내주지 않으면 군사를 일으켜 침략할 것이라는 일종의 위협이었다. 저거몽손은 북량의 국력으로는 도저히 북위에 대항할 수 없다는 사실을 누구보다 잘 알고 있었으나 단호히 거절한다. 그 이유는 담무참이 자신의 스승이기 때문에 절대로 보낼 수 없다는 것이었다.

이러한 상황을 알 길이 없는 담무참은 오직 『열반경』의 나머지 품을 구하겠다는 일념으로 또다시 길을 떠나게 된다. 담무참이 길을 떠났다는 사실을 알게 된 저거몽손은 결국 자객을 시켜 담무참을 살해하고 마는데, 담무참의 세납 불과 49세 때의 일이다. 위축된 입장에 있었던 저거몽손은 담무참이 경전을 구하러 가는 것이 아니라 북위와 내통한 것이라 여긴 것이다. 이 사건은 당시 국제 간의 미묘한 관계를 알 수 있게 해 줌과 동시에, 각 나라마다 고승을 모시기 위해 얼마나 치열한 쟁탈전을 벌였는가를 보여준다.

그 후 담무참이 구하고자 했던 『열반경』의 후분은 남북조 시대까지도 오지 못하다가, 당나라 때가 되어서야 중국으로 오게 된다(677). 그것을 구하려던 담무참이 살해된 지 무려 245년이나 지난 뒤의 일이다. 이렇게 보면 담무참의 생애는 『열반경』의 추구였다고 말해도 좋을 것이다. 한편, 이후로는 결국 저거몽손의 북량도 멸망하고 5호 16국 시대는 막을 내린다.

지금까지 북쪽의 나라들인 5호 16국의 불교가 한결같이, 국왕들의 두터운 외호와 고승들의 배출을 통해 찬란하게 발전했음을 볼 수 있었다. 하지만 국왕들의 관심이 불교 그 자체보다는 고승들에게 있었음을 또한 알 수 있다. 고승들의 해박한 지식과 그들이 지닌 종교적 영험 및 신통력에 의지하여 나라를 다스리고자 한 것이다. 실제로 당시의 고승들은 정치적인 고문 역할을 했다. 석호와 불도징의 관계, 부견과 도안, 요흥과 구마라집, 저거몽손과 담무참의 관계가 그 좋은 예라고 할 수 있다. 반면에, 남방의 한족들은 불교를 외래 종교, 또는 오랑캐의 종교라 하여 멸시하거나 반감을 가지기도 하였다. 하지만 북방의 호족胡族들은 자신들의 전통 사상이라는 것이 없었으므로 불교를 호의적으로 받아들일 수 있었다. 오히려 불교가 이민족의 종교이므로 더욱 존중해야 된다는 주장까지 대두될 정도였다. 이들 이민족 국가들은 한족에 비하여 문화적으로 뒤떨어졌을 뿐만 아니라 고유 사상도 가지지 않았던 만큼 불교에 대해서도 별다른 거부감 없이 받아들였던 것이다.

그런 의미에서 동진東晉 시대 여산혜원의 저서인『사문불경왕자론沙門不敬王者論』은 왕권과의 관계라는 문제에 대해 불교 측에서 제시한 최초의 입론立論이자, 후세 불교 측의 입장을 내세우는 데에 유력한 근거가 된다. 따라서 동진 불교는 혜원에 의해 불교의 견해를 밝힌 본래의 면목을 유지하였다고 볼 수 있다. 이상이 5호 16국 시대 불교의 개략적인 내용이다.

2) 동진의 불교

(1) 여산의 혜원 교단

5호 16국 시대와 동진東晉 시대는 동시대를 의미한다. 다만 5호 16국은 강북의 이민족이 지배하였고, 동진은 강남의 한족이 지배했을 뿐이다. 강남의 동진은 강북에서 쫓겨난 한족들이 이주하여 세운 나라이다. 그러므로 그들은 한족 문화에 대한 자긍심을 가지고 있었다. 따라서 혼란함 속에서 발전한 5호 16국의 불교와는 달리 비교적 평화롭고 안정된 입장이었다. 그렇기 때문에 유교주의적 발상의 왕법王法과 불법佛法의 대립을 야기하기도 했다. 이렇게 양자가 대립할 수 있었던 것은 북방이 절대군주정체임에 비해, 강남은 전제정체이긴 하지만 귀족정체였기 때문에 가능하였다.

동진 불교를 대표하는 이는 바로 여산廬山의 혜원慧遠(334~416)이다. 여산은 구화산九華山의 왼쪽에 있는 강남의 명산이다. 바로 이 여산에서 세속의 권력과 인연을 끊고 오직 청정한 수행 생활로 일관하며 30년을 산 밖으로 나오지 않았지만, 그의 명성은 전국에 미치지 않은 곳이 없었다고 한다.

여러 자료에서 전하는 바에 의하면,[41] 혜원의 일생은 크게 3기로 나눌 수 있다.

제1기는 출가하기 전인 13세부터 도안(312~385)을 만나는 21세까지 유가와 도가 등 중국 고전을 배운 고전 문학 학습기이다. 이 시기의 면학은 훗날까지 혜원의 깊은 교양이 되어 영향을 미친 것으로 보인다. 특히 이 시기에 도가 사상을 배운 것이 그의 불교 사상 수용에 큰 역할을 한다. 혜원이 도안의 제자가 되고 난 후의 일이지만, 다음과 같은 일화가 전해진다. 실상實相에 대한 혜원의 강의를 이해하지 못하여 의심이 점점 커져 가던 학인이 있었는데, 혜원이 『장자』를 인용하여 그에게 설명하자 그 사람의 의문이 풀렸다고 한다. 그 일이 있은 뒤부터 격의格義적인 방법으로 불교 사상을 이해시키려는 것에 대해 비판하던 도안

---

41) 『고승전』 6(대정장 50), p.357하.

도 오직 혜원만큼은 예외로 하였다고 한다. 즉 교화의 방편으로 세속의 서적을 이용하는 것을 허용했다는 뜻이다. 또한 여산에서 혜원이 『상복경喪服經』을 강론했을 때는 뇌차종雷次宗(386~448)이나 종병宗炳(375~443) 등도 청강하였다.

제2기는 도안의 문하에서 오로지 반야학과 선관禪觀, 그리고 불교 의례에 관한 규범을 배운 시기로 여산으로 가기 전의 25년 간이다.

제3기는 여산에서 한 발자국도 밖으로 나가지 않고 세상을 떠날 때까지의 30년 간이다. 바로 이 시기에 구마라집과의 교류가 이루어지고, 사문은 왕에게 절하지 않아도 된다는 사상적 근거를 밝힌 논서를 썼으며, 사대부들에게 삼세인과설을 가르치며 염불결사를 결성한다.

혜원이 도안의 제자로서 스승의 불교 사상을 계승·발전시켰다는 것은 두말할 여지도 없다. 그것은 『반야경』의 연구, 계율, 선관, 아비담학의 중시, 청정한 교단을 유지하기 위한 교단 규칙의 제정 등에서도 알 수 있다. 또한 혜원이 도안으로부터 계승한 선관은 소승의 선관이었다. 혜원은 여산 동림사東林寺 경내의 반야대에 불영굴佛影窟을 만들어 수행 도량으로 삼았다. 구마라집 교단에서 나온 불타발타라佛馱跋陀羅(각현, 359~429)도 여산으로 들어와 『수행방편선경修行方便禪經』(『달마다라선경達磨多羅禪經』)을 번역함으로써 남방의 소승선법을 부흥시키고자 하였다. 아비담학에 대해서는 승가제바僧伽提婆가 동진의 태원太元 16년(391)에 여산으로 와서 설일체유부의 『아비담심론阿毘曇心論』·『삼법도론三法度論』을 번역한 것으로 알려져 있다.

혜원은 또한 철저히 계율을 지킨 것으로도 유명하다. 혜원이 임종할 무렵 제자가 쇠약해진 스승에게 약주와 미음을 권했다. 그러나 혜원은 끝까지 그것을 허용하지 않았다. 이에 제자가 꿀물을 권하자, 혜원은 제자에게 꿀물을 먹는 것이 계율에 저촉되는지의 여부를 조사시켰다. 혜원은 제자가 그것을 알아보는 사이에 입적했다고 한다. 혜원의 엄격한 계율 생활을 잘 대변해 주는 일화이다. 또한 그 당시 불야다라弗若多羅의 죽음으로 인해 중단된 구마라집 번역의『십송율十誦律』을 후진의 홍시弘始 7년(405), 장안에 온 담마류지曇摩流支에게 간청하여 번역하게 하여 강남에 전하기도 한다.

교단 규칙에 대해서도 혜원은 교단생활의 청규를 정했던 것으로 알려진다. 육징陸澄이 편찬한『법론목록法論目錄』(『출삼장기집』12권)에 따르면,42 혜원에게는 몇 개의「절도서節度序」가 있다고 하는데 현존하지 않는다.

한편, 중국의 지식인에게 윤회 문제는 덕과 복의 모순을 해결하는 일종의 구제론으로서 수용된 것으로 보인다. 그러나 혜원이『삼보론三報論』의 취지를 소개하면서 다룬 내용을 보면,43 혜원은 윤회를 초월해야 한다는 입장을 견지했음이 분명하다. 그의 제자 종병도 혜원과 같은 입장을 취한다. 다만, 삼세윤회의 가르침을 이해하는 것이 그 당시의 일반 지식인에게는 쉽지 않았던 듯하다. 삼세윤회를 긍정하는 입장에 있는 사람이라도 때로는 잘못된 해석을 하는 경우가 있기 때문이다. 가령 손작孫綽(311~368)은『유도론喩道論』에서,44 초월적인 신명神明이 인간의 행위를 관찰한 다음에 상벌을 내린다는 견해를 밝힌다. 하지만 이는 불교의 인과응보 개념과는 다르다. 오히려 묵자墨子(기원전 5~기원전 4)의 사상과 유사한 것이라 할 수 있다. 묵자는 중국에서는 드물게 하늘

---

42)『출삼장기집』2(대정장 55), p.84상.
43)『홍명집』5「삼보론」(대정장 52), p.34중.
44)『홍명집』3「유도론」(대정장 52), p.16중.

을 인격신으로 간주하였다. 그는 하늘이 인간의 행위를 하나도 빠뜨리지 않고 관찰함으로써, 인간에게 정확하게 상벌을 부여한다고 생각했던 사상가이다.

이에 반해 혜원은 『명보응론明報應論』에서[45] 인과응보를 관장하는 저승사자의 존재를 단호하게 부정하고, 어디까지나 자연법칙과 같은 응보의 방식을 설한다. 또한 삼세윤회를 인정하는 이상, 영혼의 불멸을 인정한다. 초기불교는 육체가 없어지면 영혼도 모두 없어진다고 하는 단견斷見과 바라문교가 말하는 아트만(영원불멸의 영혼)의 존재를 인정하는 상견常見을 모두 부정했다. 그러나 중국에서의 불교는 삼세윤회설을 비판한다. 또한 신멸神滅을 주장하는 중국의 전통 사상에 대항하기 위하여, 혜원은 『사문불경왕자론沙門不敬王者論』「형진신불멸形盡神不滅」[46]에서 신불멸神不滅을 주장한다.

이와 같이 혜원의 불교 사상은 당시의 사상적 과제였던 삼세윤회와 인과응보, 신멸불멸, 사문의 황제에 대한 예경 문제 등에 대한 대처 방안과 여러 대승경론을 번역한 구마라집과의 불교 사상에 관한 문답 토론 등을 통해서 알 수 있다. 그리고 선관의 중시와도 연관되는 염불결사의 결성으로 서방왕생西方往生을 서원한 것도 주목해야 할 것이다.

이러한 업적을 남긴 혜원이 어떠한 삶을 살았는지 알아보자. 『고승전』[47]에 의하면, 혜원은 중국 산서성 동북쪽 기슭에 있는 선비의 집안에서 태어났다. 어릴 때부터 책 읽기를 좋아하여 13세 때 숙부를 따라 낙양으로 유학하였는데, 그때부터 21세까지 중국 고전인 오경五經과

---

45) 『홍명집』 5 「명보응론」(대정장 52), p.33중.
46) 『홍명집』 5 「형진신불멸론」(대정장 52), p.31중.
47) 『고승전』 6(대정장 50), p.357하.

노장 사상을 두루 섭렵하였다. 혜원은 풍채와 식견이 뛰어나 당시 유명한 유학자들도 그의 학식에 감복하지 않은 자가 없었다. 그 당시 강북이 석호의 죽음으로 혼란스러워지자 21세였던 혜원은 유학자 범선范宣을 찾아 강남으로 가고자 했다. 그러나 그것도 여의치가 않았는데, 마침 항산恒山에서 불법을 펴고 있는 도안의 소문을 듣고 동생 혜지慧持(337~412)와 같이 찾아간다. 도안을 본 혜원은 첫눈에 "이 분은 참으로 나의 스승이다" 하며 동생과 함께 출가한다. 당대 존경받던 지식인으로서 유학자가 삭발하고 출가한다는 것에는 대단한 용기가 필요했을 것이다.

그 후 도안으로부터『반야경』강의를 듣고 혜원은 "내가 지금껏 공부한 유도구류儒道九流는 모두 겨와 쭉정이에 불과하구나"[48] 하고 감탄한다. 말하자면 그가 그동안 익혀 온 노장 사상의 토양 속에서『반야경』의 공 사상이 훌륭하게 꽃피어 혜원의 마음을 완전히 매료시킨 것이다. 이후 그는 도안과 더불어 11년 간 하북河北 지역을 다니면서 선관의 실천에 힘쓴다. 흥녕興寧 3년(365) 31세에 도안과 그의 제자 4백여 명과 함께 양양襄陽으로 옮겼고, 15년 간『반야경』연구에 주력한다. 혜원은 그로부터 25년 간 도안에게 사사받는다.

전진의 불교에서 살펴보았듯이, 도안은 불도징이 입적하자 양양으로 가게 되었고, 혜원도 따라간다. 하지만 부견이 도안을 장안으로 모시고 갈 때는 동행하지 않았다. 그때 도안은 제자들과 헤어지면서 한 사람 한 사람에게 나아갈 바와 가르침을 내려 주었는데, 오직 혜원에게만은 아무 말도 없었다. 혜원에게는 더 이상의 교훈이 필요하지 않다고

48) 상동, p.358상.

본 것이다. 그렇게 스승과 헤어진 혜원은 형주에서 잠시 머물다가 옛날 도안의 문하에서 같이 수학한 혜영의 요청으로 여산에 들어간다. 이때부터 그의 여산 생활이 시작된다.

그는 여산에서 장안에 와 있던 승가제바를 초청하여 『아비담심론阿毘曇心論』의 번역을 부탁하고, 자신은 그 서문을 짓는다. 또한 평소 선관에 관한 경전이 부족함을 안타까이 여겼던 그는 제자 법정法淨과 법령法領을 서역에 보내 구해 오게 한다. 그렇게 지내던 중에 구마라집이 장안에 와서 대대적인 역경을 하고 있다는 소식을 듣는다. 혜원은 구마라집의 명성을 익히 들었던지라 기뻐하며, 그에게 불교 교리에 대한 질문을 적은 편지와 함께 가사를 보낸다. 앞에서 이미 설명했듯이, 『대승대의장大乘大義章』은 바로 그 두 사람 사이의 문답 내용을 모은 것이다.

혜원이 보낸 질문서에는 '지금 요약해서 수십 가지 의문을 묻는다'고 되어 있지만, 현존하는 것은 3권 18장뿐이다. 물론 한꺼번에 질문을 한 것이 아니라 그때그때 질문하고 구마라집이 답한 내용이다. 혜원은 그때까지 인도불교의 발달 순서를 명확하게 인식하지 못했으므로, 대승과 소승의 구분을 묻는 초보적인 질문도 있다. 하지만 당시 중국인 출가자 입장에서는 최고 수준의 불교 교학을 보여 주는 내용이라 할 수 있다. 그렇게 편지를 주고받을 당시, 구마라집은 혜원의 질문에서 중국인의 불교 교리에 대한 이해도가 높은 것에 감탄했다고 한다. 따라서 구마라집은 자신이 지니고 있던 경전의 지식을 총동원하여 답해 주었으며, 서로가 얼마나 서로를 존경했는지가 문장에 잘 드러나 있다. 당시 주고받았던 여러 문답 가운데 가장 핵심이 된 것은 법신法身 문제이다. 당시까지만 해도 혜원은 불신佛身이나 법신法身에 대한 이해가 부족하였다. 그래서 불신이나 법신에 대하여 구체적으로 존재하고 있는 어떤 대상으로 생각하고 있었다. 반면에 공관空觀 불교의 입장이었던 구마라집은 어디까지나 눈에 보이지 않는 불생불멸의 법성을 법신으로 생각하였다. 중국에서 법성이나 제법실상諸法實相, 그리고 법신이라는 개념이 이해된 것은 바로 혜원과 구마라집의 문답에서 비롯되었다고 해도 과언이 아닐 것이다.

또 한 가지 쟁점은 대승 경전의 가르침이 서로 조금씩 다른 부분이 있는데, 그 공통적인 이해를 어디서 구할 것인가 하는 점이었다. 곧 일체중생이 다 성불할 수 있다는 실유불성悉有佛性에 대한 질문도 쟁점이 되었다. 예를 들면, 『반야경』에서는 성문은 성불할 수 없다고 하는데, 『유마경』에서는 유마 거사의 수행이 불제자보다 높게 설해져 있다. 그리고 『법화경』에서는 성문도 수기受記를 받고 성불할 수 있다고 하는 등, 경전들마다 보이는 차이에 대한 질문이다. 그에 대한 구마라집의 대답은 경전의 내용이 각기 다른 것은 수기설법隨機說法, 즉 가르침을 받는 사람의 능력이 다르므로 거기에 가장 알맞은 법을 설할 필요가 있었기 때문이라는 것이다.

이와 같이 혜원의 의문은 당시 중국의 불교도라면 반드시 해결하지 않으면 안 될 종교적 실존을 문제 삼은 것이었다. 중국불교를 중국불교답게 하는 데 초석을 다진 혜원은 도안으로부터 반야학을 계승하고, 그 후 선관에 관심을 가지고 강남에 선법을 융성하게 한다. 또한 혜원은 구마라집이 입적하자 인도 출신의 고승인 불타발타라 삼장을 교단에서 추방하기로 했다는 소식을 듣고 중재 역할을 자임한다. 그럼에도 불구하고 해결이 안 되자, 혜원은 불타발타라가 여산에서 머물 수 있도록 배려한다. 그리고 그가 머무는 1년 동안 『수행방편선경修行方便禪經』 등 선관에 관한 경전 번역을 요청할 만큼 선관실수禪觀實修에 대한 혜원의 열의는 강남의 선법禪法을 융성하게 하는 큰 힘이 되었다.

한편, 혜원에게 있어 가장 주목해야 할 것은 그가 당당하게 "사문은 왕에게 절하지 않아도 된다"고 주장한『사문불경왕자론沙門不敬王者論』의 내용이다. 왕에 대한 불교 사문의 예경 문제가 국가와 사회 문제로 대두되고 논의된 것은 동진 시대 이후이다. 후한·삼국·서진 시대에는 불교의 사회적 세력이 약했으므로 아직 왕법王法과 불법佛法의 대립이 일어나지 않았다. 동진 시대에 처음으로 사문의 예경 문제가 일어난 것은 성제成帝(340) 때이다. 당시 성제를 보필하던 유빙庾冰이 "사문도 왕에게 예경해야 한다"고 주장하고, 상서령尚書令 하충何充이 이에 반대하면서 대두되었다.

이때는 이 문제가 크게 확대되지 않고 끝났지만, 이후 환현桓玄 장군이 집권하면서 이 문제를 다시 거론하여 표면화되었다. 환현은 "사문도 왕의 덕과 은혜를 받고 있으므로 왕에게 예경을 하는 것이 당연하지 않느냐?"고 국가 최고 기관인 팔좌八座에 편지를 보내 의견을 묻는다. 당시 팔좌에 속하는 사람 가운데는 왕밀王謐이라는 사람이 있었는데, 그는 여산의 혜원과 친분이 깊었을 뿐만 아니라 불교 교리에도 밝았다. 그러므로 왕밀은 팔좌를 대표하여 환현에게, 사문의 뜻은 도道에 있기 때문에 형상만으로 몸을 굽혀 왕에게 절하는 것은 아무런 의미가 없다고 답한다. 이어서 왕밀은 후한으로부터 삼국과 서진에 걸쳐 불교가 퍼졌으나 태평 정치를 방해한 일이 없으므로 왕에게 예경하지 않아도 된다고 한다. 그 이후 왕밀과 환현 두 사람 사이에는 왕복 3회에 걸쳐 논란이 있었지만 결말이 나지 않는다.

이에 환현은 방향을 바꾸어 직접 여산의 혜원과 논쟁하게 된다. 환현은 혜원에게 사문이 왕에게 예경하는 것은 당연한데 어째서 예경하지 않는지 그 이유를 밝히라고 요구하는 내용의 편지를 보낸다. 이에 대해 혜원이 사문의 입장과 신념을 정리한 것이 바로 『사문불경왕자론』[49]이다.

『사문불경왕자론』은 5편의 논문으로 구성되어 있으며, 제2편의 내용이 출가자에 대한 것이다. 그 핵심은 출가자는 '방외方外의 사士'라는 것이다. 세간의 바깥, 즉 출세간에 살기 때문에 세간의 예를 초월해야 한다는 뜻이다. 다시 말해서 출가인은 육체의 번뇌를 끊고 궁극의 도를 구하지 않으면 안 된다. 그래서 삭발하고 승복을 입음으로써 그 뜻을 밖으로 표현한다. 이것은 왕이 천하를 다스리는 왕도王道와도 그 근본이 같기 때문에 사문의 출가는 불효가 아니며, 왕에게 절하지 않아도 불경스러운 게 아니라는 것이다. 이러한 혜원의 주장은 결코 왕법과 대립하려고 한 것이 아니며, 또한 예교禮敎를 배척하고자 한 것도 아니다. 다만 세간과 출세간을 명확하게 구분할 것을 주장했을 뿐이다. 이것은 혜원이 제1편에서 재가 불자는 중국의 예법에 따라 부모와 왕에게 예경을 다해야 한다고 말한 데서도 알 수 있다.

혜원에 의하면, 출가자는 열반의 경지를 체득하여 중생제도의 서원을 실현하면 그 공덕이 일족을 비롯하여 전 세계에 미치기 때문에 세속법으로써 출세간을 구속해서는 안 된다고 하였다. 이것은 인도적 사유와 중국적 사유의 대결이 아니라, 오히려 중국적 사유의 토대 위에서 인도적 사유인 불교 이념을 수용하여 적용시킨 것이라 할 수 있다. 이처럼 혜원이 당당하게 출가자의 태도를 천명하고 불교 본래의 면목을 유지할 수 있었던 것은 어디까지나 자신의 피나는 수행과 철저한 계율주의 정신이 뒷받침되어 있었기 때문이었음을 간과해서는 안 될 것이

49) 『홍명집』 5 「사문불경왕자론」(대정장 52), p.29하.

다. 그 후 환현은 승니사태僧尼沙汰를 단행하면서도 혜원이 있는 여산만은 고승의 주석처라 하여 제외할 정도로 그를 존경하였다. 결국 환현 스스로가 그 문제를 철회한 셈인데, 그가 세상을 떠나자 사문의 왕에 대한 예경 논란 역시 흐지부지된다. 하지만 남북조와 당나라 시대에 이르러 잠재되어 있던 이 논쟁은 또다시 불붙었다.

또한 혜원이 후대 정토교의 개조로 추앙받게 된 것은 백련사白蓮社라는 명칭으로 알려진 염불결사에 기인한다. 혜원의 염불결사는 유유민劉遺民 등 승속 제자 123명과 함께 반야대의 무량수불상 앞에서 서방정토를 염원하며 염불삼매를 닦은 것을 말한다. 이것이 바로 최초의 염불결사로, 후대 정토교 사상 형성의 시발점이 되었다. 그러나 이때의 정토 신앙은 후대 정토교에서 말하는 칭명稱名염불이 아니다. 오직 아미타불을 염하면서 선정에 들면 그 아미타불이 현전하여 왕생을 기약받는다고 하는, 즉 『반주삼매경般舟三昧經』에 근거한 관상觀想염불이었다. 그리고 그 당시 이 결사에 참여했던 재가자들은 한결같이 지식층의 저명인사들이었다. 이 결사는 그때까지도 불교가 상류 사회에 머문 감이 있고, 그의 교화가 서민 계층에까지는 미치지 못했다는 것을 알 수 있다.

지금까지 혜원에 대해 살펴보았는데, 출가자로서의 입장과 신념을 정리한 혜원의 『사문불경왕자론』을 통하여 당시 불교 교학의 수준을 가늠할 수 있었다. 또한 『대승대의장』의 내용은 종교인으로서의 혜원과 학자에 더 가까운 구마라집의 대론이었다. 동시에 당시 중국불교인들이 인도 근본불교의 본질에 대해 한층 깊이 이해할 수 있도록 한 문답이었다. 그리고 반야 이해라는 노선에서 구마라집의 교학을 수용하

중국불교

려고 한 혜원은 예교와 불법을 명확히 구분하고 불교 교단이 세속을 초월한 출가 집단임을 분명히 하였다. 즉 출가인들은 계율과 선정과 염불을 행하는 수행 집단임을 온 천하에 밝히고, 동진 초기 이후의 귀족불교에 하나의 결말을 지었다고 할 수 있다.

요컨대 중국 초기불교의 과제를 양 어깨에 짊어지고 그 과제의 해결에 몰두한 혜원은 연이어 전래되는 대승 경전의 사상과 맞닥뜨리고 해결해 나가면서 생애를 보낸다. 그러므로 혜원에 의해 뿌려진 사상의 종자와 염불결사에 나타나 있는 관불삼매나 선정의 실천 수행은 남북조 시대의 불교를 열어가는 데 초석이 된다. 그런 의미에서 초기 중국불교사의 전환점에 우뚝 선 혜원의 사상적 영향은 지대한 것이었다고 하지 않을 수 없다.

(2) 불타발타라와『화엄경』

혜원과 동시대에 또 한 사람의 고승이 인도에서 중국으로 오게 된다. 그가 바로『화엄경』을 최초로 번역한 불타발타라佛馱跋陀羅(각현, 359~429)이다. 동진 말기에서 남북조 시대의 첫 왕조인 유송劉宋에 걸쳐 구마라집이 전한 공 사상의 논서와 전혀 다른 새로운 대승 경전이 중국에 전해진다. 그 가운데 하나는『화엄경』이고, 또 하나는 북량 불교에서 살펴본『열반경』이다.『화엄경』은 비로자나불인 법신을 설한 경전이고,『열반경』은 불성을 설한 경전이다. 그것은 공 사상의 수용 문제만을 위주로 했던 중국불교계에 큰 충격으로 다가왔다. 우선『화엄경』과 그것을 번역한 불타발타라를 통하여 동진 말기의 불교 상황을 살펴보기로 한다.

불타발타라의 전기를 전하는 자료는 몇 가지가 있지만, 그 출전마다 그의 한역된 이름이 다르다. 예를 들면, 『고승전』[50]에서는 각현覺賢, 『출삼장기집』[51]에서는 불현佛賢, 그리고 『명승전名僧傳』[52]에서는 부두바라로 음사音寫하여 부르는 등 제각각이다. 그러나 그가 『화엄경』 번역본에서 밝히고 있는 것처럼 대체로는 '불타발타라', 또는 번역한 이름인 '각현'을 사용한다.

불타발타라는 북인도 사람으로 3세 때 아버지를 여의고, 5세 때는 어머니마저 여읜 후 외가에서 자란다. 그는 8세 때 출가하였는데, 다른 사람이 한 달 걸려 암송할 경전을 단 하루 만에 암송한다. 이에 그의 스승이 감탄하며, "불타발타라의 하루는 서른 사람의 하루에 해당한다"고 했다고 한다. 그는 구족계를 받은 후 오로지 수행 정진하는데, 특히 선禪과 율律로 유명해진다. 선과 율에 정통한 그는 여러 나라를 유행하며 교화하다가 서역의 계빈국에 이른다. 그때 마침 지엄智嚴이라는 구법승이 중국에서 계빈국으로 왔는데, 그는 그곳 승려들의 청정한 생활과 엄격한 계율 정신을 보고 감격한다. 이에 "누군가 우리 동토東土를 교화해 줄 사람은 없는가?"라고 호소하자, 그곳 사람들이 한결같이 불타발타라를 추천한다. 그것이 인연이 되어 불타발타라는 중국으로 오게 된다.

그는 처음 설산을 넘을 때 수많은 어려움을 겪는다. 그래서 도중에 서역의 육로를 포기하고 배를 타고 남해를 지난다. 교지交趾를 출발하여 배가 어느 섬 근처에 왔을 때, 문득 불타발타라는 배를 섬에 정박시키자고 주장하였다. 그러나 손님을 태운 배의 선장은 하루가 아까운 데

---

50) 『고승전』 2(대정장 50), p.334중.
51) 『출삼장기집』(대정장 55), p.103하.
52) 『名僧傳抄』19, 「佛馱跋陀羅傳」(新纂大日本續藏経 77)

다 순풍을 만나기도 어렵기 때문에 그 섬에서 머물 수 없었다. 그런데 그로부터 배가 3백 리쯤 갔을 때의 일이다. 실제로 풍향이 바뀌어 버리는 바람에 할 수 없이 선장은 그 섬으로 배를 되돌릴 수밖에 없었다. 사람들은 비로소 불타발타라가 보통 사람이 아님을 알게 된다. 이 내용은 불타발타라가 앞을 내다보는 능력과 항해술에도 통달했음을 시사한다.

이윽고 불타발타라는 청주靑州(중국의 산동성山東省)에 도착한다. 그리고 구마라집이 장안에 와 있다는 소식을 듣자마자 바로 장안으로 향한다. 구마라집은 어린 시절에 어머니를 따라 계빈국에 가서 수학한 적이 있었으며, 불타발타라 역시 예전부터 구마라집의 명성을 알고 있었다. 구마라집은 의문이 있을 때마다 불타발타라에게 자문을 구하여 문제를 해결하기도 했다. 이것은 구마라집이 불타발타라를 존경하였다는 증거이기도 하다. 이처럼 두 고승은 법상法相을 논하는 등 매우 가깝게 지낸다. 그러나 문제는 구마라집이 입적한 후에 일어난다. 구마라집 교단이 불타발타라를 장안에서 추방하는 결정을 내린 것이다. 그 이유는 두 가지였다. 하나는 불타발타라가 대중을 현혹하는 예언豫言을 하였다는 것이고, 또 다른 하나는 거짓말을 하였다는 것이다. 전자는 불타발타라가 제자들에게 "꿈에 고향에서 배 다섯 척이 출발하는 것을 보았다"는 이야기를 했는데, 그 말을 들은 제자가 자랑삼아 다른 사람에게 그 이야기를 전했더니, 이를 들은 구마라집 교단의 승려들이 불타발타라가 예언술로 대중을 현혹한다고 모함한 것이다. 후자는 망어妄語에 관한 것인데, 당시 승려들은 호불왕인 요흥의 초청으로 궁중에 드나드는 일이 잦았다. 그러나 불타발타라는 언제나 선정을 닦을 뿐 궁중 출입을 하지 않았다. 수행승들이 그 소문을 듣고 선관禪觀을 닦고자 구름처럼 몰려왔다. 그런데 많은 사람이 모이다 보면 수행이 다소 부족한 사람도 있기 마련이다. 불타발타라 문하도 마찬가지였다. 그런데 들어온 지 얼마 되지 않은 한 제자가 자신은 아나함과阿那含果를 얻었다고 한 것이다. 『금강경』에서는 수행의 위차를 수다원, 사다함, 아나함, 아라한으로 칭하는데, 아나함과란 그 가운데 세 번째에 해당하는 불환과不還果를 말한다. 그 제자의 실수로 인해 불타발타라는 망어죄를 저질렀다는 비난을 받게 된다.

사실 구마라집 교단은 계율 문제에 관해서는 할 말이 없어야 한다. 물론 구마라집 자신이 자청해서 한 일은 아니나, 그는 요흥의 요청으로 이미 불음계不婬戒를 파한 상태였다. 그러므로 그 교단에서 계율을 파했다는 이유로 불타발타라를 추방한다는 것은 도리에 어긋날 뿐만 아니라 명분도 없다. 그렇다면 그 교단의 승려들은 왜 그랬을까? 어쩌면 진짜 이유는 다른 데에 있었을 수도 있다. 불타발타라는 선관禪觀을 닦고 계율戒律에 엄격하였을 뿐만 아니라, 구마라집 교단이 모르고 있던 새로운 대승 경전인 『화엄경』에 대한 지식도 갖추고 있었다. 아마 불타발타라의 탁월한 구도행각이 구마라집 교단의 승려들의 눈에 거슬렸을지도 모른다. 또한 권력층에서 보면 구마라집 교단은 언제나 협력 체제를 갖추어 궁중 출입을 하며 친교를 맺었다. 그에 비해 불타발타라는 궁중에 출입하지도 않고 홀로 고고함을 지키는 데다가, 많은 이들로부터 추앙까지 받고 있으니 불쾌하게 느껴졌을 것이다.

결국 불타발타라는 구마라집 교단에서 추방당하여 제자들과 함께 장안을 떠나게 된다. 그는 떠나면서 "내 자신의 몸은 부초浮草와 같아서 어디로든 자유로이 갈 수 있으나, 내 뜻이 이 땅에 충분히 전달되지 못한 것이 유감스럽다"고 하며 섭섭한 마음을 감추지 않았다고 한다. 혜원이 그 소식을 듣고 중재하다 실패하자, 불타발타라를 여산으로 오게 하여 선관禪觀에 관한 경전『수행방편선경修行方便禪經』등을 번역하도록 요청한 사실은 이미 앞에서 설명하였다. 그리하여 1여 년을 머물며 번역 작업을 하던 불타발타라는 그 후 여산을 떠나 강릉江陵 지방으로 간다. 그때 마침 강릉의 장강長江 항구에는 외국 배가 들어와 있었다. 어디서 온 배인지 물어보니 놀랍게도 그의 고향 천축에서 온 배가 다섯 척이었다. 예전에 교단 추방의 원인이 되었던 그의 꿈 이야기가 적중한 것이다. 새삼스레 그의 예지력에 놀란 사람들이 불타발타라를 찾아와 귀의하였다.

그러나 그는 어떠한 보시도 받지 않고 몸소 발우를 들고 귀천을 가리지 아니하고 탁발을 하였다. 그러던 어느 날 탁발을 나갔다가 훗날 남북조 시대 유송劉宋의 황제가 되는 유유劉裕 장군의 귀의를 받게 된다. 유유는 불타발타라를 만나자마자 그의 인품에 감동함은 물론, 그를 존경하여 제자들에게까지 공양한다. 이윽고 유유가 반란군을 토벌하고 건강建康으로 돌아갈 때, 그의 요청으로 불타발타라도 동행한다. 그 이후 불타발타라는 건강의 도량사道場寺에 머무르게 된다. 그리고 이곳에서 대승불교의 꽃이라는『화엄경』을 역출하게 된다. 그는 여기서 18년간 역경에 종사하다가 71세로 입적한다.

그러나 실제로『화엄경』의 범본을 가져온 것은 불타발타라가 아니라 지법령支法鈴이다. 지법령이 우전국에서 범본『화엄경』3만 6천 게송을 가져왔고, 이것을 불타발타라가 번역한다.『화엄경』의 후기에 의하면 불타발타라가 범본『화엄경』을 번역할 당시에 필수는 사문 법업法業이 하였으며, 418년에 시작하여 421년에 교정이 끝난 것으로 되어 있다. 그때 번역된 경의 권수가 60권이므로『육십화엄』, 시대가 동진이므로『진경晉經』, 구마라집 이후이고 현장 이전이므로『구역舊譯화엄경』등으로 불리고 있다.

북량의 불교를 마지막으로 강북 5호 16국 시대의 불교와 강남의 동진 불교에 대하여 살펴보았다. 강북 불교는 현실적이고 국가불교적 색채가 강했던 반면, 강남은 이상주의적이고 귀족 중심적인 불교로 그나마 세간과 출세간의 구별을 엄격하게 하고자 하는 입장이었던 점을 알 수 있다.

제2장

준비 육성 시대
(구마라집~남북조 말)

1. 후진 불교와 구마라집

　　　　불교에 의한 치세治世가 전진前秦의 목적이었다면, 후진後秦의 경우는 불교 연구 면에서 한 걸음 더 나아간 시대라고 할 수 있다. 이는 후진의 요장姚萇과 요흥姚興 두 왕의 불교에 대한 신심이 전진의 부견을 능가하였기 때문이라고 할 수 있다. 이 시대 역시 많은 서역 승려들이 중국으로 건너와 역경에 종사한다. 그 가운데서도 특히 맹활약을 한 인물은 구마라집鳩摩羅什(344~413)이다. 그는 중국역경사에 새로운 한 시대를 연 인물인 동시에 중국불교사에 있어 영원히 꺼지지 않을 등불이다.

　중국에 불교가 들어온 이후, 구마라집이 등장하기 전까지의 중국불교는 인도불교의 이식에 불과했다. 그런데 구마라집이 등장함으로써 비로소 중국불교는 단순한 이식을 넘어 성장·발전의 시대로 도약하는 전기를 맞게 된다. 물론 혹자는 그가 번역한 경전들이 원전에 충실하지 못하였다고 지적하기도 한다. 하지만 그의 수려한 문장과 정확한 표현,

능통한 중국어 실력은 누구도 부인할 수 없을 것이다. 그 덕분에 중국인들은 비로소 번역 경전만으로도 불교를 이해할 수 있게 되었다. 사실 대승 경전의 번역은 후한의 지루가참과 서진의 축법호 등에 의해 이미 이루어졌지만, 번역 문장이 매끄럽지 못하여 뜻이 통하지 않는 곳이 많았다. 이러한 시점에서 구마라집의 번역은 중국불교계를 새롭게 눈뜨게 한다. 이처럼 그의 번역이 광채를 띠게 된 배경에는 호불 군주인 요흥의 적극적인 후원과 명철한 제자들의 헌신적인 도움이 있었기에 가능하였다. 그러므로 구마라집에 대한 요흥의 귀의는 중국불교사에 한 획을 긋게 한 큰 사건이라 할 수 있다.

『양고승전梁高僧傳』을 지은 혜교는 구마라집의 전기53를 쓰면서 칭찬을 아끼지 않았다. 무엇보다 번역 용어가 너무나 출중하고 유창하다는 것이다. 이는 그의 천재성에 기인하는 면도 있겠지만 역시 그의 환경과 성장 과정, 그리고 끊임없는 노력의 결과라 할 수 있다. 그러므로 먼저 시대적인 배경과 함께 그의 생애를 살펴보기로 한다.

구마라집의 아버지인 구마라염鳩摩羅炎은 천축에서도 그의 조부의 명성을 모르는 이가 없을 정도로 이름난 가문 출신이다. 그런데도 구마라염은 재상의 지위까지 버리고 출가한 후, 파미르 고원을 넘어 서역의 구자국龜玆國으로 간다. 구자국 왕은 재상의 지위를 헌신짝 버리듯 버리고 출가한 구마라염을 국사의 예로 맞이하며 귀의한다. 왕에게는 여동생인 공주가 있었다. 공주는 이미 여러 나라의 청혼을 거절한 상태였다. 그런데 구마라염을 보고는 크게 마음이 움직인다. 이를 안 왕이 기뻐하며 혼사를 성사시키고 그 사이에서 낳은 아들이 바로 구마라집이다. 구마

---

53) 『고승전』 2(대정장 50), p.330상.

라집을 낳은 공주는 뒤늦게 발심하여 출가를 원한다. 하지만 구마라염의 반대로 그 뜻을 못 이루다가 구마라집의 동생을 낳은 후 기어이 출가를 허락받는다. 이때 7세의 구마라집도 모친과 함께 출가하여 사미승이 된다. 구마라집은 비담毘曇의 경론을 하루에 천 게송, 즉 3만 2천 단어를 암송했다고 하는 것으로 보아 타고난 천재였던 모양이다.

어린 구마라집은 왕족 출신이라는 신분으로 인해 특별한 대우를 받게 된다. 그 특별한 대접이 오히려 아들의 수행에 부정적인 영향으로 작용할 것을 염려한 그의 어머니는 아홉 살 된 구마라집을 데리고 계빈국으로 간다. 당시 계빈국에는 소승불교학이 융성하였다. 구마라집은 거기서 설일체유부說一切有部의 학문적 전통을 이어받은 반두달다槃頭達多에게 3년 간 사사받고, 『중아함』과 『장아함』 등의 소승 교학을 섭렵한다. 그리고 그의 나이가 어리다는 외형적인 조건만 보고 함부로 대하던 외도外道들을 논쟁에서 꺾어 버린다. 12세 때에는 다시 소륵국疏勒國으로 가게 되는데, 그때까지만 해도 구마라집은 소승 경전에만 몰두하고 있었다. 그런데 소륵국에서는 베다를 비롯한 불전 이외의 천문학 등 인도의 모든 학문 분야에 정통하게 된다. 그러나 다른 무엇보다 중요한 것은 소륵국에서 그가 대승불교에 입문하게 되었다는 사실이다. 즉 수리야소마須利耶蘇摩에 의해 대승불교의 영역에 첫발을 들여놓게 되는데, 이때 구마라집은 "내가 옛날에 소승 경전을 배운 것은 금金을 알지 못한 채, 동銅이 가장 훌륭하다고 생각한 것과 같다"고 고백하였다고 한다.

대승 경전을 섭렵한 구마라집은 옛 스승 반두달다를 구자국으로 초청하여 심오한 대승 교학을 설명한다. 특히 모든 존재는 공하여 자성이 없다는 공 사상을 설하는데, 반두달다는 이를 믿지 않았을 뿐만 아니라

"허황한 교리는 마땅히 무시되어야 한다"며 한 가지 비유를 든다. 어떤 잘난 체하는 사람이 베를 짜는 사람에게 가장 좋은 베를 짜 줄 것을 청하였다. 베를 짜는 사람은 주문대로 하였지만 잘난 체하는 사람은 베가 너무 거칠다고 불평하였다. 베를 짜는 사람은 거듭 새로운 베를 짰으나 여전히 그를 만족시키지는 못하였다. 이에 베를 짜는 사람은 화가 났다. 그래서 잘난 체하는 사람이 세 번째 찾아왔을 때 허공을 가리키며 그곳에 그 사람이 주문한 베가 있다고 하였다. 그러자 그 사람은 베가 보이지 않는다고 항의하였다. 그러나 베를 짜는 사람은 그 베는 너무 좋은 것이어서 인간의 눈으로는 볼 수 없다고 하였다. 그제서야 잘난 체하는 사람은 만족하면서 베값을 치르고, 그 보이지 않는 베를 왕에게 바쳤다.

비유를 마친 반두달다는 "그러한 베가 세상에 존재하지 않듯이 대승의 공 사상 또한 근거가 없다"고 한다. 그러나 구마라집은 결국 반두달다를 설복시키는 데 성공한다.

다시 구자국으로 돌아온 구마라집은 20세에 궁중에서 구족계를 받고 집중적으로 대승 경전을 연구하게 된다. 그의 명성은 서역은 물론 멀리 중국까지 전해지게 된다. 그리하여 양양에 도안이 있다면, 구자국에는 구마라집이 있다는 말이 항간에 떠돌 정도였다. 이러한 그의 명성은 전진의 부견에게까지 전해져 도안을 모셔오기 위하여 십만 대군을 이끌고 양양을 공격한 것처럼, 구마라집도 모셔오고자 한다. 이에 부견은 그의 심복인 여광呂光 장군을 구자국으로 파견하게 된다. 여광이 구자국을 정벌하고 구마라집과 함께 고장姑臧에 이르렀을 때, 공교롭게도 부견의 살해 소식이 전해진다. 여광은 부견의 죽음을 애도하여 3개월간 근신한 후, 그곳에서 후량後凉이라는 나라를 세운다. 구마라집 역시

중국불교

같이 머물 수밖에 없는 처지가 된다. 구마라집은 북서부의 양주涼州에 머무는 16, 7년 동안 자연히 중국어 실력을 갖추게 되는데, 이것은 훗날 그의 역경에 큰 밑거름이 된다.

한편 부견을 살해한 장군 요장姚萇은 후진을 세우고 여광에게 구마라집을 장안으로 보내줄 것을 요청한다. 그러나 구마라집의 뛰어난 지혜가 요장에게 이용될 것이 두려웠던 여광은 이를 거절한다. 이윽고 요장이 죽고 그의 아들인 요흥이 즉위하여 주변의 여러 나라를 정벌하는 한편, 여광이 죽은 후의 혼란을 틈타 고장을 공격한다. 마침내 구마라집이 장안에 오게 된 것이다(401). 요흥은 구마라집을 국빈의 지극한 예로써 맞이하였다고 한다.

구마라집은 소요원逍遙園의 서명각西明閣이나 장안長安의 대사大寺(406년 이후)에 머물면서 12년 간 국가적 차원의 사업으로 역경에 종사한다. 그때 역출한 경전이 출전마다 다소의 차이는 있으나[54] 대략 300여 권 이상 된다. 역출 경전으로는 『반야경』·『유마경』·『법화경』 등과 같이 이전에 번역된 중요 대승 경전을 재번역한 것과 『중론』·『십이문론』·『백론』·『대지도론』 등의 반야 사상 계통의 논서, 그리고 나가르주나Nagarjuna(용수龍樹)에서 시작된 인도 중관 사상과 관계가 깊은 대승론서大乘論書가 있다. 또한 계율, 선관에 관한 『십송율』·『좌선삼매경』 등도 있으며, 그 밖에 『성실론』·『십주비바사론』·『십주경』·『아미타경』·『미륵하생경』·『미륵성불경』·『범망경』 등의 경론과 『용수보살전』·『제바보살전』 등의 전기류까지 포함되어 있다. 이 모든 번역 경론은 중국불교에 커다란 영향을 미친다. 그가 가장 심혈을 기울인 중관부

---

54) 『출삼장기집』 2(대정장 55, p.11상)권에서는 35부 294권이라 하고, 『개원석교록』 4(대정장 55, p.511하)권에는 74부 384권으로 되어 있다.

中觀部 논서인 『중론』·『백론』·『십이문론』은 수나라 길장吉藏에 의해 삼론종으로 대성하고, 이 삼론에 『대지도론』을 포함하여 사론四論 학파를 성립시킨다. 또한 『법화경』은 천태종, 『아미타경』은 정토종, 『금강경』은 선종의 소의경전所依經典이 된다. 『미륵성불경』은 미륵 신앙의 발달을 촉구하는 계기가 되고, 『범망경』은 대승보살계를 전했으며, 『십송율』은 율장 연구에 없어서는 안 될 근간이 된 것이다.

이전까지는 개인적인 차원에서 이루어졌던 역경이 국가적인 사업으로 시도된 것도 구마라집에서 비롯되었다. 게다가 구마라집은 단순히 번역에만 그치지 않고, 역경장을 그대로 경전을 강설하는 장소로 변모시켰다. 『대품반야경』·『유마경』·『묘법연화경』 번역에 각각 500명, 1200명, 2000명이 대거 참여하였다고 하는 것에서 그 성대한 역경과 강설의 광경을 미루어 짐작할 수 있다. 이를 통해 적극적으로 불교도佛敎徒를 육성시킨 결과 구마라집의 문하에는 기라성과 같은 문도가 3천에 이르렀으며, 그 가운데 뛰어난 제자만도 80여 명을 헤아린다. 특히 십철十哲이라 불리는 제자가 주축이 되어 그의 역경을 도왔는데, 그 중에서도 사철四哲, 즉 도생道生, 도융道融, 승조僧肇, 승예僧叡가 가장 뛰어났다.

예를 들면 『주유마힐경注維摩詰經』에는 구마라집의 제자인 승조(384~414)와 도생(355~434)의 주석과 함께 구마라집의 주注가 수록되어 있고, 도생의 『묘법연화경소』는 현존하는 최고最古의 『법화경』 주석서이지만, 구마라집의 강의 기록을 토대로 집필한 것임을 도생이 직접 그 서두에서 밝히고 있다. 또한 구마라집과 혜원이 서로 주고받은 서간집인 『대승대의장大乘大義章』(『구마라집법사대의』라고도 칭한다)이 현존한다. 앞서 언급했듯이, 그 당시 혜원은 70세에 다다른 고령이었음에도 불구하고 구마라집이 장안에 도착했다는 소식을 듣고 구마라집에게 불교학에 관한 의문점들을 질문한다. 구마라집은 당시 중국불교계의 중진인 혜원에게 경의를 표하고, 지극히 자상하고 친절하게 질문에 답변한다. 그 질의의 서간을 나중에 3권 18항목으로 정리·편집한 것이 바로 『대승대의장』이다.

이처럼 구마라집은 다방면에 걸쳐 중국의 불교도들에게 지대한 사상적 영향을 끼친다. 이 모든 그의 업적 가운데 특히 간과할 수 없는 것은 중국불교의 큰 특색이라 할 수 있는 교상판석教相判釋에 끼친 영향이다. 그는 대승과 소승을 구별하는 한편 대승의 우위를 말하였으며, 다양한 경전에는 각각의 역할이 있다고 하였다. 또한 『반야경』과 『법화경』이 사상적으로 다른 점(구체적으로는 아라한에게 수기를 주는 문제)은 설시說時 전후로 이유가 있음을 교시教示함으로써 교판 형성에 영향을 미친다. 그의 직제자 도생의 사종법륜설四種法輪說이나 혜관慧觀의 돈점頓漸 오시五時 교판教判 등과 같은 중국 교판은 구마라집의 영향을 받아 시도된 것이다.

이러한 불후의 업적을 남긴 구마라집은 후진의 수도 장안에서 홍시15년(413)에 70세를 일기로 입적한다. 임종 직전에 구마라집은 제자들에게 "나는 어리석은 사람이다. 그러나 내가 번역한 경론에 잘못이 없다면 나의 혀만은 타지 않고 남을 것이다"라고 하였다. 과연 다비 후에 살펴보니 혀만 타지 않고 남았다고 『고승전』[55]에 전한다. 이는 구마라집의 홍법弘法과 번역 경론에 대한 확고한 소신을 밝힌 것이라 할 수 있다.

---

55) 『고승전』 2(대정장 50), p.333상.

이상으로 후진의 불교를 대표하는 구마라집의 역경에 대하여 살펴보았다. 구마라집의 역경을 생애와 함께 살펴봄으로써, 그가 번역한 수많은 경론이 중국불교사에 불멸의 빛을 발하며 연구·발전되었음을 알 수 있다. 만약 구마라집의 출현과 그의 번역 경론이 없었다면 중국불교의 교학은 또 다르게 전개되었을지도 모른다. 그만큼 그는 중국역경사의 한 시대를 꿰뚫은 인물임에 틀림없다. 그런 의미에서 구마라집의 번역 용어를 통하여 그의 업적을 좀 더 구체적으로 정리해 보기로 한다.

중국인들은 수려한 문장과 정확한 표현력, 그리고 능통한 중국어 구사력을 갖춘 구마라집의 번역 덕분에 비로소 번역 경전만으로도 불교를 이해할 수 있게 되었다. 그렇다면 구마라집의 번역이 우리에게 주는 의의는 과연 무엇인가? 여러 가지로 나누어 살펴볼 수 있을 것이나 가장 큰 의의는 중국 역경사에 한 획을 그었다는 점이다. 이것은 다시 말해서 그를 통해 온전한 경전 번역이 이루어졌다는 뜻이다. 이후 진제·현장·불공 세 명이 더 출현함으로써 그들을 4대大 역경승譯經僧이라 한다. 그 가운데 2대 역경승을 꼽는다면 바로 구마라집과 현장이다. 현장 삼장의 출현으로 구마라집과 양대 축을 형성하게 된다는 뜻이다. 그 새로운 전환기의 현장의 번역을 신역新譯이라 하고, 구마라집의 번역을 구역舊譯이라 한다. 우선 구역과 신역의 문제에 대하여 살펴보기로 한다.

먼저 중국역경사에서 구마라집과 현장을 중심으로 나눈 시대 구분[56] 한 가지를 소개하면 다음과 같다.

---

56) 境野黃洋(1935), 『支那佛敎精史』, 境野黃洋博士遺稿刊行會, p.1.

고역古譯 시대(구마라집 이전)

구역舊譯 시대(구마라집 이후)

신역新譯 시대(현장 이후)

말기末期 번역 시대(밀교 경전)

　물론 구마라집 이전에도 지루가참이 번역한『도행반야경』이나 축법호가 번역한『정법화경』등의 대승 경전이 있었다. 그러나 그들의 번역 문장은 어려워서 그 뜻을 충분히 전할 수 없었다. 그래서 구마라집이 재차 번역하게 된 것이다. 축법호가 번역한『정법화경』과 구마라집이 번역한『묘법연화경』을 비교해 보면, 그 의미 면에서는 별 차이가 나지 않지만 표현된 문장에는 매우 큰 차이가 있다. 그래서 구마라집은 이전의 불완전한 고역古譯과 자신이 새롭게 번역한 신역新譯을 구별하기 위해 '신新'자를 붙였다. 즉『신대품경新大品經』·『신법화경新法華經』등이 그것이다. 그러나 후세 사람들은 또다시 현장과 구마라집의 번역을 구별하기 위해 앞에 붙었던 '신新'자를 생략하게 된다. 그만큼 구마라집은 자신이 번역한 경전에 커다란 자부심과 자신감을 가지고 있었던 것으로 보인다.

　이미 설명했듯이, 구마라집 이전에도 반야 경전류가 전해져 번역되었으나, 일체개공一切皆空의 교설을 논리적으로 설명한 용수의『중론中論』과『십이문론十二門論』등의 논서를 번역하여 소개한 것은 그가 처음이었다. 이러한 논서들로 인해 중국인들이 비로소 공 사상을 정확하게 이해할 수 있었던 것이다. 또한 불타의 전기는 구마라집 이전에 소개되었지만, 인도 고승에 대해서는 전무한 상태였다. 그러한 상황에서 구마라집은 자신이 필생의 스승으로 존경했던 용수와 마명의 전기를 최초로 번역하여 소개한다. 그뿐만 아니라 천태종·삼론종·성실종·정토종·선종 등의 각 종파에서 한결같이 구마라집이 번역한 경전을 소의경전으로 삼고 있다.

다음으로 구마라집이 번역한 용어에는 어떠한 것이 있으며, 현재는 주로 어느 삼장의 용어를 사용하고 있는지 살펴보기로 한다.

〈고역古譯〉	〈구역舊譯〉	〈신역新譯〉
비구比丘·제근除饉	비구比丘	필추苾芻
청신사淸信士	우바새優婆塞	근사남近事男
청신녀淸信女	우바이優婆夷	근사녀近事女
사리불라舍利弗羅	사리불舍利弗	사리자舍利子
광세음光世音	관세음觀世音	관자재觀自在
연일각緣一覺	연각緣覺, 벽지불辟支佛	독각獨覺
중우衆祐	세존世尊	바가범婆伽梵
무상정진도 無上正眞道	아뇩다라삼먁삼보리 阿耨多羅三藐三菩提	무상정등정각 無上正等正覺
니원泥洹	열반涅槃	열반涅槃
견련牽連	인연因緣	연기緣起
삼십칠품경三十七品經	삼십칠도품三十七道品	삼십칠보리분三十七菩提分
일심一心, 정의定意	삼매三昧, 정定	삼마지三摩地
사의지四意止	사념처四念處	사념주四念住
상문桑門	사문沙門	근식勤息

위에서 고역은 축법호, 구역은 구마라집, 신역은 현장의 번역 용어이다. 여기에서 구마라집의 번역 용어가 오늘날까지도 가장 많이 쓰이고 있음을 알 수 있다.

구마라집이 중국으로 와서 이렇게 대대적으로 번역을 하게 된 데에는 그의 어머니의 공로가 숨어 있다. 그의 모친은 출가한 후 구자국을 떠나 인도로 수행을 떠나면서 구마라집에게 "대승의 가르침을 중국에 가서 널리 펴도록 해라. 중국에 대승 불법을 전하는 것은 오직 너의 힘이다. 그러나 너 개인에게는 그다지 큰 수행이 되지 못할 것이다. 어떻게 하겠느냐?"고 하였다. 구마라집은 "보살도는 타인을 이익되게 하고 자신의 일을 잊는 것입니다. 만약 그들을 구제할 수 있다면 제 몸은 뜨거운 가마솥에 들어가 탈지라도 상관하지 않겠습니다"고 대답하였다.[57] 이처럼 굳게 결의를 다지고 온 그였기에 그토록 열정을 쏟을 수 있었을 것이다.

마지막으로, 앞으로 살펴보게 될 동진 시대에서 남북조 시대 초기의 불교는 바로 구마라집 제자들의 불교라고 해도 과언이 아니다. 이 또한 구마라집이 이룬 공적이 아닐 수 없다. 그의 수려한 번역 문장은 한역 경전으로서 긴 생명력을 지니고 중국뿐만 아니라, 한국과 일본 등 한자 문화권에서 오늘날까지도 독송되고 있다. 이상에서 살펴본 바와 같이 구마라집은 중국불교사에 있어서 최고의 역경승임에 틀림이 없다.

---

57) 『고승전』 2(대정장 50), p.331상.

2. 남북조 시대의 불교

남북조南北朝 시대는 중국에서 불교가 본격적으로 연구된 중요한 시기이다. 물론 중국의 역사상 남북조 시대는 통일 국가를 이루지 못하였던 시기이다. 그러나 불교는 동진東晉에 이어 꾸준히 발전하면서 확고한 기초를 다져 간다. 그래서 이 시기를 불교사적으로는 연구 시대 또는 전파 시대라고 부른다. 더욱이 이 시기의 불교는 남북의 지리적 여건상, 또는 한족과 이민족이 지배하는 지역으로 나뉨으로써 정치·문화적으로 매우 다른 양상을 보인 시대이다. 남조가 원가元嘉의 치세治世라는 태평성대를 구가하던 바로 그 시점에 북조는 폐불이 단행되는 등 극도의 혼란기를 겪게 된다. 그렇지만 또 한편으로는 엄청난 양의 한역漢譯 불전佛典에 대한 연구가 본격적으로 진행되고, 교판과 학파가 성립되기 시작한 것 역시 바로 이 남북조 시대였다.

사실 새롭게 형성된 종교 사상이 전혀 다른 이민족에게 전해지고, 나아가 그 땅의 민중에게 신임을 얻는다는 것은 그리 쉬운 일이 아닐 것이다. 민중의 생각이나 바람에 맞추고, 그들이 원하는 바를 충족시키기 위해서는 나름대로의 자구적인 노력이 필요하다. 새롭게 출현한 사상이 새로운 땅에 정착되기 위해서는 그 땅의 대중이 원하는 것을 충족시켜야 하기 때문이다. 그런 의미에서 남조와 북조는 지리적인 조건과 사회 문화적인 인식, 그리고 역경승들의 진입 경로가 서로 달랐다. 그러므로 남조와 북조의 역출譯出 경전의 종류는 물론 전파된 사상도 다를 수밖에 없다. 따라서 지금부터 남북조의 사회와 불교의 상관관계 등을 중심으로 살펴보기로 한다.

먼저 남북조 시대 왕조의 변천은 다음과 같이 전개된다.

남조南朝(동진東晉) : 송宋 · 제齊 · 양梁 · 진陳

북조北朝(5호 16국) : 북위北魏 – 동위東魏 – 북제北齊

서위西魏 – 북주北周

동진 말기가 되면서 여러 가지 폭동과 함께 환현桓玄의 모반이 일어난다. 결국 동진의 왕실은 그 폭동을 진압한 실권자이자 야심에 찬 유유劉裕 장군에게 찬탈당한다. 그가 바로 여산에 머물던 불타발타라를 건강建康으로 초빙한 인물이자 남북조 시대의 첫 왕조를 연 송무제宋武帝(당唐 이후의 송宋과 구별하기 위해 성姓을 따라 유송劉宋이라 부르기도 한다)이다. 남조는 이어 제齊, 양梁, 진陳의 네 왕조로 이어진다.

한편 5호 16국으로 할거하던 강북은 북량이 마지막으로 북위에게 평정되면서 강북 전체를 북위가 차지한다. 이후 북위는 다시 동위와 서위로 분열되고, 동위는 북제에게, 서위는 북주에게 멸망한다. 그리고 다시 북제는 북주에 의해 멸망하고, 북주는 결국 수隋에 의해 통합(581)된다. 이후 남조南朝의 마지막 왕조인 진陳나라 역시 589년에 수나라에 항복함에 따라, 수나라는 천하 통일을 이룩한다. 이때를 전후해서 약 160여 년 간을 남북조 시대라고 부른다.

남북조 시대는 비록 남조와 북조가 각각 네 왕조와 다섯 왕조로 교체되는 혼란기이나, 불교사적 입장에서는 본격적인 연구 시대로 접어든 시기이다. 또한 수隋·당唐의 종파불교에 대한 준비 및 육성이 이루어진 중요한 시대라 할 수 있다.

1) 남조의 불교

(1) 유송의 불교

남조의 첫 왕조인 유송을 세운 송무제는 질박하고 꿋꿋한 기상을 지닌 성격의 소유자였다. 그러므로 동진 말末의 놀기 좋아하고 사치스러웠던 풍조를 일변시켜 남조는 전환기를 맞이한다. 하지만 송무제는 3년을 지내지 못하고 병으로 죽는다. 뒤를 이어 태자가 왕위에 오르나 아버지와 달리 향락에 빠져 폐위당한다. 이어 송무제의 셋째 아들이 제위에 올랐는데, 그가 바로 30년 간이나 '원가元嘉의 치세治世'로 불리는 태평성대를 누리게 했던 문제文帝이다. 그는 학문과 불교를 숭상하여 당시의 많은 승려들과 교류 하였고 종종 법회에도 참석하였다. 법회에 참석할 때에는 마당에 깔아 놓은 돗자리에 앉아 스님들과 식사도 같이 할 정도로 친분을 쌓았다. 특히 그와 연관이 깊은 고승으로는 혜관慧觀과 혜엄慧嚴이 있다. 그들은 담무참의 『열반경涅槃經』과 법현이 번역한 『니원경泥洹經』을 대조·교정하여, 『열반경』 36권(남본南本)의 편집에 관여했던 이들로서『열반경』의 유통과 연구에 미친 업적이 크다. 특히 당시 사람들이 마음에 정통해 있는 이는 도생과 도융이고, 난제難題에 정통한 이는 혜관과 승조라고 할 정도로 혜관은 어려운 문제에 정통했던 학자이기도 했다.

이 시기에도 서역과 인도에서 많은 역경승들이 왔다. 대승율大乘律을 전래한 구나발마求那跋摩는『보살선계경菩薩善戒經』·『사분비구니갈마법四分比丘尼羯磨法』을 포함하여 9개월 동안 26권이나 역출해 낸다. 특히 중국에서는 처음으로 비구니 교단에서 그의 주도로 비구니 수계가 거행됨으로써 매우 중요한 의미를 지닌다. 그 다음은 중인도中印度 출신의 승려인 구나발타라求那跋陀羅가 있다. 그가 수도인 건강으로 왔을 때 문제文帝의 귀의를 받았다.『승만경勝鬘經』을 비롯하여 52부 134권을 번역한다. 특히『잡아함경雜阿含經』을 번역해 냄으로써 비로소 중국에 4아함경이 완전히 갖추어지게 된다.

문제文帝를 이은 효무제孝武帝도 개인적으로는 승도僧導와 도맹道猛 등의 고승을 신임하고 존경하여 불교에 호의적이었으나, 사문 전체에 대해서는 권력으로 장악하고자 하는 면도 있었다. 따라서 동진 시대 때 제기되었던 '출가 사문의 왕에 대한 예경 문제'가 다시 거론된다.『송서宋書』열전列傳[58]에는 효무제 때 신하들이 올린 상소문이 실려 있는데, "불교는 자신을 낮추고 상대를 존중하며 겸양의 미덕을 발휘하고, 사람에게 은혜를 베풀고 공경하는 것을 도道로 삼아야 한다"는 내용이 있다. 다시 말해 "『법화경法華經』에서 설하는 상불경常不輕 보살은 어떤 사람에게든 예배하는 것을 자신의 수행으로 삼았고, 또 목련目連 존자

---

58)『宋書』97「열전」57「夷蠻」

尊者는 연장자를 만나면 반드시 예배하였다. 그것이야말로 불교도 본연의 자세이지 않는가? 더구나 불교도는 불·보살·연각·성문에게는 무릎 꿇고 양친에게도 예禮를 다하며, 승려 가운데 윗사람에게도 머리를 숙이면서 어찌하여 만승의 천자天子에게는 몸을 굽히고 절하지 않는가?"라는 것이 주된 내용이다. 효무제는 상소 내용을 받아들여 시행하도록 하였으나 시행되기도 전에 죽고, 그 뒤를 이은 왕은 그 제도를 폐지한다. 효무제는 문제의 셋째 아들인데 형이 아버지를 죽이고 왕위에 오르려 하자, 그 형을 죽이고 왕이 된 인물로 성격이 포악하였다. 결국 송나라는 피로써 피를 씻는 살육이 계속되는 가운데 그 혼란을 틈타 등장한 인물에게 정권을 빼앗기게 된다. 그가 바로 제齊를 건국한 고조高祖 소도성蕭道成이다.

이처럼 중국 역사상 통일 국가를 이루지도 못한 데다가 왕조의 변천도 잦아서 비록 안정된 시대는 아니었지만, 남조의 첫 왕조인 유송은 문제 때에 이르러 불교가 융성하고, 효무제 때에는 사문의 예경 문제가 잠시나마 다시 거론된다. 진晉의 제왕帝王과 비교할 때 유송의 제왕이 강력하고 독재적인 왕권을 확립하였으므로 그것에 영합하는 사람도 나온다. 반면에 끝까지 방외方外의 사士, 즉 출세간의 사문의 입장을 견지한 사람도 있지만, 동진 시대에는 미치지 못한다. 또한 이 시대에 활약한 대표적인 역경승인 구나발마와 구나발타라 등도 주로 율장 계통의 경전을 많이 번역한다. 특히 이 시기에 비구니 교단이 설립되어 처음으로 비구니 수계가 거행되었음도 살펴보았다.

(2) 남제의 불교

유송의 혼란기를 틈타 송 왕실의 실권을 찬탈한 장군 소도성蕭道成이 건국한 제齊나라, 즉 남제南齊의 처음 2대二代에 걸친 15년 동안은 잠시 조용하고 안정되었다. 하지만 곧이어 내란과 함께 동족 살육이 이어졌고, 동혼후東昏侯라는 왕은 역사상 보기 드문 악덕 군주로 남는다. 더욱이 제나라는 20년 만에 멸망한 만큼 제나라 불교에 대해서는 특기할 만한 것이 없고 송나라 불교의 답습에 그친 감이 있다. 그렇지만 강남 사대부士大夫들의 불교 신앙에 대해서는 주목할 필요가 있다. 장씨張氏, 육씨陸氏, 주씨周氏 등 사대부들의 출현은 불교의 저변 확대를 짐작하게 해 줌과 동시에 불교 사상을 본격적으로 연구하였음을 알게 해 준다.

먼저 강남의 유명한 귀족 중 장씨張氏 가문이 있는데, 대대로 저명한 학자와 정치가를 배출한 집안이다. 이 집안의 어른 장유張裕에게는 다섯 아들이 있었는데, 사람들은 그들을 '장씨의 오룡五龍'이라고 불렀다. 그들은 학식이 뛰어날 뿐만 아니라 유학자이면서도 각기 불교에 심취하여, 당시의 고승들과 두루 교류했다. 장소는 도온道溫이라는 승려에게, 장부는 승전僧詮에게, 장영은 담빈에게 각각 귀의한다. 특히 장변은 승민僧旻에게 귀의하였는데, 그는 승민이 호구虎丘의 서산사西山寺에 거주할 때 찾아가서 "스님의 성姓은 무엇이며, 집은 어디인가?"라고 물으니, 승민은 "나의 성은 석씨釋氏이고 이 산을 집으로 삼고 있다"고 답한다. 하지만 장변은 그 깊은 의미를 알지 못한다. 이때 옆에 있던 장서張緖가 말하기를 "송백松栢이 작기는 하지만, 이미 구름을 능가할 기운이 있구나"라고 하였다. 이때의 승민이 바로 후일에 양대梁代 3대 법사法師의 한 사람으로 명성을 떨친 장엄사莊嚴寺의 승민僧旻이다.

또한 장영의 아들인 장직이 청주靑州 자사刺史로 있을 시절, 어려운 행정을 처리해야 할 때는 마음을 안정시키기 위해 항상 불경을 읽었다고 한다. 이는 불교 신앙이 사대부들의 정신에 침투하였음을 의미한다.

그리고 장창의 아들인 장엄張淹은 동양東陽 태수太守로 있을 때, 백성이 죄를 범하면 예불禮佛로써 속죄하게 하였다. 그 죄목에 따라 천 배拜, 삼천 배, 만 배 등 등급을 두었는데, 아주 큰 죄를 지은 자는 소비燒臂를 하도록 시켰다고 한다. 이는 『법화경』「약왕보살본사품藥王菩薩本事品」에 근거한 신앙 형태이다. 소지燒指는 스스로 손가락을 태워 불타에게 공양하여 수행의 결의를 다지는 신앙 형태인데, 이것을 재가자에게 적용했다는 것이다. 다만 연비燃臂는 수행의 한 형태이므로 자발적으로 해야 하는데 강제성을 띠었다는 것이 아쉬운 점이다. 그러나 이러한 참회 방법의 실시는 불교의 저변 확대를 짐작하게 해 주는 내용이므로 그 자체로 의미가 크다고 하겠다. 장엄의 동생인 장융張融은 왼손에는 『효경孝經』과 『노자도덕경老子道德經』을, 오른손에는 『반야경』과 『법화경』을 들고 임종했다는 일화가 남아 있다. 특히 그는 도·불 교섭사에서 중요한 자료인 『문률門律』의 저자이기도 하다.

다음은 중서시랑中書侍郞 육징陸澄의 가문이다. 육징은 많은 불교 서적을 모아서 명칭과 내용에 따라 16질帙 103권으로 구분하여 『법론목록法論目錄』을 편찬한 사람이다.

다음으로는 주씨周氏 집안의 주옹도 거론해야 한다. 주옹은 명제明帝가 천자로서의 본분을 어기는 것을 못마땅하게 생각했다. 그러던 중 마침 명제가 흉질凶疾에 걸려 고통을 호소하자, 주옹은 『현우경賢愚經』을 독송해 주었다. 명제는 "인과란 이런 것인가! 인과에 따른 과보는 참으로 무서운 것이로구나!"라며 참회하였다고 한다. 그런데 이번에는 왕이 인과응보를 너무 두려워하므로, 주옹은 『법구경』을 독송하여 왕의 마음을 편안하게 해 주었다고 한다.

마지막으로 제나라 불교에서 제일의 봉불자奉佛者로 손꼽히는 소자량蕭子良의 봉불을 살펴보기로 한다. 소자량은 제나라의 두 번째 왕 무제武帝의 둘째 왕자이다. 그 당시 소자량은 그와 친분을 맺지 않은 승려가 없을 정도로 폭넓은 교류를 하였다. 그가 불교와 인연을 맺게 된 데는 아버지인 무제의 영향도 있었다. 하지만 그보다 20세에 맞닥뜨린 생모의 죽음이 그가 불교에 접근하게 되는 계기가 된 것이 사실이다. 생모가 죽자 그는 관직을 버리고 자신의 창고를 열어 빈민을 구제함으로써 어머니의 명복을 빈다.

소자량의 봉불 행위 가운데 주목되는 것은 세 가지로 요약할 수 있다. 첫째, 강경講經·초경抄經·범패梵唄 등의 경전 연구와 독송에 관한 것이다. 둘째, 승제僧制와 재회齋會 등의 생활 규칙에 관한 것이다. 셋째, 방생放生·시약施藥·불아공양佛牙供養 등의 보시행에 관한 것이다. 더욱이 소자량은 초심자의 불교 입문서라고 할 만한 『정주자정행법문淨住子淨行法門』을 남긴다. 지금은 그 책이 산실되어 남아 있지 않지만, 다행스럽게도 당나라 도선道宣 율사律師가 이것을 요약하여, 『속략정주자정행법문續略淨住子淨行法門』으로 편찬하였기 때문에 그 내용을 알 수 있다. 여기서 정주淨住는 포살布薩의 의미를 지녀, 출가 수행자는 한 달에 두 번씩 자신의 죄를 고백하고 참회하는 모임이고, 재가자는 8계八戒를 지키고 설법을 들은 후 수행자에게 음식을 공양하는 정기 법회를 말한다. 따라서 이것은 소자량이 포살법에 의한 참회의 중요성을 강조한 것으로 이해할 수 있다. 더불어 이 자료는 남조南朝 사대부들의 불교적 면모를 엿볼 수 있는 중요한 단서가 된다.

또한 소자량 주변에는 고승뿐만 아니라 문학도들이 많았다. 특히 학문과 문학을 논하던 심약沈約, 왕융王融, 범운范雲 등 팔우八友의 모임이 유명한데, 그들 속에 소연蕭衍이라는 자가 있었다. 그가 바로 양나라의 무제武帝이다. 그 밖에도 불교 신앙이 깊었던 남조 불교의 사대부들로는 왕씨王氏, 맹씨孟氏, 사령운謝靈運 등이 있다.

(3) 양나라 불교

남조의 세 번째 왕조를 세운 양무제梁武帝의 재위 기간은 48년이고 양나라의 존속 기간은 55년이다. 그러므로 양무제의 일생을 살펴보는 것, 그 자체가 그대로 양나라의 역사이자 문화를 살펴보는 것이라 할 수 있다. 또한 양무제 역시 호불왕이었으니 그의 생애가 곧 양나라의 불교사이기도 하다.

양나라는 남조에서 문화가 가장 발달한 나라이고 불교 또한 가장 융성한 시기였다. 제나라 때는 사찰이 2천여 개에 승려 수가 3만여 명이었지만, 양나라 때에 이르러서는 사찰이 무려 3천여 개에 승려 수는 8만여 명으로 두 배에서 세 배 가까이 증가한다. 이 사실만으로도 양나라 시대의 불교가 제나라에 비해서 얼마나 비약적으로 발전하였는가를 알 수 있다. 즉 양나라 불교는 송·제에서 발달해 온 강남의 귀족불교가 그 절정에 달한 것이라고 할 수 있다. 말하자면, 남조의 사대부가 인간성에 대한 자유로운 사색에 눈을 뜨고, 인생에 대한 자각에서 도교와 불교를 그들의 정신생활 속에 받아들이는 풍조가 가장 크게 고조된 것이 이때이다. 그리고 바로 그 정점에 선 사람이 양무제이다.

물론 유송 시대에도 원가의 치세라는 태평 시대가 있었고, 문인들에 의한 문화가 꽃피기도 하였으나 왕실의 살육에 의한 공포 정치로 문화는 일시적으로 침체한 상태였다. 그러다가 제나라에 와서 소자량·심약·범운 등 여덟 사람으로 대표되는 많은 교양 지식인들이 생겨났다. 그들에 의해 문화적으로는 다소 고조되었으나 역시 왕실 내부의 권력 투쟁은 그친 적이 없다. 그에 반해 양나라는 무제 한 사람이 48년 간을 지배한다. 그 덕분에 정치적으로도 안정된 상태에서 남조南朝 문화가 훌륭히 개화한 것이다. 그와 같이 양나라 문화를 꽃피우는 데에 원동력이 된 사람이 바로 남조의 교양인을 대표하는 양무제이다. 그는 제나라 소자량의 8우八友 가운데 한 사람으로서, 이미 그때부터 현학玄學·유학儒學·문학文學·사학史學에 통달하고 예술에도 상당한 조예가 있었다. 8우 가운데 한 사람이었던 왕융王融은 "천하를 다스릴 자, 반드시 이 사람"이라고 하여 소연蕭衍, 즉 양무제를 지칭했다고 한다. 양무제는 신심 깊은 소자량과의 교우 덕분에 불교적 소양을 비롯한 사대부의 전통적 교양을 갖추게 된다. 하지만 남조의 역사서 『남사南史』[59]에는 "너무 불교를 숭상한 나머지 오히려 나라를 망쳤다"는 비판도 있듯이, 황제로서 과도하게 불교에 경도됐다는 지적도 있다. 그렇더라도 양나라 불교가 무제의 불교 신앙을 주축으로 전개되므로, 무제가 왜 그토록 불교에 깊은 신심을 갖게 되었는지와 그의 봉불 행위에 대하여 살펴보기로 한다.

양무제의 성姓은 소씨蕭氏로, 제나라 왕실의 성과 같다. 그의 부친이 제나라 고조의 8촌 동생으로, 제나라 왕실의 먼 친척이 되는 왕족 출신이다. 하지만 부친의 벼슬은 옹주雍州 자사刺史 정도로 그다지 높지 않았다. 제나라 말기에 제위에 오른 동혼후(소보권)는 정사를 돌보기는커녕 제멋대로였던, 그야말로 포악무도한 황제였다. 이에 대한 불만은 각지에서 반란과 모반으로 이어진다. 이때 최혜경의 반란군이 수도인 건강을 공격하는데, 이를 소연의 형인 소의蕭懿가 진압한다. 그러나 소

---

59) 『南史』 7 「梁本紀」

의는 오히려 왕위 찬탈이라는 모함을 받아 왕실로부터 살해당한다. 소연은 그 당시 강북과 강남을 잇는 요충지이자 군사적으로 전략의 거점이 되는 양양襄陽에 있었다. 형의 소식을 전해 들은 소연은 분개하여 제나라 왕실을 정벌하고자 군사를 일으킨다. 동혼후를 살해한 소연은, 다음 황제로 화제和帝를 옹립하나, 재위 수개월 만에 왕위를 선양받아 양나라를 건국한다.

양무제는 어린 시절에 유학을 배우고 가끔 도교 서적을 읽기도 하였다. 물론 소자량과의 인연으로 불교에도 관심은 있었으나 『노자강소老子講疏』를 지을 정도로 도교에 깊은 학식을 지녔다. 불교에 심취한 후에도 도교의 도사인 도홍경陶弘景을 존경하였다. 그러나 재위에 오른 이후부터 양무제는 불교에 대한 관심이 점점 깊어져 간다. 39세에 즉위하여 2년 후인 504년에 "도道에는 96종이 있으나 그 가운데 95종은 다 외도外道이고, 오직 불도佛道만이 정도正道이다"라고 하면서, 「사도귀불문捨道歸佛文」을 지어 일반에 공포한다. 그뿐만 아니라 불교 전파와 중생제도를 위하여 젊은 사람들이 출가하기를 바라는 간절한 소망을 토로한 것도 바로 이 시기였다. 그는 또한 「사도귀불문」의 조칙에서, "도교의 이상향에 태어나는 것보다는 차라리 정법正法 속에서 악도惡道에 빠지는 것이 낫다"고까지 한다. 그런데 『정사正史』에는 양무제의 「사도귀불문」의 조칙에 대한 기록이 없다. 단지 불교 측의 기록만 있으므로 의문을 던지는 학자들도 있다. 말하자면 도·불 논쟁이 고조되었을 때, 불교의 우위를 나타내고자 불교 측에서 만든 것이 아니냐는 것이다. 그러나 그 당시 양무제가 불교에 경도된 것만은 의심할 여지가 없는 사실이다.

이어서 양무제는 511년 「단주육문斷酒肉文」을 공포하여, 수행자들은 물론 자신도 엄격한 계율 생활에 들어간다. 양무제는 당시에 3대大 법사法師의 한 사람인 법운法雲에게 육식을 금하는 내용이 들어있는 『열반경』의 「사상품四相品」을 강의하도록 한다. 그리고 불교 교단에는 계율의 실천을 요구한다. 이와 같은 무제의 태도는 불교 교단에만 그친 것이 아니었다. 517년 종묘宗廟의 제사에서도 산목숨을 죽이는 것을 금지시키고 과일과 채소만을 사용하게 하여 전통적 관행을 중시하는 신하들이 반대하였으나, 그대로 실시한다. 또한 같은 해 10월 그는 전국의 도교 사원을 폐하고 많은 도사들에게 평민으로 돌아가도록 명한다. 이때 도교에 대한 핍박을 피하여 일부 도교인들은 양나라를 떠나 북방으로 달아나기도 한다.

519년 4월 8일 마침내 양무제는 고승 혜약慧約으로부터 보살계菩薩戒를 받는다. 그 당시 그는 옥으로 만든 수레에서 내려 만승천자萬乘天子의 위엄을 굽히고 혜약에게 절을 했으며, 공손히 가사를 받아 계戒를 지킬 것을 서원한다. 또한 이날을 기념하여 대대적인 사면赦免을 내리고 4만 8천명이 함께 수계를 받았다고 한다. 보살계를 받는 것을 시작으로 양무제는 철저한 계율 생활에 들어간다. 식사도 하루에 한 끼만 먹는 일종식을 하고 술과 고기를 먹지 않는 것은 물론 음악도 듣지 않으며, 콩죽과 현미밥으로 지내는 등 엄격하게 계율을 지킨다. 급기야는 백의白衣의 승정僧正이 되고자 하는 데에 이른다. 율과律科를 설치하여 자신이 직접 불교 교단을 통제하려고 한 것이다.

그는 이러한 자신의 뜻에 대해 평소 존경하는 3대 법사의 한 사람인 지장智藏에게 편지로 의견을 묻는다. 지장은 답장에서, "불법의 대해大海를 어찌 세속인世俗人이 알겠는가"라며 단호하게 반대한다. 결국 양무제는 지장과의 몇 번에 걸친 논쟁 끝에 백의의 승정이 되는 것을 포기한다. 권력에 구애받지 않고 자기주장을 분명히 할 수 있었던 지장의 기개가 대단하다고 할 수 있다. 하지만 최고 권력자임에도 불구하고, 이를 귀담아듣는 양무제의 식견과 도량 또한 놀라운 일이다. 이것은 물론 그 정도로 당시의 사회 풍토가 조성되어 있었다는 의미이기도 한다.

양무제는 고승들의 지도를 받으며 인도의 아쇼카 왕을 사표로 삼아, 불교도 제왕으로서 해야 할 일들을 많이 펼쳐 나갔다. 제왕으로서 불교에 헌신할 수 있는 가장 뚜렷하고도 구체적인 방법은 사찰을 건립하는 일이고, 양무제 역시 예외가 아니었다. 그가 지은 수많은 사찰 가운데 가장 유명한 것은 동태사同泰寺이다. 동태사가 완공되자, 이 절은 양무제의 불교 활동의 근거지가 된다. 원래부터 효성이 지극했던 양무제는 아버지를 위해 대애경사大愛敬寺를 짓고, 어머니를 위해서는 대지도사大智度寺를 지어 법회를 자주 연다. 그뿐만 아니라 궁전에 등신불等身佛을 모시고 조석 예불을 빠뜨린 적이 없었다고 한다.

이처럼 즉위 전 양무제에게 불교는 제나라의 소자량으로부터 접한 문학적 소양의 일부였으나, 즉위하면서부터는 점차 불교로 기울어 백의白衣의 승정僧正이 되고자 할 정도로 적극적인 불교도가 된 것이다.

또한 무제의 불교 신앙은 여기에서 그치지 않고 사신捨身을 여러 차례 행한다. 그에게 사신이란 그 기간 동안 세속의 모든 기득권을 버리는 것이다. 법복으로 갈아입고 삼보와 대중에게 봉사하는 것으로, 사찰의 청소, 출가자의 세탁, 취사, 벌목 등 몸으로 보시하는 보살행을 직접 실천하는 것을 말한다. 양무제는 이러한 사신을 네 차례나 행한다. 527년에 4일 간, 529년에 15일 간, 546년에 37일 간, 547년에 51일 간 행하였다. 이처럼 만년이 될수록 사신 기간이 길어진 것을 보면, 그가 불교에 심취한 나머지 정무政務를 소홀히 했을 것이라고 짐작할

중국불교

수도 있다. 일국의 황제가 정사는 뒷전으로 하고 절에 가서 봉사를 하고 있는 상황에 왕실과 신하, 그리고 신료들은 당황스러울 수밖에 없다. 그들은 결국 황제를 되돌려 받기 위해서 1만금을 사찰에 바쳐야 했다. 그로 인해 사찰은 경제난을 해소하는 한편 불사佛事도 할 수 있게 되었지만 왕실은 과다한 지출과 정무의 소홀로 인한 혼란이 거듭된다. 더구나 무제는 사부대중四部大衆을 위한 무차대회無遮大會를 열기도 하였다. 무차대회란 도속道俗과 귀천의 차별 없이 평등하게 보시를 행하는 것이다. 경우에 따라서는 경전을 강의하기도 한다.

그런데 실제로 불교에서 말하는 사신捨身의 본래 의미는 불타에게 공양하거나 법을 구하기 위해 육신을 버리는 수행 방법을 말한다. 하지만 중국불교의 고승들이 많이 행한 것은 『법화경』「약왕보살본사품藥王菩薩本事品」에 설해져 있는 방식이다. 그러므로 자신의 몸을 불태워 불타에게 공양하는 소신공양燒身供養이 대부분이었다. 이러한 소신공양에 대한 기록은 『양고승전』에 11명, 『당고승전』에 14명, 『송고승전』에 24명이 있다. 그러나 양무제의 사신은 그 성격이 다소 다르다고 할 수 있다. 그렇다고 하여 양무제가 행한 사신법이 중국의 독자적인 것은 아니었던 듯하다. 『법현전法顯傳』[60]에 의하면, 서역의 여러 나라에서도 양무제와 같은 사신법이 행해지고 있었다고 한다.

양무제는 불교 교리에도 상당한 지식을 가지고 있었다. 그가 지은 『금강반야참문金剛般若懺文』을 보면 그가 반야 경전류에 지식과 조예가 깊었음을 알 수 있다. 또한 강북에서 번역된 담무참의 『열반경』을 혜관과 혜엄이 『니원경』(법현 번역)과 대조·검토하여 36권본의 남본南本 『열

---

60) 『고승법현전』(대정장 51), p.860중.

반경』으로 편집하자, 강남에서도 『열반경』 연구가 성행하게 되는데, 양무제 역시 『열반경』의 내용을 알았던 것으로 보인다. 그가 지은 『마하반야참문摩訶般若懺文』[61]에 보면, 상락아정常樂我淨·무상無常·진속이제眞俗二諦·진여眞如·무생법인無生法忍 등 『열반경』의 핵심 내용을 나타내는 용어들이 보이기 때문이다.

또한 현재 『홍명집弘明集』에 수록되어 있는 「입신명성불의기立神明成佛義記」[62] 역시 양무제의 저술인데, 이에 대한 서문과 주석을 쓴 심적沈績은 서문에서 다음과 같이 밝히고 있다. "불성佛性에 대해 알지 못하여 답답하였는데, 무제의 설명으로 비로소 동굴에서 빛을 만난 듯 의문이 풀렸다"는 것이다. 「입신명성불의기」에서 밝힌 양무제의 주장과 심적의 주석을 함께 읽으면, 당시 사대부가 불교를 어떻게 이해하고 있는지를 짐작하게 해 준다.

이러한 양무제의 불교 신앙은 그 일족에게까지 미쳐 아들인 소명昭明태자太子와 그의 뒤를 이어 제위에 오른 간문제簡文帝도 불교를 숭상한다. 양무제가 세상을 떠나기 전후하여 후경侯景의 난亂이 일어나 양나라는 급속도로 멸망의 길을 걷게 된다. 그의 나이 86세 때의 일이다.

한편, 양무제 때는 외국 여러 나라들과의 교류도 활발하여 때때로 조공도 받았는데, 주로 불상佛像과 경전經典이 진상進上되었다고 한다. 『양서梁書』 열전列傳[63]에 보면, 우다리국于陀利國(말레이 반도 부근)의 국왕이 꿈을 꾸었는데, 한 승려가 나타나 "앞으로 10년 후 중국에 성군聖君이 나타나 불법이 크게 흥하게 될 것이니, 그때부터 조공을 바치도록

---

61) 『광홍명집』 「金剛波若懺文」 (대정장 52), p.332중.
62) 『홍명집』 9 「입신명성불의기」 (대정장 52), p.54상.
63) 『梁書』 54 「열전」 48 「諸夷」

하라"고 하였다. 왕이 "어떤 모습이냐?"고 물으니 잠시 보여주었다. 왕은 꿈에서 본 대로 화공을 불러 그리게 하였다. 10년 후 중국과 왕래가 이루어지게 되자, 그는 그 그림을 가지고 간 적이 있는데 양무제의 모습과 똑같았다고 한다. 이 얘기가 실제이든 아니든 양무제가 숭불천자였다는 사실이 남해 건너 여러 나라에까지 알려졌다는 것만은 분명히 알 수 있다.

이 시대에도 역시 남해南海를 경유하여 역경승들이 중국으로 도래한다. 승가바라僧伽婆羅, 월바수나月婆首那 등에 의해『보운경寶雲經』·『문수사리반야경文殊師利般若經』 등이 번역된다. 특히 승가바라가『아육왕경阿育王經』을 번역할 때는 양무제가 직접 필수筆受 역할을 하기도 한다.

그런데 이 시대가 되면 역경승보다도, 이미 불교가 연구되던 시대이니만큼 중국 내에서도 고승들의 배출이 현저해진다. 이 시기의 중국 고승으로는 양대梁代의 3대 법사인 지장, 법운, 승민을 비롯하여, 양무제에게 보살계를 준 혜약慧約과 혜초慧超, 그리고 신통이 뛰어난 도림사道林寺의 보지保誌 등이 있다. 그 가운데 주목할 승려는『홍명집』을 편집하고, 현존하는 가장 오래된 경록인『출삼장기집』을 남긴 승우僧祐이다. 또한 승우의 제자 보창寶唱은 스승의 사학 전통을 계승하여『명승전名僧傳』·『비구니전比丘尼傳』을 짓고, 당대 최고의 사학자이던 혜교慧皎는『고승전高僧傳』을 남긴다.

양무제는 남조南朝에서 비교적 안정된 정치를 펴고 학문과 문화 발전에 큰 공헌을 했지만, 만년에 너무 불교에 심취한 나머지 지나치게 관대한 정치를 한 듯하다. 그는 형법刑法을 가벼이 했으며 중죄인들을 처벌할 때마다 하루 종일 우울하게 지냈다. 심지어 형벌을 가해야 할 사람조차도 용서하는 경우가 많았으므로 후대의 사학자들은 이를 혹독히 비판한다. 그러나 비록 양무제가 덕德과 법法, 이상과 현실, 불교의 길과 제왕의 길의 조화로운 운영이라는 면에서는 실패하였다는 평가를 받고 있지만, 후대의 많은 사람들이 그를 '황제보살'이라고 칭하였다는 점에서 호불왕으로서의 그의 면모를 간과해서는 안 될 것이다.

이상으로 양나라의 불교를 살펴보았다. 양무제의 불교 신앙은 남조 사대부들의 경향을 전형적으로 나타낸 것으로, 내용보다 형식에 지나치게 치우친 감이 없지 않다. 그러나 사찰 건립과 법회 개최, 사신, 그리고 엄격한 계율 생활을 하고자 애쓴 면 등은 후대의 귀감이 아닐 수 없다.

(4) 진나라 불교

양梁 왕실의 혼란으로 인해 외적(서위)의 침입과 후경의 난을 비롯하여 크고 작은 반란들이 끊이지 않는 가운데 급속히 세력을 확대한 사람이 진패선陳覇先 장군이고, 그가 바로 진陳나라를 건국한 무제武帝이다.

그는 원래 신분이 낮은 집안의 출신이다. 무인武人으로서 공을 세우긴 했으나 입신출세의 길이 없었다. 그러다가 후경의 난을 진압하면서 실권을 점차 차지하게 된다. 그는 드디어 제왕까지 되었으나 여전히 뭔가 석연치 않았다. 그것은 곧 자신이 왕족 출신이 아니라는 점이었다. 그래서 그는 자신이 왕위를 선양받은 것을 정당화하고자 한다.

진무제는 불교도들이 가장 숭배하는 불아佛牙를 이용하여 자신의 선양 혁명을 정당화하려고 생각했다. 그리고 그는 즉위한 직후 대대적인 무차대회를 열고, 친히 불아에 예배하고 봉양한다. 말하자면, 진무제는 본인이 제위帝位에 올라야 한다는 명분을 얻기 위해 불아 신앙을 이용하여 민심을 얻으려 한 것이다. 또 어느 날 진무제가 대장엄사大莊嚴寺에 행차하였는데 그날 저녁 감로의 비가 내렸다. 진무제는 그것을 불교적 상서로움을 받은 것으로 해석하여 대장엄사에서 강경講經과 무차대회를 여는 것은 물론 양무제처럼 사신까지 행한다. 비록 사신을 행한 기간은 양무제보다 짧았지만 왕실은 막대한 비용을 지불해야만 했다. 그뿐만이 아니다. 진무제는 후경의 난으로 파괴된 사찰을 수리하고 탑을 보수하는 등 불교 부흥에 힘쓴다.

진무제의 뒤를 이은 문제文帝는 어린 시절 아버지로부터 왕실의 영재라고 칭찬받았을 만큼 영민하고 도량이 넓었다. 또한 불법을 존중하여 여러 경전의 참문을 지었는데, 그 중에 『법화경참문法華經懺文』이 현존한다. 그러나 그는 아깝게도 일찍 세상을 떠난다.

그 다음의 선제宣帝도 역시 불교 이해가 깊었다. 그는 이후 수나라 때 활약한 고승 천태지의天台智顗 선사가 그 당시 천태산天台山으로 들어가고자 하는 것을 만류하는 등 불교와의 인연이 깊은 인물이다. 선제는 천태지의에게 "건강建康(당시 수도)에 출가자는 많지만 정혜定慧를 겸비한 자가 극히 드문 이때, 스님을 마음의 의지처로 삼고자 하는데 어찌 산으로 숨으려 하는가"라며 만류한다. 그럼에도 불구하고 천태지의는 입산해 버린다.

진나라는 이렇듯 5대 33년이라는 짧은 존속 기간 동안 양나라에서 이룩한 문화를 답습하는 한편, 창조보다는 파괴된 것을 수습·복원하는 데에 그친 감이 있다. 이러한 진나라에서 불우한 일생을 보낸 한 역경승이 있다. 운명론자가 아니더라도 시대를 탓하지 않을 수 없는 인물이다. 그가 만약 10년만 일찍 중국에 왔더라도 중국의 역경사譯經史가 바뀌었을 거라는 학자도 있다. 그는 바로 중국 4대 역경가의 한 사람이자 중국불교에 유식 사상을 처음으로 전해 준 진제眞諦 삼장이다.

진제의 원래 이름은 'Kulanatha(아라야타拘羅那陀)'로 친의親依라고 번역한다. 그러나 『속고승전續高僧傳』64에는 구나라타拘那羅陀로 잘못되어 있다. 그의 별명은 'Paramartha(파라말타波羅末陀)'로 진제眞諦로 번역되는데, 보통은 이것을 사용하고 있다. 진제는 서인도의 바라문 출신으로 출가하여 여러 나라를 다니며 공부하다가 부남국扶南國에 이른다. 때마침 양무제가 부남국에 고승의 초청을 의뢰한 때였으므로 그가 발탁되어 546년 광동廣東에 도착한다. 그는 2년 후 548년에 도읍지인 건강建康으로 가게 되어 크나큰 기대 속에서 양무제와 만나게 된다. 두 사람이 의기투합하여 대대적인 역경 사업에 착수하려던 그해 10월, 후경의 난에 의해 양무제가 유폐되는 사건이 일어난다. 진제는 할 수 없이 역경을 포기하고 부춘富春으로 간다. 3년 정도 거기서 지내다가 반란으로 정권을 잡은 후경의 청에 의해 다시 건강으로 되돌아왔지만(552), 이번에는 후경이 살해되고 만다. 그는 또다시 유랑 생활을 전전하면서 가는 곳마다 한두 권씩 역경을 한다. 결국 귀국할 것을 결심하고 처음 왔던 광동으로 가려 했지만 이마저도 뜻대로 되지 않아, 제자들의 간청과 여의치 않은 교통편 때문에 귀국을 단념한다. 그리고 이곳에서 『유식론唯識論』과 『섭대승론攝大乘論』을 역출한다. 그 당시 그가 역출한 『섭대승론』의 강의를 듣기 위해 건강에서 많은 사람들이 광주廣州로 몰려왔다.

568년 진제 삼장은 돌연 자살을 기도했으나 실패에 그친다. 그의 제자들과 뜻있는 사람들은 그에게 건강으로 갈 것을 권했지만, 건강에 있

---

64) 『속고승전』 1(대정장 50), p.429하.

던 학자나 학승들이 진제가 오는 것을 꺼려하여 반대한다. 기득권 세력들이 진제의 명성과 학식을 시기하는 마음에 진나라 문제文帝에게 모함한 것이다. 진제의 교학은 유식무진唯識無塵을 설하는 것이므로 정도正道에 위배되고, 중관中觀 사상에도 어긋나므로 멀리하는 게 좋다고 진언을 올린 것이다. 이 때문에 진제는 결국 건강으로 가지 못하게 된다. 이는 유식의 가르침이 진나라가 끝날 때까지 빛을 보지 못하게 된 이유이기도 하다.

그런데 그의 사후 강북, 즉 북주北周의 담천曇遷에 의해『섭대승론』이 널리 유포되어 섭론종攝論宗이라는 종파가 형성됨으로써 그는 뜻하지 않게 종조宗祖가 된다. 그러나 어쩌면 이러한 결과는 이미 예견되어 있었는지도 모른다. 진제에게 그의 애제자 혜개慧愷가 유식 교학이 이대로 빛을 보지 못하고 매몰되느냐고 안타까이 물었다. 이에 진제는 "머지않아 이 가르침이 북쪽에서 성하게 될 것"이라고 예언한 바 있다. 비록 진제의 그 예언은 실현되었으나, 자신이 전개한 학설이 그토록 성행하여 학파로까지 대성하는 것을 보지 못하고 입적한 것은 아쉬운 일이다. 그후 강북에서 열린 담천의『섭대승론』강석에는 그 당시 지론학파地論學派의 최고 학자이자 담천보다 스무 살이나 연장자인 정영사淨影寺 혜원慧遠이 참석하여 경탄해 마지않았다고 한다.

진제 삼장이 가져온 범본梵本을 전부 역출한다면 2만여 권이나 된다고 한다. 진제의 역경은『출삼장기집』에 의하면 총 121권이며,『고승전』에 의하면 총 278권이라 한다. 그러나 현존하는 것은 겨우 29부 80여 권뿐이다. 그의 사후에 잠시 빛을 본『섭대승론』은 100년 뒤 현장玄奘의 유식 경론이 번역되자, 구역舊譯이 되어 다시 역사의 뒤안길로 밀려나게 된다. 근래에는 무착·세친의 유식 계통이 인도에서 어느 정도 변화된 후의 것이라는 관점이 지배적이다. 그러므로 다시 진제 번역의 『섭대승론』
을 재조명하려는 기운이 일고 있는 것은 다행이라면 다행이다.

진제의 번역 가운데 주목해야 할 것이 한 가지 더 있는데, 바로 『대
승기신론大乘起信論』이다. 진제 번역의 『대승기신론』[65]은 6세기 후반에
출현한다. 출현이라는 말을 사용한 것은 이것이 정말 번역서인지, 아
니면 중국에서 찬술된 것인지 아직까지도 결론 나지 않은 채 남아 있기
때문이다. 현재 학계에서는, 몇 가지 인도 전래의 문헌을 바탕으로 중
국에서 첨가한 부분도 있을 것이라는 절충안도 나오고 있는 상태이다.

지금까지 남조 불교 가운데 진나라 불교를 살펴보았다. 진나라 무제
는 자신의 왕위 찬탈을 정당화하기 위해 불아 신앙으로써 민심을 얻고
자 하였다. 그러므로 무차대회를 행하는 등 불교에 호의적이었다. 그러
나 짧은 존속 기간으로 인해 창조보다는 양나라 문화의 답습에 그친 점
이 있다. 바로 그 진나라에 인도에서 유식 불교를 처음으로 중국에 전한
4대 역경가 중 한 사람인 진제가 도래한다. 진제는 인도 불교 사상 양대
산맥의 하나인 유식 계통의 논서를 번역하는 매우 큰 업적을 남겼다.

지금까지 살펴본 남조 불교의 요점을 정리해 보기로 한다. 남조에서
는 원래 교양 있는 귀족사회에서 불교가 발전하였기 때문에 불교 교리
가 교학적으로 발달한다. 그것은 사대부들의 정신생활을 상징하는 유
교적 소양에 불교 교리가 동화되었기 때문이다. 따라서 불교의 실천적
인 면은 부족하게 된다. 이러한 면을 보완한 불교가 같은 시대 북조北朝
에서 펼쳐진 북위北魏 불교라고 할 수 있다. 비록 이민족이 지배한 불

---

65) 『대승기신론』(대정장 32), p.575상.

교이긴 하지만 북위 불교는 중국불교사에 불교 문화적으로 많은 치적을 남기고 있다.

2) 북조의 불교

(1) 북위의 불교

5호 16국의 이민족 출신 왕들이 외래 종교라는 구분 없이 불교를 받아들였던 것처럼, 북조의 황제들도 불교에 적극적으로 귀의한다. 더욱이 이 시기의 불교는 황제의 의사에 따라 국교가 되어 절대적인 지지를 받기도 하지만, 한편으로 철저하게 탄압을 받기도 했다. 중국불교사에서 네 번 일어나는 대법난, 즉 삼무일종三武一宗이라 불리는 폐불 사건 가운데 두 번이 바로 북조 불교에서 일어난다. 이것은 전제 군주 정치에서만 일어날 수 있는 종교적 핍박이라고 할 수 있다.

한편, 북조 불교에서는 찬란한 불교 문화의 형성이라는 아주 대조되는 양면이 펼쳐진다. 이렇게 과도기적인 시기에는 자연히 교리적인 불교보다 신앙적이고 실천적인 면이 강조되는 불교로 발전하게 된다.

북위北魏를 건립한 태조太祖(도무제道武帝)가 정복한 지역에는 이전에 불도징과 그 제자들이 포교 활동을 하던 곳도 포함되어 있다. 자신의 군대에게 불교 사원의 파괴와 약탈을 금지한 것으로 보아 도무제는 이미 불교를 알고 있었던 듯하다. 그는 불도징의 제자인 승랑僧朗을 자신의 고문으로 청할 정도였다. 그뿐만 아니라 도무제는 승려 법과法果를 도인통道人統으로 임명하여 승단을 관리하도록 한다. 그런데 승려가 부모나 왕에게 절을 해서는 안 된다는 관습과 정부 관료의 일원이 되는 현실적 문제가 서로 부딪친 이 모순을 해결하기 위해 법과는 새로운 주장을 하기에 이른다. 즉 황제는 '인간화된 여래'이기 때문에 태조에게 예배하는 것은 세속의 지배자에게 예배하는 것이 아니라 인간화된 여래에게 예배하는 것이라는 주장이다. 다시 말해 이민족 지배하에 있는 북조의 승려들은 남조의 승려들과 똑같은 독립적인 위상을 향유할 수 없었다. 그것은 정복당한 한족으로서 지배자의 힘에 의존하지 않을 수 없었던 현실에서 어쩔 수 없는 선택이었을 것이다. 이후 두 번째로 제위에 오른 명원제明元帝 역시 불교에 귀의한다. 그런데 세 번째 황제 태무제太武帝가 즉위한 시점의 남조는 태평성대의 대명사 '원가元嘉의 치세'가 막 시작된 문제文帝 재위 시기였다. 그리고 북방에는 이때까지 북량北涼이 있었다. 따라서 태무제는 북위의 영토를 확장하는 일, 즉 강북의 통일과 국내의 의견을 달리하는 파벌들을 정복하는 것을 사명으로 삼았다. 이러한 태무제에게 두 사람이 접근한다. 한 사람은 재상 최호崔浩였고, 또 한 사람은 도교의 도사 구겸지寇謙之였다. 이 두 사람의 결탁으로 첫 번째 법난이 일어나게 된다.

최호는 한족으로서 대대로 강북의 명문 세도가 집안 출신이다. 아버지 때부터 관리로서 도무제와 명원제를 모셨다. 최호는 정치학뿐만 아니라 유학에 통달하였으며, 천문학과 점성술의 대가였다. 점성술에 대한 연구로 예언도 하였는데, 이것이 그가 왕의 신임을 크게 받는 역할을 한다. 정적들에 의해 관직에서 물러나 좌절의 아픔을 겪고 있을 때, 그는 고향으로 돌아와 도교에서 위안을 찾는다. 그때 도사 구겸지를 만나게 된 것이다.

구겸지는 옛 천사도天師道의 결함을 보완한 새로운 신도교를 건설하여 신천사도新天師道를 창시한 인물이다. 그는 도교가 지배하는 신성한 나라를 이 지상에 건설하고자 하는 열망을 품고 있던 도사였다. 반면에 최호는 한민족이 이민족의 지배를 받는다는 사실을 도저히 용납할 수 없었던 사람이다. 그는 오직 유교 국가를 수립하는 것만이 오랑캐가 지배하는 국가를 중국화할 수 있는 유일한 방법이라고 생각했다. 이처럼 목적을 달리하는 두 사람의 인연이 맺어진 것이다. 최호가 뛰어난 문장을 보내 태무제에게 구겸지를 천거하고, 이로 인해 구겸지가 먼저 관리에 임명되었으며, 이어 최호도 승상으로서 태무제의 고문 역할을 맡게 된다.

최호가 정치적으로 성공하는 동안, 구겸지 역시 태무제를 설득하여 도교를 국교로 선포하도록 만드는 데에 성공한다. 따라서 이들에게 불교는 점차 탄압의 대상으로 굳어져 간다. 마침 그 시기에 개오蓋吳의 반란이 일어나고, 태무제는 직접 반란군을 진압하기 위해 수도인 대동大同에서 직접 장안으로 내려간다. 그러나 개오는 이미 강북으로 달아난 뒤였다. 태무제는 무척 화가 났다. 태무제가 장안에 머물던 어느 날, 때마침 태무제의 말을 관리하던 부관이 쉬는 사이에 말이 밀밭으로 달아났다. 부관이 말을 쫓다가 가까이 있던 사찰에서 대접을 받게 된다. 그리고 돌아오는 길에 우연히 사찰 창고에서 무기 및 양조 기구 등을 발견하고, 이를 태무제에게 ·알린다. 목적을 이루지 못해 심기가 불편했던 태무제는 사찰이 반란군과 내통하고 있다고 의심을 하게 된다. 이 기회를 놓칠세라 최호는 불교의 백해무익을 주장한다. 불교에서 말하는 평등성이란 황제와 서민이 같다는 말인데 그게 말이 되느냐고 하면서 세금 면제에 대해서도 문제를 삼는다.

446년, 태무제는 급기야 장안의 모든 탑과 불상을 파괴하고 경전을 불태우고, 사문들은 늙거나 젊거나 상관없이 모두 구덩이를 파고 묻으라는 폐불령을 반포한다. 더불어 수도 대동에 있는 태자 황晃에게도 폐불령을 시행하도록 한다. 그 당시 태무제가 내린 폐불령은 너무 가혹하여 도사 구겸지까지도 반대할 정도였다고 한다.[66]

그 후 국사 편찬 총감독을 맡게 된 최호는 국사 기록에서 탁발족이었던 유명한 장군의 공적에 대한 낮은 평가와 선대왕을 멸시하는 듯한 문장으로 인해 결국 일족이 주살당하게 된다. 폐불의 주역이던 구겸지·최호·태무제가 차례로 죽고, 452년 10월에 태무제의 손자인 문성제文成帝가 즉위하여 12월에 불교 부흥의 조칙을 내림으로써 폐불은 끝난다.

이제까지 북위 불교를 살펴보았다. 북위 불교는 불법과 왕법의 일치를 표방했다는 점에서는 남조 불교와 매우 다른 모습이었다. 그것은 정복당한 한족으로서 독립적인 위상을 주장하기보다 지배자의 힘에 의지할 수밖에 없었던 입장 때문이었음을 이해해야 할 것이다. 또한, 2천 년 중국불교사에 일어난 네 번의 법난 가운데 북위의 태무제가 그 첫 번째 폐불을 단행하였듯이 불교는 탄압도 받았지만, 폐불 단행의 주역이던 세 사람이 죽자 반대로 절대적인 지원 속에서 불교 문화가 꽃피기도 하는 등 오히려 전혀 예기치 못한 방향으로 급속하게 발전하게 된다. 다음에서는 폐불 이후에 전개된 불교 부흥의 상황을 살펴보기로 한다.

태무제의 폐불을 반대하던 태자는 아버지보다 먼저 죽었고, 손자가 태무제의 뒤를 이어 제위에 오르게 된다. 그가 바로 즉위하자마자 불교 부흥의 조칙을 내린 문성제文成帝이다. 문성제는 불교 부흥의 구체적인 시책으로 많은 사람이 있는 곳에 각각 사찰 건립을 허락했고, 건축 비용에도 제한을 두지 않았다. 또한 사문의 출가는 연령에 관계없이 할

---

66) 鎌田茂雄(1984), 『中國佛敎』 3 「南北朝の佛敎」, 東京大學出版會, p.134.

수 있게 하고, 양가良家 출신들도 마음대로 출가할 수 있게 한다. 큰 주州는 50명, 작은 주는 40명, 변경 지방은 10명의 승려로 각각 정하여 그 주나 지역에서 포교하고 불교를 선양하도록 배려하였다. 그 소식을 듣자 세상 사람들은 파괴되었던 사찰을 보수했고, 그동안 감추어졌던 불상과 경전들도 다시 빛을 볼 수 있게 되었다.

한편, 장안의 왕실에서는 폐불 단행으로 산속에 숨었던 수행승들을 청하였으나 응하는 이가 없었다. 그때 한산寒山에 덕행이 뛰어난 고승이 있다는 소리를 듣고 왕족의 한 사람인 영창왕이 사람을 보내어 모셔 오게 한다. 그러나 고승 승주僧周는 노환으로 인해 산을 내려갈 수 없었고, 다른 승려들은 폐불의 공포를 체험했던 터라 아무도 가려 하지 않았다고 한다. 그런데 "불법의 운명이 우리 손에 있다. 지금이 바로 그때다. 만일 살해된다면 내가 살해당하고, 만일 안전하다면 불법이 다시 흥할 시기가 온 것이다"라고 하며 자청한 승려가 있었다. 그가 바로 승량僧亮이다. 각오를 단단히 한 그는 장안으로 간다. 영창왕과 사람들은 승량이 장안에 도착하기 전에 거리를 청소하고 온 왕실이 기쁘게 맞이하였다. 이에 승량이 온화하고 간절한 태도로 인과의 가르침을 설하자 모인 사람들이 눈물을 흘리며 환희하였다고 한다.

이러한 내용을 통해 추측할 수 있는 점은 두 가지이다. 하나는 폐불의 고통을 경험한 사문들에게 불교 부흥 조칙은 쉽게 수긍할 수 없을 정도의 정책이었다는 점이고, 또 하나는 참혹한 경험을 한 만큼 인과응보의 가르침이 사람들의 가슴속에 깊이 심어져 오히려 불교 부흥을 급속히 진행시킬 수 있는 계기가 되었다는 점이다.

불교 교단이 새롭게 부흥함에 따라 사찰은 지방 교화의 중심이 된다. 하지만 어디까지나 북위 왕실에서 통제하는 관립官立 사원寺院이었다.

따라서 국가 통제하에 있는 불교 교단을 통솔하기 위해서는 사문을 통솔하는 사람이 필요했다. 그래서 설치한 것이 바로 도인통道人統이다. 도인, 즉 사문을 통솔하는 종교 장관에 해당하는 사람을 사문통沙門統이라 한다. 『위서魏書』「석노지釋老誌」에 의하면,[67] 도인통의 초대 장관이 된 사람은 계빈국의 사문인 사현師賢이라는 승려이다. 그는 폐불이 단행되었을 때 강제로 환속당하여 잠시 의사로 살았으나, 불도佛道에 어긋난 일을 행한 적이 없었다고 한다. 이후 불교 부흥 조칙이 선포되자 그는 곧바로 승려의 신분으로 돌아왔다. 사현은 유사有司에게 명하여 문성제文成帝의 신장과 똑같은 석상을 조성하게 한다. 마침내 석불상石佛像이 완성되는데, 불상의 얼굴 위와 발 아래에 검은색 돌이 하나씩 끼어 있었다. 그런데 실제로 문성제의 신체 부위에도 똑같은 위치에 검은 점이 있었다고 한다. 전혀 알지도 못하는 상태에서 조성한 석불상에도 문성제와 똑같은 점이 있었던 것이다. 그것은 불교 부흥의 조칙을 내린 문성제의 정성이 불타에 감응한 것이라는 뜻이다.

사실 여기서 주목해야 할 것은 따로 있다. 사문 사현의 태도와 북위의 초대 도인통 법과法果의 태도를 서로 관련지어 이해할 필요가 있다. 법과는 도무제道武帝를 현세의 여래라고 했는데, 여기서 우리는 그때의 그 발상이 그대로 계승되고 있음을 알 수 있다.

사현이 입적하고 담요曇曜가 불교 부흥 후 제2대 사문통이 된다. 그는 북위 불교의 발전에 큰 공헌을 한 승려로서, 불교 교단의 경제 발전을 위한 기초도 확립한다. 『위서』[68]에 의하면, 담요는 어릴 때 출가하여 계율을 철저히 지켰으며, 인품이 조용하여 공종恭宗(태자 황)의 신임

---

67) 『魏書』114「석노지」
68) 상동.

중국불교

을 받는다. 공종은 태무제의 폐불 단행 시에 사문으로 있는 것은 위험하다고 생각하여 담요에게 몇 번이나 환속을 권하였다. 그러나 그는 사문으로서의 삶을 사수하여 법복을 벗지 않았다. 공종은 자신의 스승 현고玄高가 살해된 경험이 있었으므로, 환속을 거부한 담요가 행여 관헌의 손에 살해될까 두려워했던 것이다. 이 점 역시 당시의 정황이 어떠했는지 짐작할 수 있게 해 주는 대목이다.

담요의 불교 부흥 사업 중 가장 화려한 업적은 운강 석굴의 조성이다. 이에 대한 구체적인 설명은 다음의 불교 문화를 설명하는 대목에서 용문 석굴과 함께 살펴볼 것이다.

불교 부흥의 조칙을 내린 문성제가 26세로 세상을 떠나고, 장남 헌문제가 12세로 즉위하나 18세에 폐위당한다. 그러므로 5세밖에 안 된 효문제가 즉위한다. 그 때문에 실권은 자연히 문성제의 황후로서 황태후가 된 풍씨馮氏와 주변 사람들 손에 있었다. 따라서 불교 부흥을 추진한 사람은 담요이지만, 이를 측면에서 지지하고 실행하도록 한 이는 문명文明 황태후이다. 문명 황태후는 문성제가 죽었을 때 불 속에 뛰어들 정도로 격정적인 성품의 소유자였다. 그의 그런 격정적 성품은 섭정에서도 그대로 드러난다. 자신의 말을 듣지 않는다고 하여 아들 헌문제를 폐위하고, 손자 효문제를 왕위에 오르게 한다. 효문제孝文帝는 황태후가 죽은 후, 수도 평성平城에서 낙양으로 천도를 강행하는 한편, 사문의 수행을 위해 안거安居 제도와 강경講經을 적극적으로 실시한다.

뒤를 이은 선무제宣武帝도 역시 불교를 좋아하여 매년 고승을 궁중으로 초청하여 강론을 개최한다. 그는 특히 『유마경』을 매우 좋아했다. 그가 불교에 심취했으므로, 당시 벼슬하던 유학자들도 불전을 보았다고 한다. 선무제가 33세로 승하하자 황후 호씨胡氏는 영태후靈太后가 된다. 그녀는 지상에서 불국토를 건설하고자 힘을 기울인다. 바로 영녕사永寧寺가 그것이다.

마침내 찬란한 낙양 불교 역시 붕괴의 조짐이 드러나기 시작할 무렵, 이곳저곳에서 반란이 일어났고 영태후도 죽음을 맞이한다. 북위 불교에서 주목되는 것은 불교 사문들의 봉기와 반란이다. 북위의 첫 수도는 평성이었는데, 이때 이미 네 차례나 불교 사문의 반란이 있었다. 그 시기 불교 사탑의 건립에는 거대한 액수의 비용과 노동력이 소요되었다. 특히 낙양 천도 이후에는 이러한 경향이 더욱 심해진다. 백성들의 삶은 토목 공사로 인해 피폐해져 백성의 부담과 고통이 날로 증가하였다. 이와 같이 쌓인 민중의 불만을 규합하여 저항 운동을 일으킨 것이 사문을 중심으로 한 불교비佛敎匪의 반란이다. 북위 말에는 200만 승려가 있었다고 한다. 물론 숫자 그대로를 믿지 않는다고 하더라도 많았다는 것은 사실이다. 이들 사문들 가운데 지배층은 얼마 되지 않았고, 장원莊園이나 노역에 종사한 이가 많았다. 그래서 여러 왕들은 승적이 없는 사문을 단속하기도 하였다. 사문의 반란은, 굶주림과 억압에 저항하여 봉기한 농민들과 일부 특권 계층 승려에게 불만을 품은 승려들이 결탁하고, 여기에 일부 몰락한 지식인들까지 합세하여 봉기한 저항 운동이었다.

이 시기 북위의 역경가로는 반야류지 삼장을 비롯하여 많이 있으나, 인도에서 온 이들 역경승에 관해서는 학파불교에서 살펴볼 것이다.

지금까지 북위의 불교 부흥 조칙 이후의 불교에 대하여 살펴보았다. 문성제文成帝의 불교 부흥 조칙이 내려지면서 불교 교단을 통솔하고 감독하는 도인통이 설치되었고, 이로써 불교는 민중 교화의 임무를 국가로부터 위촉받게 된다. 즉 새롭게 부흥한 불교가 국가 종교로서 출발한 것이다. 그 후 숭불천자들이 대거 출현하여 사탑寺塔을 건립하는 한편,

중국의 한족 문화에도 동화되고자 나름대로 개혁을 단행한다. 하지만 결국 지나친 사치스러움으로 인해 말기에는 많은 반란이 일어났음을 알 수 있었다.

한편, 이 시기에는 운강 석굴과 용문 석굴, 현세에 불국토를 재현하기 위해 건립하였다는 영녕사永寧寺 등 불교 문화가 꽃피기도 하였다. 그리고 승단의 경제적인 기초를 마련한 제도인 승지호僧祇戶와 불도호佛圖戶 등이 있었다. 그것은 북위 시대에 불법의 전파를 장려하기 위해 사문통 담요曇曜가 취한 중요 조치 가운데 하나였다. 먼저 승지호는 해마다 지방 승조에 60석의 곡물을 바쳐야 하는 의무를 지닌 일정한 숫자의 가구들로 구성된 단위였다. 승조는 이 곡물들을 저장해 두었다가 기근이 들면 가난한 사람들에게 나누어 주고 필요에 따라 곡물을 팔 권리도 있었는데, 이것은 그 수익을 불교적인 목적에 사용하는 제도이다. 그리고 불도호는 죄수들이나 노예들로 구성되었는데 그들은 사원의 토지를 경작하거나 사찰을 청소하는 것은 물론, 물을 긷고 장작을 쪼개는 등 사원의 일상적인 일을 하였다. 이는 죄수들의 노동력을 생산적인 일에 유용하게 사용하고자 한 것이다. 따라서 그들은 국가에 전혀 경제적인 부담이 되지 않았다. 그뿐만 아니라 승지호의 목적에는 농업을 향상시켜 흉년이 들었을 때의 고통을 완화시킬 수단을 제공하는 것도 있었다. 그러므로 이러한 제도는 결국 북위 불교를 발전시키는 데에도 도움이 되었다.

그러나 이들 호戶는 국가와 승단에 이익을 증진시키는 한편, 부정적인 결과도 초래하여 결국 폐지되고 만다. 그러나 분명한 것은 승지호와 불도호가 불교를 발전시키는 수단이 되었다는 사실이다. 그것은 승지호와 불도호의 구성원들이 점차 자연스럽게 오계를 지키고, 또 불법을 믿게 되었기 때문이다.

(2) 북제의 불교

북위가 멸망하여 동서로 분열되고, 다시 북제와 북주로 왕조가 바뀌는 상황에서 전개됐던 북제의 불교를 살펴보기로 한다.

북위 시대의 불교는 절대 군주인 황제에 의해 철저하게 탄압받기도 하지만, 황제나 황실의 절대적인 귀의와 지지를 받기도 한다. 그 절대적인 귀의와 지지 덕분에 찬란한 불교 문화가 꽃핀다. 이렇게 외적으로 불교 문화가 만개하여 번영을 구가하는 사이, 정치권력은 점차 쇠망의 길을 걷게 된다. 북위의 효무제孝武帝는 이름뿐인 황제였고 실제로는 고환顧歡이 정권을 장악하고 있었다. 이에 효무제는 고환의 권세를 피하여 장안長安으로 달아나 그 곳의 실권자 우문태宇文泰에게 보호를 요청한다. 하지만 우문태는 효무제를 독살하고, 효무제의 아들을 옹립한 후 국호를 서위西魏로 바꾼다. 한편 고환은 겨우 11세의 효정제孝靜帝를 앞세워 도읍을 낙양에서 업鄴으로 옮기고, 국호를 동위東魏로 바꾼다. 이것은 표면상으로는 동위와 서위의 대립이지만, 실질적으로는 고환과 우문태 두 세력의 대립이었던 것이다. 이들은 격심한 전쟁을 되풀이한다. 결국 동위는 15년 만에 멸망하고, 서위는 약 20여 년 만에 정권을 빼앗기게 된다.

동위는 효정제 일대一代로 끝나므로, 그와 불교의 인연을 살펴볼 수밖에 없다. 『북제서北齊書』 열전 제16 「두필전杜弼傳」[69]에 의하면, 효정제는 불교 교리에 통달했다고 한다. 예를 들면, 효정제가 두필이라

---

69) 『北齊書』 24 「열전」 16 「孫搴陳元康杜弼」

는 승려의 불성佛性과 법성法性에 대한 질문에 두필이 하나의 이치라고 대답한 것을 시작으로 두 사람의 문답이 계속 이어지는데, 상당한 수준의 교리를 터득하지 않고서는 이해할 수 없는 내용이었다고 한다. 또한 효정제는 당시의 고승들과도 폭넓은 친분을 맺었으며, 그들의 강설을 청강하기도 했다. 특히 광통光統 율사律師 혜광慧光은 사분율종四分律宗의 개조開祖로서 사문통을 지내기도 한다. 일찍이 북벌의 군비를 조달하기 위한 명분으로 사문에게도 세금을 부과하였을 때, 이에 반대하는 자는 참수하라는 포고문을 내렸다. 그런데 승관직僧官職에 있던 혜광의 단호한 반대로 결국 그 제도가 중지되었다고 한다. 그에 대해서는 지론학파의 남도파 부분에서 다시 언급하기로 한다. 이 혜광 문하에서 법상法上과 도장道長이 배출되었다.

법상法上은 북제의 불교 교단을 통제하는 최고의 위치에 오른 승려이다. 9세에 『열반경』을 보고 12세에 출가하여 성사미聖沙彌라고 불렸다. 구족계를 받은 후 많은 대승 경론에 대한 주석서를 썼다. 그는 그 당시 '업鄴의 모든 명성은 도량사의 법상에게로'라는 말이 나올 정도로 칭송받는다.

그런데 이 시기에 납세와 징용을 피하기 위해 임시로 사문이 되는 사례가 급격히 늘어나면서 폐해도 극에 달하게 된다. 양현지楊衒之가 찬술한 『낙양가람기』는 이 시대의 모습을 잘 나타내 주고 있는데, 일찍이 매우 영화로웠던 낙양의 모습과, 그것이 그림자도 없이 황폐해지는 상황을 있는 그대로 자세히 묘사하고 있다. 더욱이 여기에는 사원의 기록뿐만 아니라 당시 낙양의 정치·경제·사회 그리고 전란의 상황까지 생생하게 묘사되어 있어서 그 가치가 더욱 높이 평가된다.

동위의 효정제로부터 정권을 이양받은 북제北齊의 문선제文宣帝는 무술에 뛰어났던 천자이지만 폭력과 음란을 일삼았던 폭군이기도 하다. 그나마 다행스러운 것은 만년에 불교를 신앙하고 불살생계不殺生戒를 지키며 선관禪觀을 닦은 일이다. 문선제의 여러 가지 치적 가운데 불교적인 요소만 살펴보기로 한다.

『변정론』70)에 의하면, 북제의 문선제 재위 기간에 "10년 동안 불법이 크게 융성하였다"고 한다. 실제로 이 시기에 낙양에서 꽃핀 불교가 북제의 수도인 업鄴으로 들어오게 된다. 많은 사탑寺塔을 세우고, 모든 주州에 사문이 넘친다고 할 정도로 불교가 융성한다. 사원이 4만여 개, 승려 수가 3백만 명이었다. 수도 업에만 대찰이 4천 개, 승려 8만, 강석講席이 200여 회였는데, 거기에 모여 불학을 청강하는 사람이 평균 1만 명 이상이었다고 한다. 이렇게 되기까지는 문선제의 도움이 컸다.

승조僧稠의 법력에 귀의한 문선제는 국고를 삼등분하여 그 하나를 삼보에 사용하도록 하는 등 불사에 힘쓴다. 또한 문선제는 대장엄사大莊嚴寺를 비롯하여 많은 사찰을 건립하였는데, 특히 용산龍山의 남서쪽에 운문사를 지을 때는 경비 일체를 부담하기도 한다. 궁중의 재화를 쏟아 부었다고 비난받을 정도의 규모였던 이 사찰은 선관禪觀을 닦는 대선원大禪院이었다.

어느 날 문선제가 가신家臣을 거느리고 운문사에 행차하였는데, 마침 입선入禪 시간이었던 승조는 좌선하느라 왕을 맞이하지 못했다. 이를 걱정한 제자들이 황제의 왕림을 알렸지만 미동도 하지 않았다. 선무제는 할 수 없이 그냥 법당에서 참배를 올리고 궁으로 돌아갔다고 한다. 이 일화는 문선제가 얼마나 깊이 승조에게 귀의하고 있었는지를 가

---

70) 『변정론』 3(대정장 52), p.570하.

능하게 해 준다. 이를 양무제梁武帝와 비교해 보면, 양무제는 법회와 강학, 그리고 사신捨身에 힘쓴 반면, 문선제는 선승禪僧을 존경하고 선관禪觀을 장려했다는 점에서 남북조 시대 불교의 상이점을 분명하게 알 수 있다. 또한 문선제는 강남의 양무제처럼 불교의 자비 정신을 살피기 위해 육식을 금하도록 하고, 매달 하루씩 날짜를 정하여 사냥을 하도록 한다. 그 자비심이 곤충이나 초목에까지 미쳐서, 1년 중 11월에 한해서만 들을 불태우도록 허락하였다.

이 시대에 주목할 책은 『위서魏書』이다. 이것은 북제北齊의 사관史官인 위수魏收가 편찬한 것으로, 모두 10지志로 구성되어 있다. 그 가운데 하나가 바로 「석노지釋老志」[71]이다. 이는 북위로부터 동위까지의 제왕과 정치를 중심으로 한 석釋(불교)·노老(도교) 2교二教의 역사를 서술한 것이다. 그런데 특이하게도 도교는 간략한 서술에 그친 반면, 불교는 그 분량이 도교의 세 배나 된다. 인도에서 불교가 중국으로 전래되기까지의 불교사를 상세히 서술한 것이다. 이것을 본다면 위수가 비록 사관이었다고는 하나 불교에 더 호의적이었던 듯하다.

「석노지」는 특히 북위에서의 불교 전파와 구겸지의 신천사도新天師道의 성립 과정을 서술하고 있다. 그 외에도 세속 지주地主와 사원寺院 지주들의 모순, 사원에 소속된 노예와 인구에 따라 부과한 지세의 잔혹한 착취, 고리대금高利貸金의 횡포 등을 망라하고 있다. 따라서 사원 경제의 중요한 자료일 뿐만 아니라, 봉건사회에서의 착취 제도를 이해하는 데에도 도움이 되는 자료이다.

북제의 무성제武成帝 역시 즉위한 이듬해에 도살을 금지하는 조칙을

71) 『魏書』 114 「석노지」

내리는 등 불교에 관심과 의욕을 보인다. 그러나 곧 세상을 떠나고, 후주後主가 즉위했을 때는 이미 북제의 국력이 매우 쇠락한 상태였다. 그런데도 후주는 서산西山에 대불상大佛像을 세우고, 사찰을 건립한다는 명목으로 온갖 사치와 횡포를 일삼았다. 그때 강남의 진陳이 침략해 오고, 같은 북쪽에 있던 북주北周까지 공격해 오게 된다. 후주는 태자와 함께 도망치다 살해당함으로써 28년 이어 온 북제北齊가 멸망한다.

(3) 북주의 불교

북주는 북조北朝에서 두 번째 법난이 일어나는 시대이다. 그러나 북주의 폐불은 북위의 태무제가 일으킨 법난과는 그 성격에 있어 다소 차이가 있다고 할 수 있다.

앞에서도 설명했다시피 북위의 마지막 왕 효무제는 고환이 휘두르는 권세를 피하여 장안長安으로 달아나 실권자 우문태宇文泰에게 보호를 요청했다. 그러나 우문태는 그를 죽이고 꼭두각시 왕을 옹립한 후, 서위西魏를 건국한다. 우문태는 국가 통치의 근본을 유학으로 하고 『주례周禮』에 의한 정치 제도를 확립하려 하였다. 그 때문에 표면적으로는 유교 국가처럼 보이지만 실제로는 자신의 권력을 더욱 공고히 하려는 데 그 목적이 있었다. 같은 맥락에서 볼 때 그의 불교 수용 또한 의심해 볼 여지가 있다. 다시 말해서 유교에 입각한 관료 체제 속에서 불교를 포괄하려는 의도가 있었던 게 아니었을까 하는 것이다.

실권자였던 우문태가 세상을 떠나고 우여곡절 끝에 건국된 나라가 북주北周이다. 북주를 건국한 실질적인 권력자는 우문호로서 우문태의 조카이다. 우문호는 우문태의 셋째 아들을 왕위에 오르게 하나 곧 폐위시킨다. 그 다음 첫째 아들을 옹립시켰으나 그 또한 독살해 버리고, 넷째 아들을 즉위시킨다. 그가 바로 18세로 북주의 왕이 된 무제武帝이다. 물론 실권은 여전히 우문호가 쥐고 있었으므로 무제는 말 그대로 이름뿐인 왕이었다.

우문호는 우문태와는 달리 불교 부흥의 외호자 역할도 하여, 회동사會同寺를 비롯하여 많은 사찰을 건립한다. 역경 사업 또한 우문호 시대에 가장 융성하였다. 사나야사와 사나굴다 등의 역경승이 도래하여 『대승동성경大乘同性經』・『보적경寶積經』 등 15부 51권의 경전이 번역된다. 우문호의 봉불奉佛 행위는 그의 어머니에 기인한다. 어머니는 30년 간 동위東魏와 북제北齊에 인질로 가 있었다. 564년에 귀국하였으나 3년 뒤에 죽는다. 우문호가 불사佛事를 집중적으로 행한 시기가 바로 이때이다. 이것은 그 당시에도 부모를 위해 불사를 행하는 풍습이 성행했음을 짐작하게 해 준다.

이와 같이 우문호가 만년에 불교에 심취해 있을 때, 무제는 우문호에게 정치・군사 일체를 맡기고 자신은 학문에만 열중한다. 18세의 어린 나이로 즉위한 무제는 성격이 침착하고 과묵하였을 뿐만 아니라, 뛰어난 식견을 가지고 있었다고 한다. 우문호에게 피살된 형 명제明帝는 무제에게 자주 "너는 말수가 적지만 한번 말하면 반드시 적중하는구나"라며 감탄했다고 한다. 이와 같은 무제의 침착함과 선견지명은 폐불을 단행하는 과정에서도 드러난다.

무제는 당시 최고 유학자인 심중沈重에게서 유학을 배운다. 그가 심중에게서 유학의 예기禮記 등을 공부하던 시기는 마치 능력 있는 '매가 발톱을 감추듯이' 때를 기다리던 시절이었다. 이윽고 30세가 된 무제는 우문호와 그 일족을 모두 숙청하고 명실공히 북주의 황제로서 군림하게 된다. 또한 그동안의 염원이었던 북제를 정벌함은 물론 북방 전체를 통일하고자 모든 건축 공사를 중지시킨다. 물론 자신도 검소한 생활을 한다. 게다가 남자는 15세, 여자는 14세가 되면 결혼을 시켜 인구 증가에도 노력을 기울인다.

그런데 무제武帝 자신의 이상, 즉 부국강병의 군사 국가를 이룩하려는 입장에서 보면, 황제의 황실에 비해 사찰이 지나치게 화려했다. 무제의 입장에서는 사원이 차지하고 있는 막대한 토지와 노비, 그리고 인구 증가에도 기여하지 않는 승려의 독신 생활은 불필요한 인적·물적 자원 낭비였다. 그래서 무제는 이 모든 것들을 활용하여 국력을 증대시키고 민생을 돌보고자 그 방법을 강구하게 되고, 그것은 도불道佛 2교의 폐교로 이어진다. 폐불 제의자는 환속승 위원숭衛元嵩과 도사道士 장빈張賓이었다. 위원숭은 불교계의 승관僧官이 되고자 하였으나 뜻을 이루지 못하자 속퇴하였고, 그 보복으로 불교 교단의 파멸을 책략한 사람이다. 이들 둘이 결탁하여 무제에게 끊임없이 불교 교단 정비를 위한 상소문을 올린다. 이에 무제는 569년 제1회 담론을 시작으로 총 8차례에 걸쳐 3교담론三敎談論을 시행한다. 이 과정에서 견란甄鸞이 『소도론笑道論』을, 도안道安이 『이교론二敎論』을 지어 도교를 비판한다. 그리고 일곱 번째 담론에서는 왕실의 입궐 순서를 유선儒先, 도차道次, 불후佛後로 명한다.

무제도 처음에는 불교나 도교를 폐지하는 것까지 생각하지는 않았던 듯하다. 그러다 위원숭의 불교를 배격하는 상소와 견란의 『소도론』이나 도안의 『이교론』이 한창일 때에 폐불廢佛 존도存道로 기울게 된다. 이어 장빈과 지현智炫의 논쟁 이후 불·도 금단의 명령이 내려진다. 무제는 북제를 멸망시킨 후, 다시 한 번 폐불 조직을 명했다. 폐불의 폭풍은 선정 원년(578) 6월, 무제의 서거와 함께 멈춘다. 이어 선제(재위 578

~579)가 즉위하여 불교 부흥의 칙령이 발표된다. 무제의 폐불 의도는 어디까지나 국가적 종교 통제에 있었다고 할 수 있다. 동위와 서위가 멸망하고 건국된 북제北齊와 북주北周는 언제나 긴장 관계에 있었고, 그 와중에 왕이 된 북주의 무제는 북제 토벌을 필생의 사명으로 삼게 된다. 즉 부국강병의 군사 국가를 목표로 한 무제의 눈에는 불교 사원과 도교 도관이 국가 재정의 낭비로 비춰진 것이다. 따라서 무제는 그들이 소유한 토지와 노비를 활용하여 국력과 민생을 돌보고자 하였고, 불교와 도교 양쪽의 폐교를 결단한다.

무제는 북방을 통일하고, 정치 이념이 강한 유교를 중심으로 삼교를 묶어 버리면 경제 문제까지 해결할 수 있다고 믿었던 것이다. 무제의 폐불 단행은 사문의 군사화, 불상의 화폐화를 위한 치밀한 계획하에 이루어진 폐불이었던 만큼 참상도 엄청났다. 불교 탄압이 주된 목적이었지만, 명분상으로는 도불道佛 2교의 폐교령이었다.

폐불 후에 국립종교연구소격인 통도관通道觀이 설립된다. 여기에는 승려보다 도사의 수가 더 많았다고 전한다. 그러나 이것은 불교 측의 자료일 뿐, 정사正史인『주사周史』에는 보이지 않는다.

여기서 주목할 것은 폐불을 위한 담론이나 폐불을 계기로 도교 측이 도교 경전인「도경道經」의 정비에 자극을 받게 되었다는 점이다. 따라서 여러 권의 도경들이 만들어지게 된다.

무제는 577년 다시 북제北齊를 정복하고, 그곳에서 재차 폐불을 단행한다. 이때 무제는 북제의 고승들에게 불교가 국가에 무익한 점을 들어 비난하였는데, 정영사淨影寺의 혜원慧遠만이 홀로 반박했다고 전한다. 이처럼 북주 무제武帝에 의한 북제의 폐불은 말기에 퇴폐한 불교를 단절하고, 계율과 선정을 중시하는 참다운 불교로 재정비하고자 한 일면도 있다고 할 수 있다.

북조北朝에서 일어난 두 번에 걸친 폐불 사건은 불교를 탄압하고자한 것이었지만, 오히려 한층 더 신속하고 활발하게 불교를 부흥시키는결과를 초래한다. 처참한 폐불 사건을 경험한 중국불교계는 앞으로 어떠한 환란이 닥치더라도 불경만은 후세에 온전히 전하겠다고 발원하기에 이른다. 운강이나 용문과 같은 석굴을 조성하여 돌과 석벽에 경전을조각하고, 참회의 마음으로 거대한 불상을 세운 것이다. 그러나 무엇보다 당시 사람들은 폐불을 막지 못한 것에 대한 회한과 함께, 불교가현실 속에서 실천하고 체험해야하는 종교임을 깨닫게 된다. 이를 계기로 자신을 포함한 모든 사람들을 구제하는 현실적인 종교로서 불교를자각하기 시작한다. 폐불 사건은 이러한 사명을 몸소 실천하고자 하는훌륭한 고승들이 줄지어 배출되는 분기점이 되었다. 앞으로 살펴보게될 삼계교三階敎의 신행信行(540~594)도 그 중의 한 사람이다.

(4) 불교 문화

중국에서의 불교 미술은 불교 전래와 함께 시작되었다. 그것은 어쩌면 당연한 것일 수도 있다. 하지만 인도와 중국은 문화와 풍토 등 모든면에서 다르다. 불교 미술은 중국에 불교가 뿌리를 내리는 데에 적지않은 역할을 담당했다. 따라서 생경한 중국 땅에 불교가 이식되는 시점에 불교 미술이 함께 녹아들었다는 측면은 눈여겨볼 필요가 있다.

중국에 현재 남아 있는 가장 오래된 불상佛像으로는 강소성江蘇省 연운항시連雲港市 공망산孔望山의 마애상摩崖像을 비롯하여, 사천성四川省의 애묘崖墓 내의 부조상浮彫像, 사천 지역의 묘에 부장된 요전수搖錢樹나 장강長江 중하류 지역에서 출토되는 신정호神亭壺, 동경銅鏡 등에 나타난 도상圖像이 있다. 이들을 통틀어 중국 초기의 불상이라고도 한다. 현존하는 작품 가운데 중국 최초기 불상의 특징은 죽은 자를 장송葬送하는 것으로 특화特化되어 나타난다는 점이다. 물론, 이들은 예배의 대상이 아니라 장식葬飾처럼 부차적으로 부과된 것에 불과하다. 이는 신선 사상과 같은 도교적 신앙을 기반으로 수용된 전래 초기의 불교가 당시 사람들의 생사관과 밀접한 관계를 맺고 있음을 보여 주는 사례이다.

중국의 불교 미술이 화華와 융戎의 사이를 넘나들며 전개되었다는 사실을 단적으로 보여 주는 것은 여래상에 옷을 입히는 착의 형식이다. 중국식 불상 또는 불상 형식의 중국화로 통칭되는 착의 형식은 인도에는 없는 것이었다. 여래상의 착의 형식에서 특히 문제가 되는 것은 가사를 입는 방식과 그 가사 속에 입는 내의의 형태와 착용 방법이다. 가사의 착용 방식에는 인도 이후 서방식西方式 착의법이라고 하여 양 어깨를 덮는 통견通肩과 오른쪽 어깨를 드러내는 편단우견偏袒右肩이 있다. 그 두 가지 방식은 모두 가사의 말단을 왼쪽 어깨에 걸치는 형식이다. 반면, 중국식 불상이 출현하는 시점의 불상에는 가사의 말단이 왼손의 팔뚝 부분에 걸쳐 있다. 이 두 가지 방식은 큰 차이가 없어 보인다. 하지만 결과적으로는 앞가슴이 상복부까지 크게 열리게 되는데, 이것이 중요하다. 그 열린 앞가슴 탓에 가사 아래 입은 내의를 없애는 표현이 왕성하게 행해지기 때문이다. 내의의 종류나 조합에도 변형이 보이긴 하지만, 달려 있는 끈 유대紐帶를 앞가슴 아래에서 묶어 늘어뜨린 작품의 예가 많은 것이 특징이다.

이러한 중국식 불상은 현존 작품에 근거해 볼 때 5세기 후반에 갑자기 출현한다. 운강 석굴의 제16굴이나 제6굴이 그 예이다. 6세기에 들어서면 용문 석굴을 비롯한 석굴 조상뿐만 아니라 단일 개체의 석불이나 금동불 역시 거의 이 형식으로 일관될 만큼 크게 유행한다.

가사 착의법을 개량하여 일반 중국인들의 의복에 보이는 것처럼 고안한 것은 불교의 율에 위반되는 형식이다. 그런데 왜 굳이 만들어 냈는지는 알 수 없다. 그러므로 일부에서는 5세기 후반에 중국식 불상이 탄생한 경위를 삼교 교섭의 시각에서 해석하려고 시도하기도 한다. 즉 격의불교 시대가 지나면서 불교 이해도 깊어지고, 교단이 확대되어 율의 정비가 진행된다. 이에 따라 유교와 도교와의 알력도 커져 5세기 후반에 이르면 폐불이나 이하夷夏 논쟁을 야기하기에 이른다. 그때 불가 본래의 편단우견 복식 제도는 예에 어긋난다고 하여 유가로부터 비판을 받게 된다. 또한 불교를 이적夷狄의 가르침으로 몰아 공격하던 도교 역시 편단우견 복식 제도는 이복夷服이라 하여 비판한다. 이러한 상황 속에서 불교는 최소한의 위의를 지키면서, 유교·도교의 가치관과 융화·타협하려는 형태로 가사를 입었던 게 아닐까 싶다. 이는 불상의 착의 방식이 승려의 복식 제도를 반영함을 전제로 한다. 하지만 중국식 불상의 탄생은 불교가 유교·도교와의 교섭을 거쳐 독자적인 중국불교로 변용했다는 것과 확실히 그 궤적을 같이하는 것이라 할 수 있다.

불교의 회화 예술은 형식과 기능 면에서 예배나 의례의 대상이 된 본존화상本尊畵像과 당우堂宇나 석굴의 벽화처럼 종교 공간을 장식하고 의미를 부여하기도 하는 장엄으로서의 작품이 있다. 회화는 조각보다 더 취약하여 유실되기 쉬워서, 돈황의 석굴 벽화나 장경동藏經洞에서 발견된 지본紙本, 견본화絹本畵 등을 제외하면 북송 이전으로 소급하는 현존 작품은 매우 적다. 다만 화사畵史·화론畵論이나 사지寺誌 등의 사료에서 중국불교가 낳은 풍부한 회화 예술의 세계를 짐작할 수 있을 뿐이다.

흥미로운 점은, 돈황의 변상도에 그려진 그림의 내용이 경전 그 자체보다도 변문變文이나 강경문講經文이라고 불리는 이야기 글의 원전인 문사文辭 쪽에 가까운 경우가 많다는 것이다. 이들 원전은 돈황 장경동에서 발견된 돈황 문서 중에 다수 발견되는데, 난해한 경전의 요지를 운문과 산문을 섞어 쉽게 말하기 위한 대본이라 할 수 있다. 그러므로 변상도의 유례遺例보다 더 늦은 시대, 즉 당 말기에서 5대10국五代十國의 필사라고들 한다. 말하자면 변상도와 변문은 서로 영향을 주면서 불교의 대중화에 기여했을 것으로 본다는 뜻이다.

　다비 후 불사리를 각지로 운반하는 모습에 대해서는 『열반경』과 같은 경전에서는 거의 설하고 있지 않음에도 불구하고, 조형 면에서는 매력적인 도상이 적잖이 만들어지고 있다. 당대의 역대 황제를 열광시킨 법문사法門寺의 불지사리佛指舍利는 거국적인 행사로서 불사리를 운반한 사례이다. 수도 장안에서 서쪽으로 약 100km 떨어진 기주岐州(섬서성陝西省) 법문사의 탑 지하에서 30년에 한 번 불지사리를 꺼내 장안의 궁중으로 운반한다. 그리고 궁중에서 그 사리에 공양을 한 후 다시 법문사로 돌려보내는 행사로, 이는 당대唐代 동안 계속해서 반복된다. 법문사는 아육왕 탑 중의 하나가 건립된 옛터라는 전승을 지니지만, 불교 사원과 도교 도관의 정비는 서위西魏 시대의 것이라고 생각되며, 그 후 북주北周의 폐불과 수隋 말의 혼란으로 쇠퇴되었지만 당唐 초에 부흥되고, 이후 사리 신앙의 사찰로서 융성하게 된다. 황제가 관여하게 된 계기는 제3대인 고종부터이다. 아직 중앙에서 그 사리가 주목받지 않던 현경顯慶 5년(660)에 마침 불지사리를 꺼내는 30년의 한 번에 해당함을 전해 들은 고종이 시험 삼아 기도하게 했는데, 사리의 영험을 경험하고 이후에 열광적으로 신앙하게 되었던 것이다.

북조에서는 불교 부흥 조칙 이후 황제의 발원에 의해 국가 사업으로 거대 석굴이 잇달아 조성된다. 북방 선비족 탁발拓跋 왕조인 북위北魏의 운강·용문·공현鞏縣 석굴이나 북제北齊의 향당산響堂山 석굴이 그 중심에 있다. 그중에서도 유명한 운강과 용문 석굴에 대하여 살펴보기로 한다.

국가 차원의 석굴 조성 사업의 중심에는 사문통 담요가 있었다. 담요는 운강 석굴의 암벽에 불상과 보살상을 조각하고자 하는 대담한 구상을 품는다. 왕실의 입장에서 볼 때 담요의 이러한 계획은 태무제太武帝의 폐불에 대한 보상이 되었다. 그뿐만 아니라 불교에 대한 왕실의 은혜와 호의를 보여 주는 것이므로 반대할 이유도 없었다. 또한 불교도들의 입장에서 볼 때도 바위를 깎아 만든 불상들은 불법의 영원성에 대한 구체적인 상징이 될 수 있었다. 더욱이 후세의 지배자들에게 불법을 지켜야 한다는 생각을 불러일으킬 수 있으므로, 불교 부흥의 기념비적인 사업이 아닐 수 없었을 것이다. 그들은 이미 법난을 겪으며 나무와 쇠로 만든 불상들이 얼마나 쉽고 허무하게 파괴되는지를 보았다. 따라서 오직 바위에 불상을 새겨 놓아야만 영원히 보호할 수 있을 것이라고 생각했던 것이다.

운강 석굴에는 전부 53개 정도의 석굴이 있고, 5만 개의 불상이 있다. 이 가운데 16번에서 20번의 동굴이 제일 먼저 조성되었는데, 이를 담요曇曜 5굴窟이라 부른다. 담요 5굴에는 각각 최하 70척尺이나 되는 거대한 다섯 구의 불상이 있는데, 이것은 '황제는 현세의 여래'라는 사상에 기인한 것으로 북위의 다섯 선조를 상징한다. 그 다음 중요한 동굴은 5번과 6번인데, 동굴 전체에 불타의 일대기가 아주 정교하게 묘사되어 있다. 그리고 몇몇 동굴에는 작업을 지원했던 사람들의 조상기造

像記가 있는데, 이를 통해서 국가 번영·불법 전파·정토왕생 등 그들이 석굴 조성을 후원한 동기를 알 수 있다. 그러나 운강 석굴의 불상 조각은 불교 예술이 아직 인도와 중앙아시아의 영향을 벗어나지 못하던 북위 불교 초기의 상황을 잘 보여 준다.

용문 석굴은 낙양 천도 이후 북위의 선무제가 즉위하면서 조성되기 시작하여 당나라 현종 때까지 계속된다. 크고 작은 벽감壁龕이 2100개, 14만 체體의 불상, 40좌座의 석탑, 그리고 비문이 3600여 점이나 된다. 이 석굴은 북위의 멸망과 함께 잠시 위축되다가, 수·당 성립과 더불어 다시 방대한 규모로 조성되기 시작한다.

그런데 일본의 학자 중에 어느 시대에 얼마나 많은 불상이 조각되고, 어떤 불상이 가장 많이 조성되었는가를 조사한 사람이 있다. 그에 의하면, 500~530년 사이와 650~710년 사이, 즉 낙양에 도읍지를 옮기고 북위가 안정된 시기와 중국 3대 여걸의 한 사람인 측천무후가 불교에 온갖 지원을 아끼지 않던 시기에 가장 많은 불상이 조성되었다고 한다. 또 불상은 아미타불, 관세음보살, 석가모니불이 가장 인기가 높고, 그 다음이 미륵불의 순이라고 한다.

용문 석굴에서 21번의 고양동 불상은『법화경』과『유마경』에 근거한다. 그리고 3번 빈양동 석굴에는 석가모니불상에 예배하는 황제와 황후들의 모습이 새겨져 있다. 특히 빈양동의 석가모니불상은 북위 시대 양식을 그대로 전해 주며, 일본의 법륭사法隆寺 석가상과 비슷하다고 한다. 그 외에도 빈양동 석굴에는『본생담』에 나오는 수대나須大拏(수다나) 태자와『금광명경』에 근거한 마하살타 태자의 보살행에 관한 내용도 조각되어 있다.『금광명경』에 근거한 내용을 소개하면 다음과 같다.

마하살타 태자가 두 형과 함께 산에 갔다가 굶주림 때문에 자기 새끼를 삼키려고 하는 호랑이를 보게 된다. 태자는 두 형을 먼저 보낸 뒤, 호랑이가 있는 바위 위로 올라가서 아래로 몸을 던져 호랑이의 굶주림을 해결해 주었다. 마하살타 태자가 어린 새끼 호랑이의 목숨을 구했다는 뜻이다. 실제로 빈양동에는 옷을 벗고 막 뛰어내릴 준비를 하고 있는 태자의 모습이 적나라하게 표현되어 있다.

용문 석굴의 크고 작은 감실에 조각된 예불도禮佛圖나 조상명造像銘으로 볼 때 석굴은 수행과 교화의 장소이기보다는 조상造像의 공덕을 통해 망자亡者 추선追善이나 자손 번영을 기원하는 합동 제사장적 성격의 장소였다. 황실에서의 종교·정치·사회를 체현한 조형 작품이 이 정도 규모로 남겨져 있는 시대는 드물다. 더욱이 석굴을 개착한 왕조라면 더욱 그렇다고 할 것이다.

북조의 불교 문화 가운데는 석굴 외에도 낙양의 영녕사永寧寺가 유명하다. 이 사찰은 영태후靈太后가 현세에 불국토를 그대로 재현하고자 하는 소망을 담아 건립하였다. 이 사원의 내부에는 90장丈 높이의 9층 탑이 있다. 꼭대기에는 다시 10장이나 되는 푯대가 있어서 성의 100리 밖에서도 보였다고 한다. 그 아래에는 밤이슬을 받기 위한 금쟁반이 30개가 달려 있는 등 법당의 불상을 꾸미는 데에 동원한 예술적 기교는 이루 형용할 수 없을 정도다. 천여 개의 방사가 있었는데, 화재가 났을 때 타는 데만도 3개월이 걸렸다는 말에서 그 규모를 짐작할 수 있다.

『낙양가람기』의 저자는 영녕사를 찬탄해 마지 않았는데, 바로 그 당사자가 549년에 다시 갔을 때 폐허가 된 모습을 보고서, 불타가 열반하실 때 "모든 만들어진 것은 무상하니 부지런히 정진하도록 하라"고 하셨는데 낙양의 영녕사가 이를 잘 보여주고 있다고 끝맺고 있다.

한편, 용문 석굴이 조성될 무렵, 강남에서는 섬현剡縣 석성산石城山

(절강성浙江省 신창현新昌縣 대불사大佛寺)의 북쪽 절벽에 미륵대불 조상이 착공된다. 승호僧護라는 그 지방의 승려가 발원한 사업으로 남제의 건무建武 연간(494~498)의 일이다. 진신眞身인 미륵이 아니라 1/10 크기의 석불이지만, 그것을 만들어서 사람들에게 용화삼회龍華三會의 모습을 실제로 보여주려고 한 바람의 취지는 불교 미술 면에서 시사하는 바가 크다. 이는 미래세에서의 미륵 설법의 회좌를 체험하게 하려고 한 것이다. 다만 승호의 발원으로 시작된 사업은 착공부터 세월이 지나도 면상만 조성할 수 있었을 뿐이어서, 내세에 숙원을 이루는 것을 임종시에 서원하면서 입적하였다고 한다. 그 후 승숙僧淑이라는 사문이 유업을 계승하였으나 재력이 없어 역시 미완으로 끝나고, 양나라 때에 이르러서야 무제武帝의 칙명을 받은 고승 승우僧祐가 4년에 걸쳐 천감天監 15년(516)에 간신히 완성시켰다고 한다. 이것은 이후 천태산에 있던 슬원滕元의 입지에도 영향을 미쳤는데, 참배·귀의하는 자가 많아 백척금용百尺金容이라 불렸으며, 자주 중수가 반복되었다. 그 때문에 지금은 맨 처음의 불상의 용모를 거의 찾아볼 수 없다. 현재는 불상의 높이가 13.7m인 선정인禪定印을 한 좌불상座佛像이다.

석굴이나 마애 조상의 분포는 8세기를 경계로 화북에서 서남의 사천 분지로 이동하게 된다. 당唐 말부터 오대·송대에 이르면 더욱더 이 지역으로의 집중이 현저해진다. 아마 중원이 항쟁과 혼란으로 피폐해 있던 것에 비해, 사천 지역은 정치적·사회적으로 안정되어 있었기 때문일 것이다. 이 지역은 신앙 활동의 경제적 바탕이 되는 소금·차·실크 등이 풍부하여 그 경제력을 바탕으로 민간 후원자들이 민중적·대중적 성격이 짙은 석굴 미술을 전개시킬 수 있는 여건이 되었을 것이다. 특히 10개 이상의 굴감窟龕이 남아 있는 유적만 약 300개나 되는 사천 지역의 마애 석굴 가운데, 12세기 남송 시대에 조성의 전성기를 맞이한 대족大足(중경시重慶市 대족현大足縣)의 북산北山과 보정산寶頂山의 석각石刻은 그 규모와 내용 면에서 중국 석굴 미술의 최후를 장식하는 데 손색이 없다.

이상으로 불교 석굴의 조성이 시작되는 남북조 시대의 석굴에 대하여 살펴보았다.

사실 바위산을 뚫어서 불교 석굴을 조성하는 것은 인도에서 시작되었다. 그리고 불교의 이동 경로를 따라 힌두쿠시Hindukush 산맥을 넘어 중앙아시아의 천산 산맥 남쪽 산기슭, 돈황, 하서회랑을 경유해 중국 내륙에 이르렀다.

중국의 석굴에서 현재 알 수 있는 최고 오래된 기록은 감숙성甘肅省 영정현永靖縣의 병령사炳靈寺 석굴 제169굴에서 발견된 서진西秦 건홍建弘 원년(420)의 묵서명墨書銘이다. 5호 16국 시대인 5세기 전후부터 8세기 사이에 개착된 석굴이 하서, 관중, 중원, 산동을 중심으로 화북 일대에 분포하는 유적에 해당한다. 주로 돈황 동쪽 감숙성의 문수산文殊山, 맥적산麥積山, 산서성山西省의 운강雲岡, 하남성河南省의 용문龍門, 공현鞏縣, 하북성河北省의 남·북 향당산響堂山, 산동성山東省의 타산駝山, 요녕성遼寧省 의현義縣의 만불당萬佛堂 석굴 등 일일이 다 열거할 수도 없다. 또한 섬서성 북부의 연안延安 지역에는 북송 시대의 석굴이 60개 정도가 집중되어 있다. 그러나 화북을 무대로 한 석굴 조성은 당대 중엽에 이르면서 급격히 쇠퇴하고, 사천四川 분지가 석굴이나 마애상 조성의 중심지가 됨에 따라 사천 지역은 당말에서 오대·송대에 걸쳐 석굴 미술의 최고 전성기를 구가하게 된다.

한편 강남에서는 남제南齊(479~502) 때 개착한 것으로 전하는 남경南京 교외의 서하산棲霞山 천불애千佛崖가 거의 유일한 남조 석굴이다. 게

중국불교

다가 남제 또는 양대梁代 작품을 포함하는 약 500체의 조상造像은 반복해서 중수되어 원형을 가늠하기 어렵다. 그 이후는 남송의 수도인 임안臨安이 있었던 절강성 항주에 비래봉飛來峰을 비롯해 몇 개인가의 굴감실(굴감窟龕)이 발굴되어 오대부터 원대의 조각을 전한다. 이 밖에 광서廣西 장족壯族 자치구의 계림, 운남성 검주劍州 등에도 특색 있는 마애 조상이 있다.

중국의 불교 미술은 이처럼 석굴이나 마애 조상을 통해 연구되고 있다. 하지만 그것들이 지리적으로 많이 치우쳐 있는 것이 문제이다. 중국의 주된 석굴·마애 조상 유적은 하서회랑河西回廊에서 황하 중하 유역에 밀집되어 띠 모양으로 늘어서 있다. 이에 비해 장강 유역에는 사천四川 분지에 집중되어 있는 것 외에는 강남의 남경南京, 신창新昌에 겨우 표시가 있을 뿐이다. 이처럼 극명한 지역적 편중은 중국의 제1차 불교 미술 황금기라고 불리는 남북조 시대의 영향이 크다.

남조와 북조는 모두 불교에 크게 경도되어 있었다. 그럼에도 불구하고 북조가 돈황 막고굴, 운강 석굴, 용문 석굴의 3대 석굴을 비롯한 수많은 석굴 조상을 한 것에 비해, 강남의 남조에서는 거의 그 유례가 없다. 이처럼 남북조 시대의 석굴이 화북에만 집중된 것은 북조에서의 불교 신앙이 강남에 비해 더 절실하게 석굴 개착을 원했다는 의미이다.

한편, 중국의 초기 석굴은 불타를 관상觀像하는 선관 수행의 장소였다. 돈황이나 하서 지구의 초기 석굴이 개착된 5세기 전반은 대부분의 선관 경전이 번역된 시기이다. 간다라나 중앙아시아에서 일찍부터 중시되어 온 선관은 시각적 이미지와 불가분의 관계이므로 불교 미술의 추진력이 되었다. 이처럼 선수행의 실천을 중시한 북방에 비해, 남방의 기후 풍토는 다우다습多雨多濕하여 굴감窟龕에서 수행한다는 것 자

체가 무리이다. 이러한 조건 역시 북조와 남조의 불교 문화가 다른 양
상으로 전개될 수밖에 없는 한 요인이 되었다고 할 수 있다.

3) 남북조 시대의 학파불교

북위의 불교 부흥 이후 융성의 길을 걸어 온 불교의 발
전을 단숨에 차단한 북주 무제의 폐불 단행은 강북 전역에 폐해를 끼친
다. 하지만 모든 역경을 수습하고 통일한 수나라에 이르면 도리어 중국
인의 종교로서 정착하는 종파불교가 성립된다. 이 종파불교가 성립되
는 과정의 전 단계가 남북조 시대에 형성된 학파불교學派佛敎인 것이
다. 다시 말해서 남북조 시대에 경론의 번역이 마무리되면서 그 번역된
경론을 통해 연구하는 단체들, 즉 여러 학파가 형성된다. 따라서 지금
부터 남북조 시대에 다져진 학문적 성과를 여러 학파를 통하여 정리해
보기로 한다.

(1) 성실학파

성실학파成實學派의 근본 성전은『성실론成實論』72이다. 하리발마訶
梨跋摩가 지었고, 구마라집이 번역하였다. 그 내용은 고집멸도苦集滅道,
즉 사성제의 뜻을 밝히는 것을 주목적으로 하며, 일체법을 색법色法,
심법心法, 비색비심법非色非心法의 세 종류로 나누어 총 84법이 있다고
설한다.『성실론』은『구사론俱舍論』만큼 부파의 교리를 명확하게 밝히
지도 못하고, 대승 사상에도 철저하지 못하여 인도에서는 비교적 소원

---

72)『성실론』(대정장 32), p.239상.

한 편이었다. 그러나 구마라집의 역출로 인해 중국에서는 학파를 이룰 만큼 성행하게 된다.

비록 『성실론』이 불교 초학자들에게 불교 체계를 알게 하는 데는 도움이 되기도 하지만, 양나라 시대에 반야삼론般若三論이 일어나면서 소승학 취급을 받게 된다. 그 후 수나라 길장에 의해 삼론종三論宗이 성립되자 완전히 소승 경론으로 비판받기에 이르고 결국 유명무실하게 된다. 그러나 한때 성실학파에 이름을 걸치지 않은 사람이 없을 정도로 많은 학자와 고승들이 『성실론』을 연구하였다. 양나라 3대 법사의 한 사람인 승민僧旻은 『성실론의소成實論義疏』 10권을 남겼다. 그리고 『법화경』의 연구자로 알려져 있는 광택사光宅寺 법운法雲도 『성실론의소』 42권을 찬술한 성실학자였으며, 그 외에도 혜용慧勇, 도장道莊, 보연寶淵, 도빙道憑 등이 있다.

한편, 성실학자의 대부분은 비담毘曇학자이기도 하고 비담은 수론數論이라고도 하여 수론학자라 불리기도 하였는데, 특히 지념志念과 혜숭慧嵩이 뛰어났다. 그러나 현장이 『구사론』을 번역하자 이에 대한 연구가 성행하면서 구사종俱舍宗이 성립된다.

(2) 열반학파

남북조 시대에 가장 성행한 것이 열반학파涅槃學派이다. 이 시대에 번역된 『열반경』에 대하여 깊이 통찰하고, 새로운 불교 사상을 형성한 이가 도생道生이다. 그가 중국의 불교 사상사에 끼친 역할은 참으로 크다.

도생(355~434)[73]은 거록鉅鹿(하북성河北省)에서 태어났다. 속명은 위씨

73) 『고승전』 7(대정장 50), p.366중.

魏氏이고, 축법태竺法汰(319~387)의 문하로 출가하여 축도생竺道生이라 부른다. 축법태는 건강健康의 와관사瓦官寺 등에서 23년 간 활약하고 입적한다. 그는 15세 때 이미 법좌法座에 올라 당시 학승들을 놀라게 하였고, 구족계를 받은 20세 때는 명성이 자자했다고 한다. 도생은 처음에 용광사龍光寺(옛 이름은 청원사青園寺)에 머무르다가 여산廬山으로 가서 7년 간 머무르며 승가제바僧伽提婆로부터 아비담학阿毘曇學을 배운다. 그 후 구마라집이 장안에 들어오자(401) 혜예慧叡(승예僧叡), 혜엄慧嚴(363~443), 혜관慧觀 등과 함께 장안에 가서 구마라집의 가르침을 받는다.

그 후 건강으로 돌아온 도생은 법현法顯이 가져온 범본梵本을 각현覺賢과 보운寶雲(375~449) 등이 의희義熙 40년(417)부터 15년에 걸쳐 번역한 6권의 『니원경泥洹經』을 보게 된다. 그때부터 도생은 기존의 경설經說을 등지고 일천제一闡提의 성불설을 주장한다. 결국 그는 이를 반대한 건강의 불교 교단에서 추방당하게 된다. 그밖에 그는 범태范泰(355~428)와 거식踞食에 대하여 논쟁하기도 하고, 『오분율五分律』의 번역에 공헌하기도 한다.

도생의 주장에는 짚어 보아야 할 것이 있는데, 그것은 교단에서 추방당하면서까지 끈질기게 주장한 '일천제성불설'과 '돈오설'이다.

먼저 『니원경』[74]의 "일천제는 성불하지 못한다"는 경구에 대해, 그 해석이 잘못되었다고 하면서 일천제성불설을 주장한다. 대승 교리의 취지는 어떠한 부류의 사람들도 제외되는 것을 반대하는 것이므로, 일천제도 성불할 수 있어야 마땅하다는 것이 도생의 생각이었다. 따라서

---

74) 『대반니원경』(대정장 12), p.857하; 872하; 891하; 892상중; 893상중; 893중; 893하; 894상.

당시 『니원경』을 강의하던 지승智勝을 비롯한 많은 사람들이 그를 이단 시하였다. 그러나 도생은 교단에서 쫓겨나는 순간까지도 "만약 내 주장이 잘못되었다면 나는 역질(나병)에 걸릴 것이고, 진리에 어긋나지 않는다면 나는 사자좌獅子座에 앉아서 죽을 것"이라고 말하며 여산으로 들어간다. 그 후 강북江北의 담무참이 번역한 대본大本(40권) 『열반경』이 강남의 건업에 전파되자, 마침내 사람들은 도생의 식견에 감탄하게 된다. 그 내용에 일체중생실유불성一切衆生悉有佛性이 설해져 있었던 것이다. 어느 날 도생이 법문을 마치고 사자좌에서 내려오려는데, 갑자기 주장자가 아래로 떨어졌다. 사람들이 놀라 쳐다보니 그의 예언대로 사자좌에 앉아서 입적하였던 것이다. 도생은 불타의 교설대로 법에 의지하고 사람에 의지하지 않았으며, 지혜에 의지할 뿐 지식에 의지하지 않은 사람으로 평가받는다.

그는 또한 돈오성불설頓悟成佛說을 주장한 것으로도 유명하다. 돈오점오頓悟漸悟 논쟁은 중국뿐만 아니라 우리나라 불교학계에서도 한때 논쟁이 되었던 학설이다. 이를 제일 먼저 주장한 이가 바로 도생이다. 한마디로 깨달음에는 단계가 없다는 것이 돈오설이다. 다시 말해 진리는 무위無爲이고 무조無造이듯이, 불성도 또한 평등하고 담연湛然하여 상조常照이다. 불성은 상조이므로 이를 분별할 수 없다. 다만 깨달음 자체는 돈頓이지만, 가르침에 의해 수행하는 것은 점수漸修여야 한다. 점수는 깨달음이라는 목적 달성을 위한 수단인 것이다.

결론적으로 도생의 돈오설은 깨달음은 하나이므로 부분적이거나 단계적인 것은 있을 수 없다는 뜻이다. 또한 불완전한 깨달음은 있을 수 없으므로 깨달았느냐 깨닫지 못하였느냐 하는 어느 한쪽이 있을 뿐이라는 것이다.

이러한 도생의 돈오설을 지지한 사람들 가운데, 특히 이 설에 찬성하여 『변종론辯宗論』을 쓴 이가 사령운謝靈運(385~433)이다. 그는 유학자이자 시인이고 불교학자이다. 사령운은, 인도불교의 장점은 성인이 되는 것, 즉 성불할 수 있는 것을 인정하는 것이고, 단점은 그 목표를 달성함하는 것이 단계적이라는 것(점오漸悟)이다. 반면 중국 유교의 장점은 일극一極으로 돌아가는 것(단계적이지 않다)이고, 단점은 궁극을 달성하지 못하는 것이다. 여기서 사령운은 양자를 절충하여, 불교의 점오를 버리고 성불을, 유교의 태도를 버리고 일극을 이룬다. 요컨대 도생의 돈오를 채택한 것이다. 사령운은 인도인은 가르침을 받아들이기 쉽지만 이치를 깨닫는 것이 곤란하고, 역으로 중국인은 이치를 깨닫기 쉽지만 가르침을 받아들이는 것이 곤란하다고 함으로써, 종래의 불교와 유교의 장단이 발생한 배경을 설명하고 있다. 말하자면 인도인과 중국인의 성격과 자질의 차이를 강조한 것이다. 인도의 성인인 불타는 긴 수행 과정을 거쳤지만, 중국인은 현실을 중시하기 때문에 단박에 진리와 일체가 되는 가르침이어야 한다고 주장한 것이다.

반면에 이러한 도생의 돈오설을 정면으로 반대한 이가 있었는데, 여산혜원의 제자 혜관慧觀이다. 그는 점오설漸悟說을 주장하였으며, 물론 그 또한 열반학파의 중추적 인물이다.

이처럼 열반학의 제1인자인 도생은 『대승열반경』이 역출되기도 전에 『소승열반경』만 보고 일천제성불설을 주장할 정도로 『열반경』에 해박한 연구자였다. 또한 그는 돈오설, 즉 불성은 차별이 없기 때문에 나누어질 수 없다는 것을 주장하였다. 그러므로 수행은 점수여야 하지만 깨달음은 돈오여야 한다는 것이 도생의 주장이다. 이러한 도생의 돈오설을 지지하는 자가 있는가 하면 비판하는 이도 있었다. 하지만 돈오설은 이후의 중국불교계, 특히 선종에 큰 영향을 미친다. 또한 중국 화엄종의 제4조 징관의 교학에서도 그 영향을 찾아볼 수 있는 등, 오늘날까지도 관심사가 되고 있다.

(3) 지론학파

지론학파地論學派와 섭론학파攝論學派는 유식 계통의 논서인『십지경론十地經論』과『섭대승론攝大乘論』에 근거하여 성립된 학파이다. 인도의 유가행파瑜伽行派를 대표하는 무착無着의『섭대승론』과 세친世親의 논서인『십지경론』이 북위에 전해지면서 이들 논서를 지지하고 연구하는 학파가 성립된다. 그 가운데『십지경론』을 소의경전으로 하는 이들을 지론학파라 하고, 『섭대승론』을 소의경전으로 하는 이들을 섭론학파라 하는데, 이들은 모두 북조 불교를 대표하는 학파이다. 먼저 지론학파부터 살펴보기로 한다.

북위 불교의 사상적인 특징은 바로 세친의『십지경론』을 역출하는 계기로 결정되었다고 해도 과언이 아니다. 6세기 초 보리류지菩提流支와 륵나마제勒那摩提 그리고 불타선다佛陀扇多가 도래하여 제일 먼저 착수한 것이 바로『십지경론』의 번역이다.『십지경론』에는 아리야식阿梨耶識이 설해져 있으나 구체적으로는 서술되어 있지 않으므로, 이 해석을 둘러싼 여러 견해가 속출하였다. 따라서 번역 당시부터 문제가 제기되었고, 그 후 남북南北 두 파로 나누어지는 것도 여기에서 비롯되므로 번역 당시의 상황부터 살펴보기로 한다.

보리류지는 북인도 사람으로 삼장三藏에 정통하였을 뿐만 아니라 다라니에도 능숙하였다. 그는 북위 시대 때 중국으로 왔는데, 선무제宣武帝는 그를 매우 환영하여 영녕사永寧寺에 거주하도록 배려한다. 그 후

영녕사가 불에 타 버리자, 낙양에서 장안으로 갔다가 다시 동위東魏의 수도인 업鄴에 가서 20여 년 동안 역경에 종사하여, 39부 127권의 역경을 남기고 입적한다.

그런데 문제는 보리류지가 단독으로 『십지경론』을 번역한 것이 아니라, 륵나마제와 공역共譯했다는 데에 있다. 륵나마제는 중인도 사람으로 역시 508년에 낙양으로 와서 역경에 종사한다. 『역대삼보기』[75]가 전하는 바에 따르면, 보리류지와 륵나마제가 『십지경론』을 번역하다가 서로 의견이 맞지 않아 헤어져서 따로따로 번역하였다고 한다. 더욱이 『속고승전』[76]에 의하면, 보리류지와 륵나마제뿐만 아니라 북인도에서 온 불타선다까지 가세하여 세 사람이 공동으로 번역했다고 한다. 한편 당나라 법장은 이것을 혜광慧光이 합쳐 놓았다고 지적한다.

결론적으로 여러 가지 설이 있지만, 불타선다는 연대로 따져 봤을 때 해당되지 않고, 보리류지와 륵나마제가 공동 번역한 것이라 할 수 있다. 그렇게 역출된 『십지경론』에 대한 견해 차이로 남도파南道派와 북도파北道派로 갈라진다. 따라서 지론종은 그 성립 초부터 보리류지-도총道寵의 학계(북도파)와 륵나마제-혜광의 학계(남도파) 두 계통으로 나뉜다. 이 분파는 도선道宣의 『속고승전續高僧傳』이나 지의智顗의 『법화현의法華玄義』·『유마경현소維摩經玄疏』, 그리고 돈황본敦煌本 『유마경소維摩經疏』 등 여러 문헌에 전한다.

우선 북도파의 역사를 개관해 보기로 한다. 『속고승전』 「도총전」[77]에 의하면, 도총은 보리류지 밑에서 3년 간 『십지경론』을 배운다. 그

---

75) 『역대삼보기』(대정장 49), p.86중.
76) 『속고승전』 1(대정장 50), p.428상중하; p.429상.
77) 『속고승전』 7(대정장 50), p.482중.

중국불교

동안에 『십지경론소』를 지었다고 하지만 현존하지 않는다. 또한 그는 학사 천여 명을 양성했다고도 한다. 그러나 전기 중에 이름이 보이는 사람은 승휴僧休·법계法繼·탄예誕禮·뇌의牢宜·유과儒果로, 단 5명뿐이다. 그 가운데 승휴가 가장 유명하다. 승휴는 수나라 때 문제文帝가 선정한 10대덕大德에 속한 사람이기도 하다. 그는 『대지도론大智度論』에 통달하였을 뿐만 아니라, 그의 제자 가운데 보습이 『대론大論』 중주衆主에 임명될 정도로 그의 학계가 『대지도론』과 관련이 깊었음을 짐작할 수 있다.

또한 「지념전志念傳」[78]에 의하면, 지념(535~608)은 도장道長 문하에서 탄예·승휴·법계와 함께 『대지도론』을 배우고, 다시 도총에게 『십지경론』을 배웠다고 한다. 도총의 제자로서 확인할 수 있는 것은 지념을 포함하여 이상의 6명이다. 이 중 4명은 도장의 문하이기도 하다. 또한 지념은 나중에 비담毘曇(아비달마 교학)의 대가인 혜숭慧嵩(?~559?)에게 사사받아 비담의 학자가 된다. 혜숭은 보공保恭(542~621)에게 『지지地持』·『십지十地』를 가르쳤다는 점에서 혜숭의 학문도 북도파 계통이었을 가능성이 있다.

북도파라고 인정할 수 있는 사람은 위에 이름을 든 몇몇이며, 지념 등 이후 세대에 관한 것은 분명하지 않다. 게다가 북도파의 저작은 현재 아무것도 남아 있지 않다. 이 북도파는 결국 섭론학파에 흡수되고 만다.

남도파의 혜광(468~538)[79]은 『십지경론』이 역출될 때부터 직접 역경을 도운 인물로서 남도파의 개조이다. 13세에 출가하여, 인도 승려 불타佛陀 선사禪師로부터 계를 받는다. 사미가 된 후 율을 공부하고, 변공

78) 『속고승전』 11(대정장 50), p.508중.
79) 『속고승전』 21(대정장 50), p.607중.

辯公으로부터 여러 경론을 터득한다. 그 후에 륵나마제로부터 『십지경론』을 배운다. 혜광은 사분율의 대가로서 사분율종四分律宗의 개조開祖이기도 한 광통光統 율사律師이다.

혜광은 70세에 대각사大覺寺에서 입적하였다. 그의 저서 『화엄경소華嚴經疏』는 후대 중국 화엄종의 제2조 지엄智儼에게 큰 영향을 준다. 혜광의 제자로는 법상法上·승범僧範·도빙道憑·담준曇遵·도신道愼·담연曇衍·안름安廩 등이 있다. 이들은 국통國統이나 국도國都로서 추앙받는 고승들이다. 이 중에서 주목할 만한 이는 법상(495~580)과 도빙(488~559)이다. 『속고승전』「도빙전」[80]에 의하면, 그들은 사람들로부터 '도빙의 법상法相과 법상法上의 문장은 한 시대에 희유한 보배'라 불릴 만큼 쌍벽을 이루었다고 한다. 특히 법상은 40년 간이나 동위에서 북제에 걸쳐 승통僧統을 지낸다.[81]

법상 문하에서는 정영사淨影寺 혜원慧遠[82](523~592), 도빙의 문하에서는 운유雲裕(518~605)라는 지론종의 2대 학자가 나온다. 그들은 모두 방대한 양의 주석서를 쓰고, 많은 제자를 양성하여 지론종의 최고 전성기를 이룬다. 그러나 혜원·운유의 제자는 지론종의 마지막 세대가 된다.

정영사의 혜원은 돈황 출신으로 13세 때 출가한다. 20세 때 당시 국통이던 법상法上을 스승으로, 혜광의 제자 십철十哲을 증명법사로 하여 수계를 받는다. 이것은 당시로서 최고 예우를 다 받은 셈이다. 혜원은 후대 수나라에서 정한 여섯 명의 대덕大德 가운데 한 사람이기도 하다. 지론종 남도파의 최고 학덕인 혜원은 만년에 『섭대승론』에 심취하였는

---

80) 『속고승전』 8(대정장 50), p.484중.
81) 상동, p.485상.
82) 상동, p.489하.

데, 이것은 남도파가 섭론화攝論化되는 계기가 되었다고 할 수 있다. 오직 강설과 저술에 힘쓰다가 70세로 입적한다. 그의 저서 가운데『대승의장大乘義章』20권은 당시 중국의 불교 교학을 집대성한 것으로서, 남북조 시대를 대표하는 불교학 대사전의 역할까지도 겸하는 일대강요서一大綱要書이다.

역사적으로 볼 때 남북 2파 중에서 남도파 쪽의 세력이 압도적으로 크게 융성하였다. 그 때문인지 지론종 문헌의 대부분이 유실된 가운데, 전래되는 것은 남도파의 운유와 정영사 혜원의 저작 일부뿐이다. 근래에 이르러 돈황 문헌 중에서 다수의 지론종 문헌이 발견되었는데 모두 남도파의 문헌이고 북도파의 것은 아직 발견되지 않았다.

지의(538~597)는 『법화현의』[83]에서 "지론종에 남북南北 2도道가 있고, 다시 섭론종이 일어나 각각 자신이 옳다고 여겨 서로를 배척하며 상대를 열등한 것으로 간주하려 했다"고 기록하고 있다. 이것으로 볼 때, 지론종의 남북 2파는 학설상의 대립이 있었던 듯하다. 이에 대하여 형계담연荊溪湛然(711~782)은, "북도파는 아리야식阿黎耶識이 일체법을 생한다고 하여 리야의지설黎耶依持說을 주장했지만, 남도파는 진여·법성이 일체법을 생한다고 하여 진여의지설眞如依持說을 주장했다"고 기록함으로써 지의의 말을 부연하는 듯이 말하고 있다. 다시 말해 북도파는 모든 현상계를 만들어 내는 것이 아리야식이라는 것이다. 이것은 인도 유식의 입장을 계승하는 입장이다. 반면 남도파는 만법의 근저에 청정한 진여를 설정한 것으로, 이것은 여래장 사상을 계승한 입장이다. 유식의 이해라는 점에서는 북도파 쪽이 정확했을 수도 있다. 그러나 남

---

83)『법화현의』9(대정장 33), p.792상.

도파 쪽이 주류가 되었다는 점으로 볼 때, 중국에서는 청정한 진여를 만법의 근원으로 둔다는 입장이 오히려 수용하기 쉬웠던 듯하다.

이상에서 남도파가 여래장 사상에 입각하였던 것에 반해, 북도파는 여래장 사상에 거리를 두려고 했음을 알 수 있다.

(4) 섭론학파

섭론학파는『섭대승론』과『섭대승석론攝大乘釋論』을 연구하는 학파이다. 전자는 무착無着이 지은『섭대승론』을 진제眞諦가 번역한 것이고, 후자는 세친이 지은 것이다. 사실『섭대승론』은 북위에서 불타선다가 먼저 역출하였다. 그러나 그것만으로는 내용을 잘 이해하지 못하다가 진제가 번역하고, 또 세친의 해석이 함께 이루어짐에 따라 내용의 이해도가 높아져, 많은 연구자들을 배출하면서 학파로까지 성립하게 된다.『섭대승론』은 역경 초기에는 그다지 주목을 받지 못한다. 그러나 북주 무제의 폐불 사건으로 많은 지론학파 사람들이 강남으로 피난을 오면서 상황이 일변한다. 다시 말해 지론 교학을 배운 사람들이 앞다투어『섭대승론』을 연구하기 시작했던 것이다.

섭론학계에 속하는 학승으로는 진제의 직제자인 혜개慧愷가 있다. 혜개는 진제가『섭대승론』을 역출할 때 필수筆受의 역할을 했을 뿐만 아니라 진제 삼장의 많은 역경을 직접 도운 제자이다. 그 외에도 조비曹毗, 법간法侃, 도니道尼 등을 들 수 있지만,『섭대승론』을 북지北地에 전파한 이는 바로 담천曇遷이다.

담천[84]은 어릴 때부터『주역』·『예기』등 유학과 노장 사상을 배우다

---

84)『고승전』13(대정장 50), p.414상.

중국불교

가 21세에 출가하였다. 그의 삭발한 모습은 도안道安과 꼭 닮았다고 한다. 그는 처음으로 『승만경』을 독송하는데 단 한 글자도 틀리지 않았다. 그 후 담준으로부터 불법의 요강을 배우고 여러 대승 경론을 섭렵한다. 그의 명성이 차차 알려지자, "배움은 법을 알기 위한 것이고, 법은 수행을 닦기 위한 것인데, 어찌 명리名利를 이름하여 도道라 할 수 있겠는가"라며 숨어 버린다. 그 후 북주北周의 폐불 사건으로 인해 강남으로 가서 『섭대승론』을 배우고, 다시 북주로 돌아와서 섭론종 성립을 선양한다. 이때 강석에 지론종의 대석학이자 담천보다 20세나 연장자인 정영사 혜원이 참석하여 감탄해 마지 않았다고 한다.

이상에서 번역되자마자 한 시대를 석권할 듯한 기세로 수용된 『십지경론』과 『섭대승론』을 소의경전으로 하여 성립된 두 학파와 그 학계를 개관해 보았다. 지론학파의 교학은 정영사 혜원 이후 섭론종(혹은 화엄종)에 융합되고, 섭론학파는 북지에 전해져 자연스레 지론학파와 교섭이 이루어지게 된다. 이 두 학파는 어떤 의미에서는 후대에 지엄의 화엄 교학과 같은 화엄종의 『화엄경』 연구라는 시대적 흐름을 따라 자연스럽게 얻어진 하나의 결실이라고도 볼 수 있다.

여기까지 남북조 시대의 불교를 정리해 보았다. 남조 불교는 주로 안정을 추구하면서 문文, 즉 사상에 집중하는 교학적 성격이 강했다. 그러나 북조 불교는 통일에 대한 염원으로 무武에 중점을 두어 폐불도 단행했으나, 한편으로는 불교 문화를 융성하게 만들었다는 특색이 있다. 그러므로 역경에 있어서도 강남이 이론적이었던 반면, 강북은 실천성에 중점을 둔 경론들이 역출되었다. 따라서 남북조 시대를 중국의 여러 종파가 성립한 수隋·당唐 불교로부터 돌이켜 보면, 여러 학파 성립의 준비·육성 시대로 볼 수 있다.

또한 지금까지 살펴보았듯이, 이 시대에는 저명한 승려가 많이 배출되었다. 양梁의 3대 법사라고 불렸던 개선사開善寺의 지장智藏(458~522), 장엄사莊嚴寺의 승민僧旻(467~527), 광택사光宅寺의 법운(467~529) 등이 활약하였고, 『열반경』·『성실론』을 중시하였다.

담란曇鸞(476~542)은 『왕생론주』를 저술하고, 당나라 도작道綽, 선도善導와도 관련 있는 정토종의 조사가 된다. 또한 보리달마는 당나라 때에 육성된 선종으로부터 초조初祖의 지위를 부여받게 된다. 혜광은 보리류지와 륵나마제의 『십지경론』 번역에 참가하고, 지론종 남도파의 조사가 되었을 뿐만 아니라 『사분율』의 연구에 종사하여 사분율종의 개산조가 된다. 정영사의 혜원(523~592)은 혜광의 제자인 법상(495~580)의 제자이며, 지론종 남도파 교학의 집대성이라고도 할 수 있는 『대승의장』을 저술한다. 남악 대사 혜사(515~577)는 지의(538~597)의 스승으로, 천태종 형성에 커다란 영향을 미친다. 흥황사興皇寺의 법랑法朗(507~581)은 섭산攝山 서하사棲霞寺의 승랑僧朗, 지관사止觀寺의 승전僧詮의 뒤를 이어, 길장에 의한 삼론종의 대성을 준비한다.

마지막으로 본격적인 종파 형성을 살펴보기에 앞서 선禪, 계戒와 관련된 종파가 형성되는 데에 전초전이라 할 수 있는 이전의 상황에 대하여 간략히 소개하는 것으로 남북조 시대의 불교를 마치기로 한다.

도안은 선정의 실천자로서 특별히 안세고를 존경하였고, 도안 자신도 선관의 실천을 중시한 것은 앞서 서술한 대로이다. 도안의 선관 중시는 그의 제자 승예나 여산혜원 등에게 계승되었고, 특히 북조에 그 영향을 미쳤다. 이미 앞에서도 밝혔지만, 남조에서는 강경講經을 비롯한 교학이 중시되었고, 북조에서는 선관禪觀, 송경誦經을 중심으로 한 실천적 불교가 중시되었다. 그 이유는 첫째, 북위에서는 민족의 융화와 국가 통치를 위한 공리성이 불교에 요구되는 한편, 정복자들로서 불교 교리를 이해하는 능력은 부족했기 때문이다. 둘째, 학해學解와 선법禪法이 양립하는 외국 법사와의 개인적 접촉이 한창이었다는 것이다. 셋째, 『십지경론』·『무량수경론』·『법화경론』 등의 세친 교학을 전하는 북위의 번역 불전이 내용적으로 수선修禪을 중시하는 경향을 조장했다고 지적받고 있다.[85]

북위의 선승으로서 첫손에 꼽을 수 있는 승려는 인도에서 온 불타발타佛陀跋陀 선사이다. 효문제(재위 471~499)는 불타발타 선사에게 귀의하여 선림을 세운다. 낙양 천도 후에는 낙양에 정원靜院을 세우고, 태화 19년(495)에는 숭산嵩山에 소림사를 세워 불타발타 선사를 머물게 한다. 불타발타 선사 밑에서는 혜광慧光, 도방都房이 가르침을 받았고, 도방의 제자로는 승조僧稠(480~560)가 있다.

남방에서는 『십송율十誦律』이 한동안 번창한다. 지도志道(412~484), 지칭智稱(429~500) 법현(416~482) 등은 『십송율』의 연구자로서 이름이 높았다. 그리고 가장 유명한 율사는 승우僧祐(445~518)였는데, 그는 법현에게 율을 배웠다.

한편 북방에서는 북위 시대에 『마하승지율』·『십송율』이 행해지지만, 이후에는 『사분율』이 널리 알려지고, 특히 혜광에 의하여 『사분율』의 연구가 번창하게 된다. 이것은 후대 당의 중종(재위 683~710)이 남방에서 『십송율』을 금지함에 따라 북방의 『사분율』이 중국 전역에 퍼지고, 도선(596~667)의 남산종의 소의율전이 된다.

보살계와 관련해서는 담무참 번역의 『보살지지경』(구나발다라역의 『보살선계경』과 동본 이역)을 비롯하여 중국 찬술 경전인 『보살영락본업경』과

85) 橫超慧日(1961), 『北魏佛敎の硏究』, 平樂寺書店, p.39.

『범망경』 등이 있으며, 이들 경전과 함께 보살계가 유행한다. 보살계
는 출가자와 함께 받을 수 있었지만, 대승계를 받을 수 있어도 기본적
으로는 『사분율』을 받지 않으면 안 되었다. 재가 수계자 가운데 양무제
(재위 502~549)나 북제의 문선제가 보살계를 받고 보살계 제자라고 칭했
던 것은 유명하다.

제3장

제종 성립 시대

(수~당)

1. 수대의 불교

1) 수나라의 불교 정책

　　　　　수·당 불교는 제종諸宗 성립 시대라고도 규정한다. 남북조 시대까지 추진되어 온 번역 사업과 교학 연구 등이 바로 이 시대에 결실을 맺어 여러 종파가 성립되었기 때문이다. 다만 종파불교는 학파적인 분위기보다 좀 더 배타성이 강한 일면이 있다.

　중국 천하를 통치하다가 수나라는 불과 30여 년밖에 존속하지 못하고, 문제文帝와 양제煬帝 두 임금만으로 멸망하고 말았지만 중국 역사상 매우 큰 의미를 가진 나라이다. 통일 국가인 서진이 멸망하고 강북은 5호 16국의 이민족이 지배하고, 강남은 한족이 그 지배를 이어가는 동진東晋 시대였다. 이후 강북은 다시 북위北魏라는 이민족 지배가 이어지고, 강남은 유송劉宋으로 시작하는 이민족의 한족 지배가 계속되는 남북조 시대가 150년 간 지속된다. 그러다가 이민족 정권이 아닌 한족이 270년 만에 중국 천하를 통일하여 수나라를 건국하게 되었다는 것만으로도 그 의미가 크다고 할 수 있다. 더욱이 수나라는 중국불교의 전성기인 수·당 불교의 기초가 확립된 시대이므로, 중국불교사 전체에서 보더라도 일대 변혁기이며 전환기였다.

이렇게 중국 천하를 통일하여 수나라를 건국하고, 수나라 불교의 부흥과 융성을 이룩한 사람이 문제文帝이다. 그는 북주의 폐불 이후 정제靜帝로부터 왕위를 선양받아 즉위한다. 곧이어 남조의 진陳나라를 합병하여 중국 천하를 통일시킨다. 그리고 즉시 불교 부흥 정책을 펼친다.

그는 북조의 민심을 수습하기 위해서는 각 지역에 사찰을 건립하고 사리탑을 조성하는 한편, 남조 사람들을 위해서 5중衆과 25중衆을 설치하여 학문적 연구와 교화 단체를 장려한다. 이것은 불교로써 통치체제를 정비하려는 의도에서 비롯된 것이다. 다시 말해 유교를 정치 이념으로 하면서도 단지 불교 보호 정책을 펴는 차원이 아니라, 불교를 국가 통치 이념으로 채택하였다는 뜻이다. 이것은 역대의 제왕들에게서는 볼 수 없는 특색 중 하나라고 할 수 있다.

수나라 문제는 먼저 북조 지역에 조칙을 내려 전국 5악嶽의 명산名山에 각각 대찰大刹을 짓게 하고, 대흥선사大興善寺라는 명칭의 관사官寺를 전국 45주에 건립하게 한다. 또한 사경을 장려하여 일반 대중에게도 보급하였는데 유교 전적보다 수백 배나 많았다고 한다. 그의 재위기간 중 3회에 걸쳐 전국 113곳에 사리탑을 건립하였는데, 이는 불사리佛舍利 신앙의 성행을 촉진하게 된다.

다음으로 남조 지역에는 5중을 설치하여, 대론大論·열반涅槃·십지十地·강율講律·강론講論 등의 5영역으로 나누고, 각각에 책임자 격인 중주衆主를 두었다. 이는 각각에 해당하는 경율론經律論을 전문적으로 연

중국불교

구하는 승려를 배출하기 위한 고등 교육 기관이라고 할 수 있다.

25중衆에서 제1마하연장摩訶衍匠은 승찬이 중주衆主이고, 대승불교 개론에 해당하며 그 외는 불분명하다. 다만 승곤僧琨은 25중 가운데 몇 번째 중주衆主인지는 모르지만 교독경법주敎讀經法主였다. 다시 말해서 승곤은 불교 의례에 관한 지도자로서 독경법을 가르쳤다는 뜻이다. 이로써 본다면 25중은 기초 교리와 불교 의례를 가르치는 포교 및 교화 조직이었을 것이다. 그러나 이 제도는 수나라 시대에 그칠 뿐 당나라에는 이어지지 않는다.

그 다음 왕위를 이은 수양제隋煬帝는 아버지인 문제文帝와 형을 살해하고 왕위에 오른 폭군이다. 하지만 수양제도 어려서는 총명하여 학문을 좋아하고 도교와 불교를 믿는 신자이기도 하였다. 『불조통기佛祖統記』에서는 이러한 수양제를 인도의 빔비사라 왕을 죽인 아사세 태자에 비유하기도 한다. 양주에 있던 왕자 시절에 혜일慧日·법운法雲의 두 사원과 옥청玉淸·금통金洞의 두 도관, 즉 4도량道場을 설치하는데 두 사원은 고승들이 주석했을 뿐 아니라, 강남에서의 불교 연구와 포교 활동의 중심 장소가 된다. 특히 수양제가 즉위한 이후 수도인 장안에 설치된 혜일 도량에는 강남 불교의 중심인물들이 모여드는데, 삼론종三論宗의 길장吉藏도 이곳에 주석한 적이 있다. 이로 인해 장안은 삼론 교학의 중심지가 되고, 고구려나 일본에까지 불교를 전파하는 원동력이 된다. 그러나 수양제는 황하와 양자강을 잇는 운하 건설을 무리하게 추진하는 등, 대규모의 토목 공사를 벌여 엄청난 경비와 노동력을 소모하게 된다. 게다가 세 번의 고구려 침략이 실패하면서, 대중적 불만이 증폭되어 반란이 일어났고 마침내 암살당하고 만다.

2) 천태종과 지의

수나라 불교를 대표하는 천태지의天台智顗와 천태종에 대하여 살펴보자. 천태지의(538~597)는 천태종을 창설한 종조이다. 하지만 천태종을 지탱하는 교리 사상의 형성 과정을 생각하면 결코 지의 혼자서 모든 것을 완성했다고 할 수 없다. 지의 이전의 초조 혜문慧文과 2조 혜사惠思(515~577) 교학의 동향도 중요한 의의를 가지며, 지의 입적 후 관정灌頂(561~632)을 비롯한 국청사國淸寺 승려들의 존재 또한 중요하기 때문이다.

천태종天台宗이라는 명칭의 유래는 개조인 지의가 중국의 절강성浙江省 태주시台州市 천태현天台縣의 북쪽에 있는 천태산에서 수행한 것에 기인한다. 나중에 지의는 천태 대사라고 존칭되고, 이 대사명은 종파명이 된다. 지의는 12년 정도 천태산에서 지냈지만, 입산 초기에는 불롱봉佛隴峰에 수선사修禪寺를 짓고 천태의 최고봉인 화정봉華頂峰에서 깨달음을 얻는다.

먼저 천태종의 시조始祖 혜문慧文은 용수의 『중론』과 『대지도론』을 보다가 일심삼관一心三觀의 심요心要를 깨치게 되었다. 그 심요를 제2조인 혜사惠思(남악南岳 대사)에게 전했다. 『마하지관』에 의하면, 혜문은 북제의 유명한 승려이며 혜사의 스승이며, 그의 교학이 용수의 『대지도론』에 의거한 것이라는 점만 기록되어 있다. 그리고 후대의 담연에 의하면, 혜문 관법의 특징은 각심覺心을 이용하여 중관삼매中觀三昧, 멸진삼매滅盡三昧, 무간삼매無間三昧의 실천법을 통해서 사물을 분별하는 마음을 배제하는 것에 있다고 한다. 『마하지관』[86]은 혜문을 지명하고 있지는 않지만, 각멱覺覓이라는 관법에 대하여 하승下乘 또는 암흑暗

黑이라 하여 심하게 비판한다. 이것만 보면 혜문 관법이 지의로부터 거절당한 것처럼 보이기도 한다. 하지만 지의가 혜문을 조사祖師로 우러른 것은 혜문 관법이 『대지도론』에 의거하였기 때문일 것으로 보인다. 혜문이 제창한 실천법에 많은 문제가 있긴 하지만, 『대지도론』을 실천법으로 수용했다는 점에서 천태학의 선구자였다고 할 수 있을 것이다.

　남악혜사(515~577)는 천태종의 제2조로 추앙받았으며 속성은 이씨이다. 북위의 남예주南豫州 무진武津(하남성河南省) 출신이다. 15세에 출가하여 북제의 여러 선사를 찾아가 수선修禪을 거듭한다. 그때 혜문에게 관법을 배워 90일 간 안거로 상좌常坐를 닦고, 마침내 법화삼매를 얻어 대오한다. 혜사는 법화삼매로 개오한 후 북방 불교 교단의 악습을 바로잡기 위해 각지를 전전하며 포교 활동을 계속한다. 그러는 동안 혜사는 여러 가지 박해를 받아 네 차례에 걸쳐 악승이나 외도로 몰려 암살을 당할 뻔했으나 죽음만은 면하였다고 한다. 41세 때에는 광주光州의 대소산大蘇山에 들어가 10년 정도 머무른다. 대소산은 당시 진陳·제齊 두 나라 경계였으므로 오랜 기간의 전란으로 사원의 대부분이 황폐해졌으며 불교도들의 숫자도 적었다. 그런데도 굳이 혜사가 그 지역을 선택한 것은 불교가 말법 시대에 있다는 것을 통감하고, 스스로 그 선두에서 불교 교단을 개혁해야 한다고 생각한 것이다. 혜사가 대소산에서 교단을 조직한 것은 단순히 산에 틀어박혀 불도를 수행한 것이 아니라 불법이 전해지지 않는 장소에서 의연히 홍법을 실천하여 불교를 부흥하려 한 데에 의의가 있다. 중국 최초로 말법 사상을 주장한 자료라고 평가받는 『입서원문立誓願文』 역시 혜사가 대소산에 있던 시기에 완성한 것이다.

---

86) 『마하지관』 5(대정장 46), p.49상.

한편 혜사가 언급한 발원·참회의 참회 사상, 미륵하생의 정토 사상, 내단內丹을 닦는 것을 중심으로 하는 신선 사상과 선정의 결합 등은 나중에 지의가 천태 사상을 구축하는 데 큰 영향을 미친다. 『입서원문』에도 보이는 것처럼, 혜사는 『대품반야경』과 『법화경』을 존숭하였다. 혜사 사상의 특징 가운데 하나가 반야경이 설하는 공의 이론을 『법화경』이 설하는 제법실상과 결합시키려고 시도했다는 점이다. 『속고승전』「혜사전」87에 의하면, 혜사는 일찍이 대소산에서 도를 구하는 지의에게 '대품차제의大品次第意 법화원돈의法華圓頓意'라는 한 문구를 보였다고 한다. 그것은 혜사가 이미 이 시기에 반야와 법화 두 경전이 서로 보완 관계를 지닌다고 생각했다는 증거이다. 혜사의 사상을 대표하는 『법화경안락행의法華經安樂行義』에서도, 그는 『법화경』은 원만 구족의 가르침이지 차제분별의 가르침이 아니라고 하였다. 이것은 훗날 천태 교학의 원융삼관圓融三觀과 차제삼관次第三觀이 나오게 되는 근원이 된다.

혜사 사상의 특징 가운데 또 다른 하나는 『법화경』「안락행품」에 나타나 있는 법화삼매를 주창한 점이다. 『법화경』에서는 모든 삼매와 함께 법화삼매를 언급하지만, 그 수행법에 대해서는 전혀 설명하지 않았다. 그런데 최초로 법화삼매를 실수實修로 받아들여 법화삼매만이 법화경의 진수이고, 수행의 최상 법문이라고 주장한 사람이 바로 혜사이다. 그의 이러한 제창은 천태종의 교리 형성에 크나큰 기반을 제공한다. 또한 실수實修로 받아들인 선관禪觀, 참회懺悔, 선다라니旋陀羅尼 등의 모든 작법도 지의의 수행론에 그대로 답습됨으로써, 교관이문教觀二門이라는 천태 교학 체계의 확립에 크게 기여한다.

---

87) 『속고승전』 17(대정장 50), p.562하.

혜사는 남조의 진陳나라 광대光大 2년(568) 남악 형산에 들어가서 입적하기까지 거의 10년을 머물며 활약한다. 그동안 혜사의 명성을 들은 진의 선제宣帝(재위 568~582)가 그에게 귀의하였고 대선사라는 호를 내린다. 그런데 사실 혜사가 대선사라는 호를 받은 것은 처음이 아니었다. 북위 태무제(재위 423~452)의 폐불 이후 불교계의 타락을 목격해 온 혜사는 북제의 문선제文宣帝(재위 550~559)가 내린 대선사라는 칙령을 그의 나이 30세에 이미 거부한 적이 있었다. 그만큼 그가 북방의 불교계에 실망하여 불신감을 품고 있었다는 뜻이다.

그러나 진나라의 번성한 불교 분위기는 북방과는 천양지차였다. 그래서 혜사는 자신이 주장하는 참신한 불교 이념을 넓힐 수 있다고 확신했던 듯하다. 실제로 혜사는 남악에 들어가기 전에 지의를 비롯한 일부 제자와 헤어질 때에도 각지에서 교화할 뜻을 밝히기도 하였다. 그 후 지의 등이 맨 처음 달려간 곳이 진나라의 수도 금릉金陵이었던 것도 혜사의 지시를 따른 것이었다. 따라서 혜사가 교화의 중심을 남조에 두고 정권의 지배자와의 관계를 강화한 것은 지의에게도 영향을 주게 된다. 이러한 혜사의 학풍을 계승한 사람으로는 천태종을 개종한 지의 외에도 승조僧照, 대선大善, 혜성慧成, 현광玄光 등 십수 명의 이름이 승전에 거론된다. 그중에 신라의 현광은 혜사의 법화삼매를 신라에 소개한 것으로 역사서에 기록되어 있지만, 실제로 그가 어떠한 영향을 주었는지는 불분명하다.

천태산의 산중 깊숙이 있는 진각사眞覺寺는 평소에 참배객이 적을 뿐더러, 그 고장 사람들조차도 그 소재지를 잘 모를 정도로 규모가 작은 절이다. 지자탑원智者塔院이라고도 불리는 이 절은 지의의 입멸 후 그 유해를 담은 묘지로 약 1400년 전 수나라 때 건립된다.

천태지의는 지자智者 대사, 천태天台 대사라고도 불린다. 천태종사를 전하는 사료인 『석문정통釋門正統』·『불조통기佛祖統記』에는 용수·혜문·혜사에 이어 지의가 천태종의 제4조로 기록되어 있다. 하지만 지의는 중국 천태종의 실질적인 개조로 추앙받는다.

지의[88]는 양무제(재위 502~549)의 대동大同 4년(538) 형주荊州 화용현華容縣에서 태어났으며, 속성은 진陳씨이다. 진대晋代부터의 명문이고, 이후에 진陳나라를 건국한 진패선陳覇先(무제武帝)과 동족이었다. 아버지인 진기조陳起祖는 지방의 장관을 역임하였고, 남조南朝 황실의 측근으로서 후한 대접을 받은 고관高官이었다. 따라서 유년기의 지의는 매우 풍족한 생활을 하였다. 그러나 지의가 17세 때, 북조 서위의 침략으로 양梁이 멸망하여 그의 일가는 난민 신세가 되고, 다음해에는 양친을 잇달아 여읜다. 이렇게 국가의 흥망성쇠, 가족의 무상함을 몸소 체험한 지의는 18세에, 아버지의 옛 친구 상주자사湘州刺史 왕림王琳의 도움으로 상주 과원사果願寺의 법서法緒에게로 출가한다. 20세에 진제眞諦의 문인인 혜광慧曠에게 구족계를 받고, 방등方等 경전 등을 배운다. 그 시기에 지의는 형주의 대현산大賢山에 올라 법화 삼부경을 연찬하고 방등참법의 실천도 행한다.

지의는 23세 때 대소산에서 46세였던 혜사로부터 대략 8년 간 사사받는다. 처음 지의와 만난 혜사는 옛날 영취산에서 석존의 설법을 들었던 숙연을 말하며 매우 기뻐하였다고 한다. 혜사로부터 사안락행四安樂行의 수행법을 지도받은 지의는 이것을 실수實修함에 따라 『법화경』을 올바로 이해할 수 있는 능력을 익힌다. 이로써 지의는 소위 법화삼매의

---

88) 『속고승전』 7(대정장 50), p.564상.

중국불교

전방편前方便의 개오를 얻는다. 혜사는 이것을 '초선다라니初旋陀羅尼'라며 칭찬하였다. 물론 그것은 『법화경』의 진수를 체득하기 위한 첫 관문을 통과한 것뿐이다. 하지만 혜사는 지의가 공의 이치를 이해하는 능력을 얻어 법화삼매를 증오證悟하는 전 단계를 극복하였으니, 설법에서의 제일인자라고 칭찬하였다는 것이다. 혜사의 문하에서 얻은 지의의 종교 체험은 일반적으로 '대소산大蘇山의 개오開悟'라고도 불리는 법화삼매를 체득한 일이다. 이것은 지의의 생애 전반기에서 중요한 의미를 지니는 사건이다. 이는 그의 생애 후반기에 천태산의 화정봉에서 깨달은 삼제원융三諦圓融의 체험, 즉 '화정봉華頂峰의 개오開悟'와 함께 그의 실천적인 법화 교학의 형성 과정에서 두 가지 커다란 지표가 되어 천태 교학 체계의 기초를 쌓는 큰 힘이 된다.

혜사가 남악으로 이주함에 따라 30세였던 지의는 스승의 명을 받고 같이 수학하던 27명과 함께 남조의 새로운 국가인 진陳의 수도 금릉으로 향한다. 지의는 그곳에 이르러 와관사瓦官寺를 중심으로 『법화경』의 요지를 연설하고 선정의 실천을 넓힌다. 당시의 금릉은 북지의 법난을 피해 망명해 온 학승이 운집하여 각종의 대승 경전과 성실·삼론 등의 논소論疏와 강설이 왕성하게 행해지고 있었다. 하지만 지의는 강경講經과 수선修禪 중시의 '정혜불이定慧不二'를 제창하여 의해義解만을 중시하는 금릉의 불교계에 커다란 파문을 일으킨다. 얼마 지나지 않아 지의는 명승 법랑法朗이나 혜영慧榮 등을 논파하면서, 수도에 있는 승려뿐만 아니라 진나라의 중신들도 잇달아 지의에게 학문을 구하고 지도받기를 청했다고 한다. 금릉에서의 8년 간 지의는 『법화경』·『대지도론』을 강설한 것 외에 선정의 실천법인 『차제선문次第禪門』을 저술하기도 한다. 그러므로 지의에게 있어서 이 기간은 대소산 혜사의 문하에서 습득한 것을 체계적으로 정리하여 조직화한 시기라고 할 수 있다.

진의 태건太建 7년(575) 38세의 지의는 갑자기 수도에서의 교화 활동을 접고 천태산으로 입산하여 은거할 것을 결심한다. 이러한 지의의 은거 동기에 대해서는 자신의 교단도 반성해야 한다고 생각했다는 등 여러 설이 있다. 그러나 무엇보다도 수도에서의 유복한 사원 생활이 자기 자신의 향상심을 망가뜨릴 것을 우려한 것이 주된 원인이었던 것으로 보인다. 또한 은거하기 전 해에, 예전에 출가를 도와준 왕림이 진나라 장군 오명철吳明徹의 북벌로 인해 잡혀 죽게 된 사건도 그에게 큰 충격을 주었을 것으로 생각된다. 또한 그 해는 북주의 무제(재위 560~578)가 대규모로 폐불을 단행했으므로 지의에게는 또 다른 의구심이 생겼을 것으로 보인다. 이와 같은 여러 가지 이유로 지의는 진나라 군신의 만류를 뿌리치고 천태산으로 들어가 새로운 교단의 창설의 첫걸음을 내딛게 된다.

천태산으로 입산한 첫 해는 불롱佛隴에 작은 도량을 짓고, 지금까지의 교화나 교학을 반성하면서 경론의 강설과 선법을 실천한다. 이와 함께 좌선의 입문서인 『천태소지관天台小止觀』이나 불교 교리의 안내서 『법계차제法界次第』 등을 짓는다. 그리고 그것을 통하여 교관쌍자教觀雙資의 체계를 만드는 데에 노력한다. 이 도량은 나중에 수선사修禪寺로 불리며 천태종의 개산사開山寺가 된다. 수선사 시대의 큰 사건은 '화정봉의 개오'이다. 화정봉에서 법화원돈을 깨달음에 따라 지의의 불교 사상은 후에 법화 삼대부의 강설로까지 결실을 맺게 되어 천태 교학 체계의 기초를 확립하기에 이른다.

진의 지덕至德 3년(585) 48세의 지의는 다시 수도인 금릉으로 향한다. 진의 젊은 황제 후왕後主 진숙보陳叔寶의 세 번이나 거듭된 요청과 진숙보의 종형제從兄弟이며 지의에게 깊이 귀의한 영양왕永陽王의 강한 권유 때문이다. 지의는 금릉에서 후주에게 보살계를 주고 교화 활동을 행하였으며, 『법화문구』를 처음으로 강설한다. 그러므로 이 시기에 천태산에서 내려온 것에는 큰 의의가 있다고 할 수 있다. 이 시기는 지의가 세간과 마주봄으로써 사회나 국가에 대해 올바른 방향을 제시하고, 중생에게 큰 이익을 줄 수 있다면 그것이 바로 불교의 본질에 상응한다고 생각하는 계기가 된다. 말하자면 48세에 천태산에서의 은거 생활을 끝낼 결의를 하게 되었고, 이것은 지의가 자신의 사상을 완성한 이후 큰 전환기가 된다.

589년에는 중국 북방을 통일한 수나라의 군대가 문제文帝의 둘째 아들 양광楊廣(훗날 수양제)의 통솔하에 금릉을 침략하여 진나라를 멸망시킨다. 재차 망국의 난을 만난 지의는 바로 본거지인 천태산으로 돌아가지 않고, 일찍이 혜원이 염불결사를 행한 여산으로 피난한다. 그러나 불교계에서 지의의 입지는 어느 정권도 무시할 수 없었다. 동란이 많았던 사회의 민심을 수습하기 위해 종교의 힘을 이용하려는 것은 진陳·수隋 두 정권이 모두 같았다. 진나라가 멸망하고 2년이 지나자 지의는 진왕인 양광의 마중을 받으며 양주에 도착한다. 그곳에서 지의는 그에게 보살계를 주고, 진왕은 그에 대한 답례로 '지자智者'라는 칭호를 하사한다. 이리하여 훗날 지의는 '지자 대사'로 불리게 된다. 그는 수개월 후 진왕의 만류를 뒤로 하고 여산과 남악 형산을 참배한 후 다시 고향인 형주 땅을 밟게 된다. 형주로 돌아왔을 때 지의의 나이 이미 55세였다. 여기에 그는 옥천사玉泉寺를 건립하고 『법화경』의 교리와 실천을 강설한다. 이때 문하의 제자였던 관정灌頂이 필록한 『법화현의』와 『마하지관』은 금릉에서 강설한 『법화문구』와 함께 '천태 삼대부' 또는 '법화 삼대부'로 불린다.

수의 개황開皇 15년(595) 봄, 진왕 양광의 초대로 지의는 다시 양주에 반 년 정도 체재하며 『유마경』의 주석서인 『정명현의淨名玄義』 10권을 지어 진왕에게 헌상한다. 그 후 천태산을 임종지로 삼고 싶다는 이유로 양주를 떠나게 된다. 그의 세납 58세 때의 일이다. 지의가 천태산으로 들어감에 따라 그와 함께 수행하고자 하는 승려들이 급증한다. 따라서 지의는 '입제법入制法 10조'로 교단의 수행 규칙을 정하고, 천태종을 교단으로 존속시키기 위한 요건을 정비한다. 고구려의 파약波若(562~613) 역시 이 시기에 지의에게 입문한 승려이다. 그리고 이때 천태산에서 150km 남짓 떨어진 회계會稽(절강성 소흥시紹興市) 가상사嘉祥寺에 거주하던 삼론종의 길장(549~623)이 문인을 보내 지의에게 예를 갖춘 다음 『법화경』 강설을 요청한다. 그러나 지의는 몸 상태를 이유로 응하지 않는다.

개황 17년(597) 10월, 진왕은 다시 천태산에 사절을 보내 당시 60세인 지의를 양주로 초빙한다. 지의는 하산 도중 천태산 기슭의 빈터를 가리키며, "왕가의 도움으로 사원을 건립하고 싶다"고 한다. 지의는 이때의 그 바람을 유언으로 진왕에게 남겼고, 진왕은 그 유언을 따라 국청사國淸寺를 지었다. 이렇게 건립된 국청사는 천태종의 조정祖庭으로 후세에 알려지게 된다.

지의가 고령으로 천태산 서쪽 석성사石城寺에서 쓰러지자, 진왕이 의원을 보내 치료하도록 하였다. 하지만 그는 그해 11월 그토록 아꼈던 천태산에서 62세를 일기로 입적한다. 입멸지로서의 석성사에는 나중에 진왕이 지자대사의발탑智者大師衣鉢塔을 건립해 지의를 기념하였다. 지의의 유해는 유언에 따라 천태산으로 가져와 불롱의 서남(현재의 진각사(眞覺寺)에 이장된다.

　지의는 천태 교학을 체계화했을 뿐만 아니라 그것을 사회 변화에 부응하여 실천했다는 점이 인상적이다. 세상으로부터 '설법 제일'이라는 찬사를 받은 지의가 정치의 중심에서 벗어나 천태산에서 수행에 전념한 30대의 행동은 마치 세상을 버린 은자와도 같다. 반면 천태산에서 10년 간 수행을 하고, 다시 속세로 돌아와 진·수 두 나라 통치자에게 각각 후한 대접을 받은 점은 공리주의적으로 비칠 수도 있다. 그러나 그의 행동에서 보이는 변화는 그의 사상의 형성 과정에 따른 필연적인 결과였다. 일찍이 난세의 괴로움을 겪었던 지의는 천태산에서 법화삼매의 대오로 사상이 성숙함에 따라, 세간의 문제와 마주하는 것을 자신의 과제로 삼았다. 어쩌면 그는 그렇게 세상과 마주하는 것이야말로 불교의 근본 정신에 부합하는 길이라 여겨 48세에 하산을 결심한 것일 수도 있다. 그 후 진·수의 젊은 지도자에게 잇달아 보살계를 주고 각각의 도움으로 천태 교학을 발전시켰지만, 그것은 단순히 정치에 타협한 것이 아니었다. 이것에 대해서는 『국청백록國淸百錄』의 자료들이 증명하는 바이기도 하다.

　그는 다른 고승들처럼 많은 저작을 남기지는 않았다. 하지만 그가 '교관쌍수'라는 새로운 입장에서 법화경 연구를 생애의 목표로 한 것만은 확실하다. 그의 제자 관정灌頂이 지의의 강설을 필록한 천태삼대부天台三大部와 천태소오부天台小五部 등이 남아 있다. 그리고 스승인 혜사의 영향이 크다고는 하나, 그가 창출한 법화의 교판 이론과 원돈지관의 실천법 등에는 분명 그 나름의 독창성이 있다. 그의 업적을 정리해 보기로 한다.

　첫째는 '교판론'의 확립이다. 후한 시대의 첫 역경승 안세고로부터 시작된 역경 사업은 꾸준히 지속되어 방대한 분량의 경전들이 한역된다. 그들은 매우 다양한 교리와 사상을 담고 있는 이 엄청난 양의 경전 앞에서 그야말로 당황하기 시작한다. 그래서 모든 경전을 부처님 일대一代에 설해진 것이라는 대전제하에서 설법의 순서와 형식, 내용의 심천深淺에 따라 정리하고 분류하여 체계화하는 작업, 즉 교상판석教相判釋을 하게 된다. 그는 바로 이러한 시대적 요구에 부응하여 해답을 제시한 것이다. 물론 남북조 시대부터 많은 사람들이 나름대로 교판을 시도하였다. 그러한 기존의 교판을 더욱 체계적으로 정리하여 확립한 것이 바로 오시팔교五時八教이다. 어떻게 불타 한 분이 일생 동안에 그토록 많은 것을 다 설법할 수 있었는지에 대해, 또는 경전 상호 간에 드러나는 교리적 차이들을 어떻게 이해하고 설명해야 하는가에 대하여 명쾌하게 해답을 제시해 준 것이다.

불교의 여러 사상이나 우열 심천을 장藏·통通·별別·원圓의 4단계로 귀납하는 교판 방법은 나중에 『법화현의』에 의해 한층 명료화되어 천태 교학으로 정형화된 오시팔교의 중심 이론이 된다. 장·통·별·원의 사교는 화법사교化法四教로도 불린다. 장교는 대승의 가르침을 포함하지 않고 경·율·론의 삼장을 소의로 하는 불교 교리의 초보적인 내용이다. 통교는 삼승에 공통되는 대승의 기본적인 가르침이며, 장교와는 공통성을 지니고, 별교나 원교로 전입轉入될 수도 있다. 장교가 대승의 공관에 의하지 않고 분석적으로 무상·무아를 이해하는 것에 반해, 통교는 삼승이 모두 사물의 당체를 그대로 공이라고 하여 당체즉공當體卽空의 이치를 체달한다. 별교는 보살에 대해서만 설해진 가르침이지만, 장·통의 이교가 공관空觀만을 설하는 것에 비해 가관假觀·중관中觀도 받아들여 차례로 수행하는 점이 특징이다. 원교는 공·가·중의 원융상

즉圓融相卽이라는 점에서 『법화경』을 해석하는 새로운 기준을 만들어 낸다.

화법사교 외에 돈·점·비밀·부정교라는 화의사교化儀四教가 있다. 그중에 돈·점·부정교의 세 가지는 고사古師가 자기 자신의 교판에 수용한 것이지만, 『법화현의』는 '이름은 옛것과 같고 뜻은 다르다'[89]라고 구설을 일축하며, 지의에 의한 새로운 설임을 분명히 기록하고 있다. 화의사교는 교화 방법에 의한 분류이며, 돈·점이라는 말로써 교설의 우열을 나타내는 것이 아니다. 돈교는 청중의 이해 능력을 고려하지 않고 가르침을 그대로 설명하는 방법이며, 화엄시의 설법에 해당한다. 점교는 청중의 근기에 응하여 그것에 알맞은 방편으로 가르침을 설하는 방법이며, 녹원·방등·반야의 삼시三時 설법이 이에 해당한다. 비밀교는 비밀부정교라고도 하며, 석존이 청중에 대해 각각의 존재, 각자의 근기 차이를 서로 알지 못한 채 각각 다른 이익을 터득시키는 방법이다. 부정교는 현로부정교顯露不定教라고도 하며, 근기가 다른 청중에 대해 동일한 가르침을 주어 이것에 응해서 각각 다른 이익을 얻게 하는 방법이다. 비밀교와 부정교는 돈·점의 방법으로는 납득할 수 없는 청중에 대해 쓰는 특별한 방법이며, 지의가 『대지도론』의 현밀이종顯密二種의 법륜설에 의해 창출한 것이다.

다시 말해, 오시五時가 시간적 구분이라면, 팔교八教는 가르침의 방법과 내용에 따른 분류라고 할 수 있다. 따라서 가르침의 시기와 방법, 그리고 내용에 따른 이와 같은 분류는 많은 모순을 보이는 사상들로부터 어떤 질서와 체계를 이끌어 내려는 새로운 시도라고 할 수 있다. 천

---

89) 『법화현의』 6(대정장 33), p.754상.

태지의의 이러한 분류 방법은 오늘날까지 많은 사람들이 불교 사상의 시작부터 그것이 발전하기까지의 전개 과정을 이해하는 데 도움이 되고 있다. 다만 『법화경』만이 모든 가르침의 정수를 담고 있다고 하는 우위성이 내재되어 있는 점도 또한 부정할 수 없다.

이상과 같이 설법 내용에 기초해 분류한 화법사교, 설법 방법에 기초해 분류한 화의사교가 석가의 설법을 다섯 시기로 구분하는 오시교판과 포개져 비로소 천태 교학의 오시팔교라는 체계가 조직화되었다고 할 수 있다. 물론 지의의 저작 중에 오시팔교라는 용어가 확실하게 언급되어 있지는 않다. 그러나 이 점에 얽매여 후세 천태 교학의 핵심인 오시팔교라는 교판이 지의에 의한 것이 아니라고 결론짓는 것은 섣부른 판단이다. 『사교의』나 『법화현의』에 설해진 교판에 관한 각종의 서술이 가장 좋은 증거이기 때문이다.

둘째는 '관법론觀法論'의 확립이다. 이론과 실천, 교상과 관심이 서로 지탱함으로써 구성된 천태 교학 중에서 가장 독창성이 풍부한 것으로, 이 관법을 토대로 하여 『법화경』의 가르침을 실천한다. 관법에 관해 지의가 최초로 저술한 작품은 금릉 와관사瓦官寺 때의 『차제선문次第禪門』이다. 여기에 나타난 관법 체계에 대한 인식은 나중에 『마하지관』에 나타난 사상의 원형이 된다. 다만 본서는 『대지도론』을 중심으로 여러 경론으로부터 역대의 관법을 수집·작성하고, 그 분류를 시도한 것에 머물러 『마하지관』과 같은 새로운 실천법을 확립하지는 못한다.

이상으로 천태종의 종조인 지의에 대하여 살펴보았다. 다음은 참고로 천태종을 부흥시키는 데에 이바지한 담연에 대하여 살펴보기로 한다. 담연은 비록 당대唐代에 활동한 인물이기는 하나, 천태종의 조사로서 빼놓을 수 없는 승려이므로 여기서 다루려고 한다.

담연湛然(711~782)[90]은 형계荊溪 존자尊者, 묘락妙樂 대사로도 불린
다. 천태종사天台宗史를 전하는 사료의 대부분은 천태종 제9조라고 기
록하고 있지만, 개조인 지의부터 따지면 제6조에 해당한다. 그의 속성
은 척戚씨이고, 보릉군普陵郡 형계荊溪(현재의 강소성)에서 태어났다. 18
세 무렵 고향을 떠나 금화金華(절강성 금화시)에서 남종선 혜능의 제자인
동양현책東陽玄策에게 천태교관을 받는다. 그 후 천태종의 좌계현랑左
溪玄朗과 만나면서 천태의 가르침으로 기울게 된다. 천보天寶 7년(748)
37세에 고향인 정락사淨樂寺에서 출가한 후, 얼마 지나지 않아 오군吳
郡(절강성) 개원사開元寺에서『마하지관』을 강의한다.

천보天寶 13년(754) 스승 현량의 입적 즈음에 담연은 천태종의 쇠락
을 한탄한다. 즉, "지의가 천태종을 개창한 지 100여 년 간 세상의 불
교학을 구하는 자는 누구든지 천태 교학의 지관쌍수를 지침으로 하였
다. 그러나 당조唐朝에 들어 선·유식·화엄의 세 종파가 흥기함에 따라
천태의 전통은 버려지고 사람들의 마음은 교란되었다. 정통을 회복할
수 있는 것은 지금의 나 이외에 아무도 없다"며 천태종의 부흥이 바로
자기 자신의 사명이라고 선언한다. 그리고 천옥天玉 말부터 대력大歷
초에 이르는 약 10년 간, 현종玄宗·숙종肅宗·대종代宗 등 삼대의 칙명
을 고사하고, 천태산 불롱봉을 거점으로 지의 교학의 부흥을 도모한다.
따라서『마하지관보행전홍결摩訶止觀輔行傳弘決』·『법화현의석참法華玄
義釋籤』·『법화문구기法華文句記』를 비롯한 천태 삼부경의 주석 연구에
몰두함으로써, 각 종파에 대항하여 '초인제호超人醍醐'라는 법화 지상
주의를 확립한다.

90)『송고승전』6(대정장 50), p.739중.

담연은 만년에 강남의 승려와 함께 북방 불교계의 거점인 오대산 순례에 나선다. 거기서 불공不空의 제자인 함광含光에게 천축에도 지의의 교설을 면학하고 싶은 승려가 있다고 들었을 무렵, "천축에는 불법의 정통이 상실되었기 때문에 식견이 있는 자는 지의의 가르침에서 정법을 구한다. 그러나 당나라 땅의 무리는 이러한 것을 알 리가 없다"고 한탄하며 천태종 부흥의 의지를 더욱 강화한다.

3) 삼론종과 길장

중국 삼론종과 그 종파를 대성시킨 길장吉藏에 대해서 살펴보기로 한다.

모든 존재의 실체는 공空이라고 하는 중관 사상과 설사 현상적으로는 무상하다 하더라도 근원적인 인식으로서의 본체는 실재한다고 하는 유식 사상은 인도 대승불교 사상의 양대 산맥이다. 이 두 계통의 사상을 이어받은 종파가 수대의 삼론종三論宗과 당대의 법상종法相宗이다.

삼론종이란 인도 용수 보살의 『중론中論』과 『십이문론十二門論』, 그리고 그의 제자인 제바提婆의 『백론百論』을 소의논서로 하는 종파이다. 이 논서들은 모두 구마라집에 의해 번역되고, 구마라집의 제자들에 의해서 연구·계승되지만, 그 계보는 학자에 따라 달리 주장된다. 보편적으로는 삼론종의 전승을 구마라집-도생-담제-도랑-승전-법랑-길장으로 보고 있는데, 여기서 말하는 도랑은 바로 승랑僧朗을 가리키고, 길장에 이르러서 대성되었다고 하는 점에서는 거의 의견의 일치를 보고 있다.

그런데 계보 면에서는 구마라집부터 승랑까지는 학계가 명확하게 이루어졌다고 보기는 어렵다. 다만 분명한 것은 승랑을 중심으로 하여, 승랑 이전을 고삼론古三論이라 하고, 이후를 신삼론新三論이라 한다는 점이다. 승랑 이전에 삼론에 능했던 사람으로는 구마라집의 제자 승예僧叡와 담영曇影을 들 수 있다. 승랑은 고구려인으로 요동 사람이다. 강북에서 구마라집 교학을 배운 후, 강남으로 와서 초당사草堂寺에 주석한다. 양무제도 승랑을 존경하였고, 길장도 그를 흠모하여 섭산攝山 대사, 또는 대랑大朗 법사라 칭하였다고 한다. 그 섭산 대사 승랑에게 사사받은 이가 바로 산중山中 대사로 불리는 승전僧詮이다. 그는 승랑을 이은 삼론종의 제2조이다. 승전은 스승 승랑으로부터 삼론三論을 비롯, 『지도론』·『화엄경』 등을 수학하고 강설도 했지만, "법을 깊이 바라는 이는 다설多說을 하지 않는다"며 좌선삼매를 주로 하였다고 한다. 그의 문하 제자는 수백을 헤아리며, 그 가운데 사철四哲이라 불리는 사람 가운데 법랑法朗이 법을 이어 제3조가 된다.

삼론종이 학파로서 체제를 정비한 것은 바로 승전 때부터이다. 제3조 법랑은 승전에게 사사받기 전에 이미 선禪과 율律을 비롯, 『성실론』·『비담』·『반야경』·『화엄경』 등을 두루 섭렵하였다. 그 후 승전으로부터 『섭론』을 수학하게 된다. 그는 칙령에 의해 흥황사에서 25년 간이나 주석하며 강설하였다. 제자가 천여 명이었는데 실천적인 면은 명법사明法師가 이어받았고, 이론적인 면은 길장이 계승하였다고 전한다.

삼론종을 대성시킨 길장[91]은 성이 안씨安氏인 것에서도 알 수 있듯이 안식국 사람이다. 하지만 길장이 태어난 곳은 중국의 금릉金陵이다. 아버지가 출가하였으므로, 그는 항상 아버지를 따라다니다가 진제眞諦

91) 『속고승전』 11(대정장 50), p.513하.

삼장을 만나 길장이라는 이름을 받았다. 이후 부친을 따라 법랑의 강석에 참석한 것이 인연이 되어 7세에 법랑에게로 출가한다. 19세부터 강설로 두각을 나타내기 시작하며, 구족계를 받은 후 그의 명성은 더욱 높아진다. 수나라가 중국 천하를 통일하자 회계會稽의 가상사嘉祥寺에서 오랫동안 연구했으므로, 그를 가상 대사라고도 부른다.

그 후 수양제의 칙령에 의해 건립된 혜일慧日 도량에 주석하기도 한다. 당시의 수도 장안에서는 『법화경』 연구가 성행하였으므로, 길장도 그것을 연구하면서 천태종을 개창한 지의와도 교류를 가지고 서신 왕래를 하였다고 한다. 특히 길장은 북주의 폐불과 수나라의 통일 과정에서 황폐해진 여러 사찰로부터 많은 장소章疏들을 모아 자신의 저서에 두루 인용한다. 그 덕분에 현재 전혀 알려지지 않은 여러 자료들이 그의 저술 속에 나타나는 경우가 종종 있다.

길장은 삼론 강의를 100여 차례, 『법화경』 강의를 300여 차례 했다고 전한다. 이외에도 『반야경』·『화엄경』 역시 수십 차례 강의했다고 한다. 그의 저술 40여 부 160여 권 가운데 현존하는 것은 26권이다. 그 가운데서도 『중론소』·『백론소』·『십이문론소』 등 삼론의 소疏를 위시한, 『삼론현의三論玄義』·『법화의소法華義疏』 등이 있다. 그 가운데 특히 『삼론현의』는 삼론종의 개론서로서 오늘날까지도 연구되고 있다. 이렇게 승랑 이후 신삼론의 교학을 계승하고 대성시킨 길장은 75세로 입적한다. 그의 제자로는 지발을 비롯하여 많은 사람들이 있었으나, 종파로서는 그다지 번창하지 않았다. 다만 당나라 때 일본으로 전래되어 남도육종南都六宗의 하나로서 불교의 중심을 이룬다.

삼론종의 교의敎義는 한마디로 표현하자면, 유有와 공空에 치우치지 않고 다만 중도의 도리를 따르는 것이다. 이것은 무소득공無所得空, 무소득중도無所得中道를 실천하고자 하는 것이다. 무소득이므로 그 무엇에도 구애받지 않는 자유스러운 경지로, 마음속에 그 어떤 집착도 분별도 하지 않는 것이다. 즉 주관과 객관의 구별이 없는 것이 바로 중도이다.

그 외에도 길장을 이해하려면 성실학파에 대한 비판도 새겨보아야 할 부분이므로 잠시 살펴보기로 한다.

천태종의 종조로서 유명한 지의는 『성실론成實論』을 소승의 논이라 하여 심하게 비판한다. 하지만 구마라집 문하에서 『성실론』은 공관空觀을 설하는 대승불교의 중요 교리서로서 조금의 의심도 없이 수용되고, 남북조를 통해 왕성하게 연구되어 일세를 풍미하게 된다. 그러나 이렇게 『성실론』 연구가 활발하게 진행되고 성실학파가 비약적으로 성장해 갈수록, 삼론을 배우는 사람들에게는 학문적인 위기 의식이 싹텄을 수 있다. 자칫하면 『성실론』의 그림자에 매몰되어 버릴지도 모르는 상황에서 삼론 연구자들이 살아남기 위해서는 성실학파가 비판하고 극복하여야 할 과제였기 때문이다.

삼론학파를 대성한 길장은 『삼론현의』[92]에서 '성실의 파척'이라는 항목을 만들어 십의十義를 들어 구체적으로 성실론을 타파했을 뿐만 아니라 그가 저술한 모든 책에서 성실론에 대하여 반복적으로 격렬하게 비판한다. 지의나 길장의 시대에 이르면 중국불교계는 대승·소승 경론에 대한 연구가 왕성해져, 점차 대승 우위의 대승주의가 형성된다. 이러한 시대적 흐름 속에서 지의와 길장은 『성실론』이 과연 대승의 논인지 소승의 논인지 문제 삼게 된 것이다. 이 문제에 대해 길장이 열 가지의 관점에서 『성실론』은 소승의 논서라고 단정하기에 이른 것이 바로

92) 『삼론현의』(대정장 45), p.3중.

『삼론현의』의 성실의 파척이라는 항목이다.

4) 삼계교와 신행

　　　　삼계교三階敎라는 신흥 종교를 창시하여 서민들에게 불교를 포교한 신행信行에 대해서 살펴보기로 한다. 신행이 삼계교를 창시하는 그 바탕에는 말법 시대라는 강한 위기 의식이 있었다. 그뿐만 아니라 말법 사상은 남북조 시대 이후 불교에 큰 영향을 미친 하나의 요인이기도 하다. 따라서 삼계교를 알아보기에 앞서 말법 사상의 흥기와 전개 과정에 대한 대강을 설명하고자 한다.

　중국에서 말법 사상을 처음 주창한 이는 신행이 아니라 천태종의 제2조인 남악혜사南岳慧思이며, 그의 이러한 사상은 『입서원문立誓願文』[93]에 나타나 있다. 이 책은 558년, 혜사의 나이 44세 때, 자신의 종교적 열정과 박해의 체험을 바탕으로 중생 구제의 원을 쓴 것이다. 그 내용 중에 혜사는 탄생에서 현재에 이르기까지의 자신의 인생 역정을 요약하여, "나, 혜사는 말법 82년 을미년(515) 11월 11일에 대위국大魏國(북위) 남예주南豫州 여양군汝陽郡 무진현武津縣에서 태어났다"고 한다. 이 글에서 혜사는 자신이 태어난 해를 분명하게 말법으로 규정지어 기록하고 있다. 또한 그는 말법에서 법멸진이라는 강한 위기 의식에서, 금자金字『반야경』과 『법화경』을 만들어 칠보로 된 보배함에 넣어 대비하려 하였다. 게다가 자신은 선도仙道로 장생술을 터득하여 56억 7천만 년 후 미륵불이 하생하는 새벽에 그 화의化儀를 돕겠다는 서원을 한다.

---

93) 『남악사대선사입서원문』(대정장 46), p.786중.

그런데 혜사는 『입서원문』[94] 중에서 정법 500년, 상법 천 년, 말법 만 년이라고 기록하고 있다. 그러므로 그가 태어난 해 원문대로라면 (『속고승전』에서는 514년), 말법은 434년에 시작된다는 계산이 된다. 그렇게 되면 불멸 연대는 기원전 1068년이 된다. 혜사는 『석가모니불비문삼매관중생본기경釋迦牟尼佛悲門三昧觀衆生本起經』이라는 경을 전거로 들고 있지만, 사실상 현존하지 않으므로 이것이 어떠한 경전인지는 알 수 없다.

남조 양대梁代의 불교사가佛敎史家 승우僧祐는 자신이 편찬한 『홍명집』[95]의 서문에, "그 옛날 여래 재세 당시에는 그 교화가 대천세계를 진동시켰지만, 그렇더라도 역시 사마四魔는 노하고 육사외도는 마음에 독을 품었다. 더군다나 상법像法 말인 지금은 도저히 피할 길이 없다"고 서술함으로써, 자신의 시대를 상법 말기라고 생각했다는 점에서 그때까지 말법 의식은 없었던 것으로 보인다.

불법멸진을 설하는 경전인 『마하마야경摩訶摩耶經』이나 『연화면경蓮華面經』, 『대집경大集經』 등은 모두 5~6세기에 걸쳐 나왔다. 그 후 지금 현재가 말법이라는 시대 의식은 무제에 의한 북주·북제의 폐불(574, 577)을 계기로 중국불교계에 급속히 고조되었던 것으로 보인다. 이러한 점으로 볼 때, 혜사의 말법 의식은 당시로서는 매우 이른 것이었다고 할 수 있다.

한편, 혜사의 가르침을 계승한 지의의 『마하지관』, 『법화문구法華文句』, 『사교의四敎義』 등에도 말법이라는 단어가 보이나, 그 위기 의식이 혜사만큼 강하지는 않다. 그리고 지의보다 약 12년 후의 길장은 『백

---

94) 상동, p.786하.
95) 『홍명집』(대정장 52), p.1상.

론소』나 『중관론소』 등에서 정법·상법·말법의 삼시三時에 대해 상세하게 논하지만, 역시 법멸진에 대한 위기 의식은 구체적으로 밝히고 있지 않다.

수·당 초기에 말법 도래의 위기를 의식하고, 이에 대한 자각과 반성을 바탕으로 자신만의 불교를 형성한 자는 중국정토교의 도작道綽(562~645)이나 그의 제자 선도善導(613~681), 그리고 그들과 동시대인인 가재迦才(7세기 중엽) 등이었다. 도작은 그의 저작 『안락집安樂集』에서 불법을 성도문聖道門과 정토문淨土門으로 나누고, 말법의 오탁악세에서는 정토문 하나뿐이라며 타력 정토왕생을 설한다. 선도는 도작을 이어 『관무량수경소觀無量壽經疏』를 지어서, 경에서 설하는 법장비구의 48원의 제18원에 의거하여 본원염불을 제창한다.

6세기 후반에 말법 사상의 영향으로 성립된 종교로 특기할 만한 것은 북제北齊의 신행信行이 창시한 삼계교三階教이다. 거기에 굳이 하나 더 든다면, 법멸진에 대비하여 운유雲裕(518~605)나 수隋의 정완靜琬(?~639) 등이 행한 석경石經 사업이다.

이상으로 말법 사상에 대한 설명을 마무리하고, 신행의 삼계교와 그 교의에 대하여 살펴보자.

북주 폐불 사건을 겪으면서 사람들은 말법의 도래를 자각하고 실감하게 된다. 따라서 사람들이 말법 시대를 살아 나가기 위해서는 어떻게 대처해야 하는가를 고민할 때, 그 방법을 가르친 이가 바로 신행이다.

신행信行(540~594)[96]이 주창한 삼계교는 무엇보다 말세에 살고 있는 죄 많은 범부라는 자각을 바탕으로 출발함으로써 서민 생활과 직결된

---

96) 『속고승전』(대정장 50), pp.559상~560중.

다. 더욱이 그것이 정신적인 지주로만 그친 것이 아니라, 경제적으로나 불교 사회 복지 면에서도 처음으로 관심을 가지고 실천에 옮긴 불교 단체라는 점에서 중요한 역할을 하게 된다.

먼저 삼계三階라는 말은 글자 그대로 세 단계를 의미한다. 즉 불교를 시대(시時)·장소(처處)·사람(인人)의 근기에 맞추어 세 가지로 분류하고, 지금이 바로 그 세 번째 단계에 해당한다고 하여 삼계교라 한다. 이를 정리하면 다음과 같다.

첫 번째로 시기에 대한 삼계三階의 분류이다.

　　　제일계一階: 정법正法
　　　제이계二階: 상법像法
　　　제삼계三階: 말법末法

그런데 실은 경전에는 정법·상법만을 설하였을 뿐, 정正·상像·말末이 함께 설해져 있지는 않다. 다만 말법을 단독으로 설한다든지[97] 말세, 말법의 용어가 보이는 『인왕경仁王經』「촉루품囑累品」[98]이 있을 뿐이다. 따라서 신행은 이 셋을 합친 셈이다. 앞에서의 정正·상像과 후자의 말법末法, 그리고 『대집경大集經』「월장분月藏分」[99]에서 설한 오견고설五堅固說이 결합되어 중국에서 형성된 것이 바로 삼시三時 사상이다.

그 다음은 두 번째로 장소(처處)의 삼계三階란 다음과 같다.

---

97) 『법화경』(대정장 9), p.37하; 38중.
98) 말세는 『법화경』(대정장 9), p.38중에, 말법은 동경同經, p.37하에 보인다.
99) 『대집경』「月藏分」(대정장 13), p.363중.

제일계一階: 정토淨土
제이계二階: 예토穢土
제삼계三階: 예토穢土

마지막으로 사람에 대한 삼계의 분류는 다음과 같다.

제일계一階: 일승一乘의 근기
제이계二階: 삼승三乘의 근기
제삼계三階: 하열下劣의 근기

따라서 신행은 다음과 같은 주장을 하기에 이른다. 정正·상像의 불교는 일승一乘과 삼승三乘에 대한 가르침이다. 정법 시대와 같이 수행을 잘하는 시대라면 몰라도 지금은 말법 시대이고, 우리는 예토에 사는 악인惡人들이다. 그러므로 이 시대의 종교는 악인인 우리가 악인인 채로 그대로 구제받을 수 있는 가르침이 아니면 안 된다. 그것이 바로 보경인악普敬認惡·보법보불普法普佛의 가르침이다. 다시 말해 일체중생을 차별 없이 모두 본래 부처인 것으로 보고, 서로가 서로를 공경하자는 것이다. 그러나 자기 자신에 대해서는 말세에 태어난 인간으로서 뿌리 깊게 자리잡고 있는 악惡을 인정하고, 더욱더 선행을 쌓아야 할 것을 강조한다.

삼계교는 일체의 불(보불普佛)과 일체의 법(보법普法)에 귀의하기 때문에 보편적인 가르침이라는 의미에서 보법종普法宗이라고도 한다. 삼계교에서 말하는 보불 사상은 모든 존재를 불타로 여긴다는 것이다. 그러므로 신행信行은 길을 가다가 마주치는 사람 누구에게나 불타를 대하듯

합장하고 절을 하였다고 한다. 그는 일체중생실유불성一切衆生悉有佛性을 문자로만이 아니라 몸소 실천한 수행자였던 것이다.

또한 삼계교의 특징 가운데 하나는 대사회적인 실천행으로서, 무진 장원無盡藏院을 통해 사회 복지에 기여했다는 점이다. 이것은 일종의 서민 금고와도 같은 것이다. 앞에서 이미 언급하였듯이 말세의 예토에 사는 죄 많은 범부는 누구나 할 것 없이 모두가 선행을 쌓아야만 한다. 그러므로 그 선행의 근본에 무소득공無所得空 사상을 적용시켜 평등보 시平等布施를 실천하게 한다는 뜻이다. 결국 무소득행無所得行에 뜻을 둔 신도들은 앞다투어 보시를 실천하게 되고, 이로 인해 모인 자금으로 무진장원을 설립한다. 그리고 이것을 운영하여 빈곤자와 노약자, 그리고 중병자들에게 도움을 줄 수 있게 된다. 그뿐만 아니라 삼계교는 지방 교통의 요충지마다 무료 숙박 시설을 지어 여행자의 편의를 도모하기도 하였다.

이와 같이 삼계교는 서민들의 정신적 지주는 물론 경제적 의지처 역할을 하였다. 그리고 한 걸음 더 나아가 사회 복지에까지 관심을 기울였다. 결과적으로 삼계교는 대사회적 호응을 받아 신도들을 결속한 셈이다. 한편, 삼계교의 교세가 이처럼 확장되자 자연히 반대 세력에 부딪치게 된다. 특히 삼계교의 현실 비판은 기성 불교 교단의 반발과 더불어 정치권력자들의 공격까지 받게 된다. 즉 기성 불교 교단과 달리 독자적인 형태로 상부상조적·자선 사업적인 무진장원을 설치한 것으로 인해 여러 차례 국가적인 탄압을 받게 된다.

결국 신행이 입적하고 얼마 되지 않아 삼계교의 전적典籍은 이단서로 지목된다. 계속해서 삼계교의 위법성이 공포되고, 713년에는 교단의 경제 기반인 무진장원까지 폐지된다. 이에 따라 삼계교의 사찰과 전적이 모조리 소각되어 그 자취조차 찾아볼 수 없게 되었다.

다시 말해 삼계교의 소멸 원인 중 하나는 국가 권력으로부터의 지지를 받지 못한 데 있다고 할 수 있다. 이는 그만큼 수·당 불교가 국가불교적 색채가 짙었다는 것을 반증해 준다. 또 한 가지는 기존의 불교 상식을 벗어난 새롭고 급진적인 사상의 제창은 어느 시대나 기성세력을 가진 교단으로부터 저항받기 마련이라는 점도 알 수 있다.

신행 입적 후의 삼계교는 4, 5차례의 탄압을 받으면서도, 300여 년간 존속한다. 비록 기성 불교 교단과 정치 세력의 탄압으로 이단시되고 소멸되어 표면상으로는 그 모습이 사라지지만 내면적으로는 민중들과 함께 3, 4백 년 간이나 존속된다. 그런데 이와 같은 삼계교의 실상과 그 계보가 세상에 알려지게 된 것은 불과 얼마 전의 일이다. 그 전까지는 다른 서적의 인용문이나 금석문金石文 등을 통하여 아주 단편적으로만 알 수 있었을 뿐이었다. 즉 20세기 초(1903) 돈황 석굴에서 나온 고사본古寫本에 삼계교와 관련된 전적들이 발견되면서 비로소 그 전모가 드러나게 된 것이다. 이로써 당시 발굴된 자료에 의해 특이한 불교 교단으로서의 삼계교의 실체가 명확해진다. 더구나 삼계교는 다음에 살펴볼 정토교의 기반이 되므로 중요한 의미를 지닌다.

5) 위경의 찬술 의도와 배경

불교의 중국적 변용이라는 입장에서 만들어진 중국 찬술 경전, 즉 위경에 대해서 살펴보기로 한다.

불타도 없고, 사리불이나 문수보살 같은 지혜를 갖춘 것도 아니며, 환경 역시 다른 이 현실에서 깨달음을 얻을 수 있는 방법은 무엇일까?

또, 누가 보살이 되고, 불타가 되며, 누가 구제되어야 하는가? 이러한 현실적 자각과 반성에 의해 실천불교는 발전한다. 그 하나는 정토교淨土敎이고, 또 다른 하나는 선종禪宗이다.

앞에서도 언급하였지만, 중국불교는 한역漢譯 불전佛典을 중심으로 성립된 불교이다. 다시 말해서 불교 교리를 연구한 결과로 한역 불전을 만든 것이 아니라, 먼저 한역 불전이 만들어지고 이것을 바탕으로 불교를 이해했으며 불교 사상을 더욱 발전시켜 나갔다. 이 점이 중국불교가 범문梵文 또는 한역 불전을 그대로 수용한 한국불교나 일본불교와 다른 점이다.

인도나 서역으로부터 중국에 전해진 경전들은 곧바로 한문으로 번역된다. 이것은 한역 불전의 원전이 인도나 서역에 있었다는 의미이다. 이를 바꾸어 말하면 비록 한문으로 번역되었다 하더라도, 그 내용과 사상은 어디까지나 인도불교라는 뜻이다. 그런데 어느 시점인가부터 인도나 서역에 원전이 없는 경전, 즉 중국에서 찬술된 경전들이 출현한다.

이렇게 찬술된 경전류는 어디까지나 중국인의 사상과 문화, 그리고 전통이나 관습 등에 근거한 것들이다. 따라서 우리가 보통 원전이 있는 번역 경전을 '진경眞經'이라 하는 데에 비해, 중국에서 찬술된 것이 확실한 경전들은 '위경僞經', 또는 번역 경전으로 간주하기에는 의심스럽다 하여 '의경疑經'이라 한다. 또한 경우에 따라서는 '의위경疑僞經' 혹은 '의사경疑似經'이라 부르기도 하는데 그 뜻은 같다. 말하자면 번역 불전이 아닌 중국 찬술의 불전에 관한 것으로, 중국인들이 금구金口를 스스로 만들어 낸 것이다.

인도에서 중국으로 전해진 불교는 '번역'이라는 과정이 개입되므로 항상 학식과 교양이 높은 고승이나 재가의 지식인이 그 담당자가 된다.

그들은 사원을 중심으로 교단을 형성하고, 권위적인 교학체계나 규범적인 의례를 제공하기도 한다. 다른 한편으로는 기존의 종교나 지역 관습에 길들여져 있는 일반 대중이 정통한 불교를 벗어나, 일상생활에서 다양한 활동이나 독자적인 불교 이해 및 실천을 전개한 경우도 있다. 이 때문에 역대 왕조의 지원하에 고승이나 저명한 거사에 의해 편찬된 대장경이나 경록에는 항상 진불교眞佛敎와 위불교僞佛敎의 엄중한 구별이 행해졌다. 그러면서도 이 두 종류는 불교 역사 속에서 끊임없이 병존해 왔다. 또한, 그 진위의 경계선도 시간이 경과함에 따라 점점 더 애매해져 갔던 것이다.

그런데 이러한 위경에 제일 먼저 관심을 갖고 이를 문제 삼은 이는 바로 경록經錄을 작성하던 편찬자들이다. 그들은 번역 경전의 목록을 작성하면서 당연히 이것이 번역된 경전인가 아닌가, 또는 누가 언제 어디서 번역한 것인가를 분명히 밝히고 판단할 필요가 있었기 때문이다.

중국불교의 기초를 다진 도안이 찬술한 『종리중경목록綜理衆經目錄』에는 『정행삼매경定行三昧經』·『보여래경寶如來經』 등 26부 30권을 이미 위경이라고 밝혀 놓고 있다. 이것으로 볼 때 위경이 비교적 빠른 시기에 만들어졌음을 알 수 있다. 그리고 양梁나라 승우僧祐(445~518)의 『출삼장기집出三藏記集』「신집안공의경록新集安公疑經錄」[100]에는 도안 道安이 지적한 26부 30권의 위경을 전함과 동시에 20부 26권을 더해 위경의 합계를 46부 56권이라 하고 있다.

또한 수나라 법경法經 등이 찬술한 『법경록法經錄』에는 55부 67권을 의혹부疑惑部에 넣고, 다시 도안과 승우가 든 위경을 합쳐 141부 330권

---

100) 『출삼장기집』(대정장 55), p.38중.

을 위경僞經이라고 한다. 그리고 같은 시대 언종彦悰이 편찬한『중경목록衆經目錄』에는 무려 209부 491권을 위경으로 판정해 놓았다.

이후 가장 완비된 경록으로 평가받는 당의 개원開元 18년(730)에 찬술된 지승智昇의『개원석교록開元釋敎錄』은「의혹재상록疑惑再詳錄」에 14부 19권,「위망란진록僞妄亂眞錄」에 392부 1055권을 위경으로 기록하고 있는데, 그 합계는 무려 406부 1074권이나 된다. 이것은『개원록』의 입장경入藏經이 모두 1076부 5048권인 것에 비추어 볼 때, 당시에 위경이 얼마나 성행하였는가를 짐작하게 해 준다.

경록자들은 한결같이 위경을 불설의 진실을 흐리게 하는 망설이라고 하였다. 그런데도 그들의 우려와는 상관없이 시대가 흐르면서 마치 그 시대의 사회상을 대변이나 하듯이 위경의 종류도 점차 다양해지고, 그 수효 역시 급증한 것은 오히려 그 경록의 편찬자들에 의해 반증된다.

『속고승전』「담요전曇曜傳」에 의하면,[101] 446년 북위 태무제의 폐불로 구역舊譯의 제경諸經이 소각 등으로 인해 소실된다. 그래서 담정이 서민 교화를 위해『제위파리경提謂波利經』을 제작하는데, 이 경전은 수나라 개황開皇 연간(581~600)에도 관중關中 지역의 민간에서 여전히 읽혀지고, 출가자를 지도자로 삼는 신자 집단 읍의邑義에서도 매월 두 번의 재회가 행해졌다고 한다.『제위경』에는 불교의 가장 기본적인 계율인 오계가 중국의 전통 사상에서 인간이 실천해야 할 덕목인 인·의·예·지·신의 오상五常에 견주어 설명되고 있다. 말하자면 살생을 금하는 불살생계는 인仁에, 간음을 금하는 불사음계는 의義에, 음주를 금하는 불음주계는 예禮에, 도둑질을 금하는 불투도계는 지智에, 허언虛言

101)『속고승전』1(대정장 50), p.427하.

을 금하는 불망어계는 신信에 각각 대응시킨 것이다.

그렇다면 무엇 때문에 이렇게 많은 위경이 만들어졌으며, 위경에는 어떤 것들이 있는가? 이러한 문제 의식과 더불어 그 위경들이 중국불교사에 끼친 영향은 무엇인지를 확인하는 과정이 위경 연구의 과제이자 민간 신앙을 해명하는 열쇠일 것이다.

요컨대 인도와 중국은 역사와 풍토, 문화와 사상 그리고 전통과 관습이 전혀 다른 나라이다. 더구나 중국은 예로부터 소위 중화 사상이라는 긍지를 지니고 있는 나라이다. 그뿐만 아니라 뿌리 깊은 유교와 도교 등 전통 종교가 맥을 잇고 있는 나라이다. 이러한 중국에 외래 종교인 불교가 들어가 뿌리를 내리기까지는 참으로 눈물겨운 노력이 있었을 것이다. 따라서 위경은 전문적인 입장에서가 아니라 실제로 종교를 필요로 하는 서민들이 갈구한 경전은 어떤 것이었을까 하는 입장에서 평가되어야 할 것이다. 이러한 차원에서 볼 때 위경의 찬술 의도는 크게 여섯 가지로 분류할 수 있다.[102]

첫째로, 주권자의 뜻에 부합하기 위한 위경이다. 예컨대 『대운경大雲經』·『보우경寶雨經』 등이 그것이다. 특히 『대운경』은 당나라 측천무후가 여성으로서 국왕이 되어야만 하는 필연성을 부각시키고 왕위 찬탈을 정당화하기 위한 것이다.

둘째로, 주권자의 시정施政을 비판하고 바로잡기 위한 위경이다. 가령 『인왕반야바라밀경仁王般若波羅蜜經』·『상법결의경像法決疑經』 등이 이에 해당한다. 특히 『상법결의경』은 삼계교의 신행이 많이 인용한 경전인데, 주로 지나친 조탑造塔, 조상造像, 사경寫經에 대해 반성을 촉구

---

102) 牧田諦亮(1967), 『疑經研究』, 京都大學人文科學研究所, pp.40~84 참조.

중국불교

하고 있다.

셋째로, 중국 전통 사상과의 조화와 우열을 염두에 두고 만든 위경이다. 예컨대『청정법행경淸淨法行經』·『부모은중경』 등이 여기에 해당한다. 특히『부모은중경』은 유교의 가족 윤리 문제에 대응하기 위해 만들어진 경전으로 부모에 대한 보은의 중요성을 강조하는 내용을 담고 있다.

넷째로, 특정한 교의와 신앙을 고취하기 위한 목적으로 만든 위경이다. 예컨대『설행법경說行法經』이 그것이다. 비록 산실되어 남은 것이 적지만 일상생활의 깊은 반성과 실천을 강조하는 점이 주목된다.

다섯째로, 생존했던 인물의 이름을 따서 만든 위경이다. 예컨대『고왕관세음경高王觀世音經』은 경전에 실존 인물의 이름을 넣는다는 것 자체가 위경임을 인정하고 있는 것임에도 이와 같이 이름을 붙인 것은 그만큼 관음 신앙의 영향력을 후대에까지 알리려는 의도가 있었기 때문일 것이다.

여섯째로, 질병 치료와 기복을 기원하는 위경으로, 위경 가운데 가장 많은 종류가 여기에 속한다. 이 중에는『천지팔양신주경天地八陽神呪經』이 가장 널리 읽히며 또한 큰 영향력을 지닌다.

원래 중국에는 공맹孔孟의 가르침이 상하·빈부·귀천의 구별 없이 폭넓게 보급되어 있었다. 게다가 도교라는 그들의 민족 종교가 있었으므로 불교가 중국에 발붙이고 들어갈 여지는 없었다. 더욱이 인도의 불교 사상은 명상적이고 고원하여, 소위 해탈의 종교라는 출세간의 가르침을 전한다. 그 반면 중국은 현실을 바탕으로 하는 가르침을 중시한다. 그러므로 중국인의 입장에서 불교는 완전히 이질적인 사상으로 여겨질 소지가 있었던 것이다.

따라서 거듭 밝히지만, 불교가 중국의 사상이 되고 민중의 종교가 되기 위해서는 불교도들의 눈물겨운 노력이 있었을 것이다. 불교가 중국 사회에 정착해 가기 위하여 중국인들이 선호할 만한 불교 사상은 무엇이며, 그들이 희구하는 불교 경전은 어떤 것일지에 대해 끊임없이 관찰하지 않을 수 없었을 것이다. 또한 중국인들의 신앙 수용 형태는 어떠한 사상이나 문화라도 자신들의 현실에 맞게 동화시켜 수용함으로써, 결코 외국에서 들어온 것이 아닌 것처럼 만들어 버리는 경향이 짙다. 그런 의미에서 위경은 인도불교의 중국적 변용이라는 과정에서 생겨난 것으로 이해할 필요가 있다. 무엇보다 8세기 중엽에 이미 천 권이 넘는 위경이 찬술되었다고 하는 것이 이런 사정을 잘 대변해 준다.

그런데 이러한 위경은 『개원석교록』에서 일체장경—切藏經에 입장入藏시키지 않아, 그 후로도 일체장경에 수록되지 못한다. 그래서 그 전모를 알 수 없었다. 그러나 20세기 초, 돈황 석굴에서 다량의 위경이 발견되면서 위경 연구에 활기를 띠게 되었다. 이때 발견된 고사본을 일본 학자가 전부 정리하여 현재 『신수대장경』 제88권 「의사부疑似部」에 수록하고 있다. 그리고 여기에 실려 있지 않은 돈황 문헌을 연구하고자 하는 사람들, 특히 중국 학자들은 파리 돈황연구소 국립도서관이나 런던의 대영박물관으로 가는 수밖에 없다. 왜냐하면 안타깝게도 발견 당시 문헌의 가치에 둔감했던 중국인이 프랑스, 영국, 일본 등의 나라에 헐값으로 넘겼기 때문이다.

이처럼 돈황 석굴에서 수많은 진귀한 문헌들이 발굴되면서 위경에 대한 사실도 알 수 있는 계기가 마련되었다. 또한 이를 통해 위경은 불교가 중국화되어 가는 과정에서 시대적 요청에 의해 필연적으로 변용된 형태라는 것을 알 수 있다.

2. 당대의 불교

　　　　　당나라는 수나라에 비해 10배나 긴 300년 간이나 통일 중국을 유지하면서 중국 문화의 황금시대를 이루었다. 불교 문화 역시 전후로 비할 바 없이 융성하여 최전성기를 맞이한다. 남북조 시대까지의 수입 불교 영역에서 완전히 탈피하여 중국불교의 독자적인 면모를 갖추게 된 시기라고 할 수 있다. 그뿐만 아니라 역경 사업과 교학 연구 등이 이 시대에 결실을 맺어 여러 종파가 성립한다. 법상종의 현장과 규기·율종의 도선·화엄종의 법장·정토종의 선도·선종의 혜능·밀교의 불공 등 기라성 같은 고승들이 배출된다. 그러나 완성기이자 결산기이기도 한 당나라 불교는 말기에 이르러 또 한 차례의 법난을 맞게 된다. 중국불교사에서 세 번째 법난에 해당하는 회창會昌 폐불이다. 이로 인해 전성기를 구가하던 중국불교는 큰 타격을 입게 되고 쇠퇴 일로에서 헤어나지 못하게 된다.

　　중국에 불교가 전래된 이후, 국가 권력과 불교 교단의 유대 관계는 항상 불가분의 관계를 유지하고 있었다. 그러므로 당나라의 종파불교를 살펴보기 전에, 먼저 당나라의 국가 정책과 불교의 관계를 전반적으로 살펴보고자 한다.

당나라 불교는 왕족·귀족·대부호·평민 등, 모든 사회 계층으로부터 지지를 받는다. 한편으로는 그 지역의 문벌이 가진 지위와 영향력을 공유하고, 또 다른 한편으로는 사원의 넓은 경내를 서민들에게 쾌적한 휴식 공간으로 제공하였다. 그뿐만 아니라 사원에서 대대적인 불교 행사와 법회를 열어 시골과 도시의 대중들에게 신비로움과 즐거움을 제공하는 등 다양한 행사를 통하여 그들과 밀접한 관계를 형성한다. 이처럼 모든 사회 계급에 두루 영향을 미치는 것은 불교 교단의 힘의 원천이 되기도 하였다.

그러나 어떤 측면에서 당나라 불교는 국가와 밀접하게 일체화됨으로써 국가의 지배하에 놓이게 되었다고도 할 수 있다. 분명 사찰 행정을 관리하는 승단의 관리가 있었으나, 그들이 세속 관리의 감독하에 있었던 것이 그 증거다. 더욱이, 남북조 시대에는 물론 수나라까지만 해도, 사문의 사소한 잘못은 불교 교단의 계율에 따라 처리하고 살인과 같이 큰 죄만 국법에 의해 다루었다. 그러나 당나라에 이르면 사문이 저지른 모든 죄를 국법에 따라 심판하고 처리한다. 이는 사문이 더 이상 방외方外의 사士가 아닌 국가 사회의 구성원으로 간주되었다는 뜻이다.

그런데 당唐 왕실은 원래 농서隴西를 본적으로 하는 이씨李氏 가문이다. 그런데 농서 이씨는 명문名門이 아닌 북방 부족계部族系에 속한다. 이것은 육조六朝 시대의 문벌 존중 풍조가 남아 있었던 당대唐代에서는 틀림없는 약점이었다. 따라서 당 왕실은 어떻게든 이씨 문중의 권위를 세우고자 하였다. 그러던 차에 도교의 교조 노자老子가 이이李耳라는 것에 착안하여 노자를 당 왕실의 선조라고 주장하기에 이른다. 이러한 당 왕실의 주장은 자칫 터무니없어 보일 수도 있다. 하지만 중국에서는 일반적으로 동성同姓은 피가 이어져 있다는 의식이 강하다. 그러므로 그들에게는 당 왕실이 같은 성씨의 노자를 그들의 선조라고 주장하는 것이 이상할 것도 없다.

이와 같이 당 왕실은 노자를 조상으로 삼아 왕실의 권위를 세우고자 하고, 도교 측 역시 왕실의 비호 아래 세력을 확대하고자 한다. 말하자면 양자의 이해관계가 일치했다고 할 수 있다. 그 결과 도교는 자연히 국가 종교적 위치를 부여받게 된다. 측천무후則天武后를 제외한 당대의 모든 황제들이 모두 표면적으로는 도교를 보호하려 했던 것도 그 때문이다. 그런데도 불교는 왕족과 귀족·대부호·사대부·평민 등 모든 사회 계급으로부터 지지를 받았으므로 그 영향력은 도교를 훨씬 능가하였다.

한편, 당나라 초기 왕실의 도교 정책에 힘을 얻은 도사이자 태사령太史令 부혁傅奕은 고조황제에게 불교를 비난하는 상소를 올린다. 그의 주장은 불교가 국가적·도덕적·경제적 측면에서 도대체 이득이 없다는 것이었다. 그러나 지속적인 공격에도 그의 주장은 별 지지를 얻지 못한다. 불교 교단은 힘이 있는 데다가 귀족들로부터 강력한 후원을 받고 있었기 때문이다. 더욱이 고조高祖는 옛날 북주의 멸망이 부분적으로 불교 탄압에 기인한다는 사실을 기억하고 있었다. 게다가 고조는 겨우 통일된 나라의 안정을 반불교적인 행위로 잃고 싶지 않았다. 또한 그로 인해 대다수 국민들과 적대 관계에 놓이는 것도 원하지 않았다. 이러한 이유들로 고조는 의도적으로 불교를 탄압하지는 않았지만, 사원과 사문들을 왕실 지배하에 두고자 했다. 그래서 수도에는 세 개, 각 주마다

한 개의 사찰만을 허락한다는 극단적 제한 조치를 내린다. 그러나 때마침 둘째 아들인 이세민(태종太宗)에게 제위를 물려줘야 할 사건이 생기면서 시행되지는 않았다.

태종은 처음부터 불교에 호의적이지는 않았다. 그러나 현장의 영향으로 번역 사업을 대대적으로 지원할 만큼 불교에 진심으로 귀의하게 된다. 뒤를 이은 고종 또한 불교를 장려한다. 그 당시 도세道世는 불교 백과사전 격인 『법원주림法苑珠林』 100권을 완성한다. 측천은 별로 눈에 띄지 않는 태종의 후궁이었으나 고종의 태자 시절부터 교제하다가, 고종이 즉위하자 막강한 실력을 행사한다. 이후 고종의 죽음과 함께 측천무후는 실질적인 권력을 장악하게 된다. 급기야 아들 중종과 예종을 연이어 폐위시키고 귀양 보낸 뒤 자신이 직접 제위에 오른다.

측천무후는 어릴 때부터 어머니가 열렬한 불교 신자였고, 한때 그 자신도 태종이 죽자, 선제의 후궁은 비구니가 되어야 한다는 법도에 따라 감업사에 은거하기도 한다. 그러한 인연 때문인지 측천무후는 제위에 오르자 자신의 집권을 정당화하기 위해 『대운경』을 짓는 한편 적극적으로 불교 보호 정책을 편다. 측천무후가 물러나고 다시 그의 아들 중종과 예종이 차례로 제위에 오른다. 그리고 예종의 뒤를 이은 사람이 그의 아들 이융기, 즉 현종玄宗이다. 당나라는 현종 때부터 다시 도교가 황실의 총애를 되찾게 된다.

그런데 문제는 당나라 무종武宗 때 일어난 법난이다. 중국불교 역사상 네 차례의 폐불, 즉 삼무일종三武一宗의 법난 가운데 세 번째에 해당하는 사건이다. 남북조 시대에 일어난 법난은 두 번 다 북조, 즉 강북에만 그 폐해가 미쳤다. 그러나 당나라의 회창 폐불은 통일국가였던 만큼 전국적 규모였다는 점에 그 심각성이 있다. 그만큼 불교 탄압은 치명적인 것이었고, 이 때문에 845년 이후 불교는 쇠퇴기로 전환한다.

『구당서舊唐書』 무제본기武帝本紀에 의하면[103] 파불破佛된 사원이 4천 6백여 곳이라 한다. 게다가 환속으로 인해 양세호兩稅戶에 충당된 승니는 26만 5백명, 파괴된 초제招提와 난야蘭若는 4만여 곳, 접수된 불교 소유의 비옥한 밭은 수천만 경頃, 양세호로 충당된 사원 지배하의 노비는 15만 명에 각각 이르렀다고 한다. 그 외에 회창 폐불 당시의 사정을 소상히 보여 주는 기록으로 『입당구법순례행기入唐求法巡禮行記』[104]가 있다. 이것은 일본 자각慈覺 대사 원인圓仁이 회창 폐불을 직접 체험한 것을 바탕으로 기록한 자료로, 중국의 문헌에 없는 내용이 많다. 특히 폐불 조칙에 관한 인용이 빈번하고 일기체의 서술 형태여서, 폐불이 진행되는 상황을 생생하게 전하고 있다.

여기서 주목해야 할 것은 다음의 두 가지 사실이다. 앞서 두 번의 폐불처럼 회창 법난에서도 도교의 도사가 관련되어 있다는 것과 불교를 탄압했던 제왕이 죽고서 뒤를 이은 왕은 곧바로 불교 부흥 조칙을 내렸다는 것이다. 다른 것은 몰라도 폐불이 언제나 도교와 관련되어 있었다는 것은 도교가 민족 종교였기 때문이다.

한편, 당나라 때 불교 의례의 특색은 첫째 국가적 색채가 강하고, 둘째 종파적인 차이가 거의 없으며, 셋째 교단 발전과 더불어 복잡해진 경향이 있고, 넷째 깨달음이라는 본래 목적을 잃고 기도를 주로 삼았다는 데에 있다. 물론 이론적인 불교는 서민들에게까지 전해지고 이해되는 것이 아니다. 그러므로 이들을 위하여 설법을 전문으로 하는 창도사唱導師, 범패를 통하여 민중에게 불교를 전하는 경사經師, 또는 강의할 때

103) 『舊唐書』 18 「本紀」, p.18상.
104) 『입당구법순례행기』(일본불교전서 113), pp.169~282.

강사와 문답을 하여 듣는 이의 이해에 보탬이 되도록 하는 도강都講 등의 역할이 있었다. 이러한 역할을 한 승려들은 비록 명성이 높지는 않지만 진정 서민들의 불교 교화에 커다란 공헌을 하였다고 볼 수 있다.

이상으로 당나라의 불교 정책과 무종의 회창 폐불에 대하여 그 대략적인 내용을 살펴보았다. 다음 절에서는 당나라 때의 제 종파와 그 종파의 종조에 대하여 살펴보기로 한다.

1) 정토종과 선도

당나라 때 전개된 종파들 가운데 먼저 정토교를 살펴보기로 한다. 흔히 '정토' 하면 아미타불과 아미타불이 머무는 서방정토西方淨土를 떠올리게 되고, 극락에 가기 위한 염불을 생각하게 된다.

이와 같은 생각은 담란 이후 도작과 선도로 이어지는 계통에서 만들어진다. 물론 담란 이전에도 동진 시대 여산의 혜원이 승속 제자 123명과 함께 한 최초의 염불결사인 백련사白蓮社가 있었다. 그러므로 정토교 신앙은 여산의 혜원에게서 비롯되었다고도 하지만, 당시의 염불은 칭명염불稱名念佛이 아니라 관불삼매觀佛三昧에 근거한 염불이었다. 그 대상 역시 사대부 계층에 한정되어 당시의 일반 사회에까지 크게 영향을 미치지는 못하였다. 그 후 중국에서 아미타불이 널리 신앙된 것은 바로 담란과 도작, 그리고 선도의 활동에 의해서였다. 그러므로 우선 담란에 대하여 살펴보기로 한다.

담란曇鸞(476~542)[105]은 강북江北 사람이다. 그는 어려서부터 몸이 약

---

105) 『속고승전』(대정장 50), p.470상.

했는데, 어느 날 갑자기 하늘의 문이 열리는 느낌을 받고 나서 병이 완쾌된다. 이러한 경험으로 인하여 그는 영원한 삶을 가져다 주는 불로장생不老長生의 약을 구하기로 결심한다. 그래서 남방에 있는 도사 도홍경陶弘景을 찾아가 그로부터 신선이 된다는『선경仙經』10권을 구해 오던 도중에 보리류지를 만나『관무량수경』을 받았다. 담란은 도교 경전을 버리고『관무량수경觀無量壽經』에 몰두한다. 이후 그는 정토 교리를 전파시키는 데 일생을 바친다. 이와 같은 담란의 노력이 성공하였음을 단적으로 보여주는 것이 바로 북위 시대 때 살펴본 용문 석굴의 불상이다. 담란 이전에 개착된(520) 석굴에서는 아미타불이 한 분밖에 없었지만, 담란의 포교가 이루어진 530~540년 사이에는 아미타불상이 급속도로 증가하여 가장 많은 불상 순위를 차지하고 있기 때문이다.

담란의 정토교 신앙을 이어서 독립시킨 이는 도작道綽(562~645)[106]이다. 그렇다고 담란으로부터 직접 사사받았다는 뜻은 아니다. 담란이 입적하고 20년 후에 태어난 도작은 14세에 출가하여 여러 경론을 익혔는데 특히『열반경』에 정통한 학자였다. 그는 어느 날 우연히 현중사玄中寺에 갔다가 담란의 비문을 읽고 감동한다. 이토록 학식이 높고 훌륭한 승려도 교학을 버리고 오로지 아미타불에 귀의하였는데, 하물며 자신과 같은 사람이 학문으로 구제될 리가 없다고 생각한다. 도작은 그때부터 정토교에 입문하여 날마다 아미타불 염불을 7만 번씩 한다. 이때 작은 콩으로 염불 횟수를 헤아렸다고 하여, 이를 소두염불小豆念佛이라한다. 당시에 일곱 살 이상의 남녀노소 누구나 다 염불할 수 있게 되었을 정도였다고 한다. 도작이 남긴 저서는『안락집安樂集』이며 그는 84

---

106) 상동, p.593하.

세로 입적한다.

『안락집』107에서 도작은 아미타불의 힘에 의해 구원받는 방법을 정토문淨土門이라 하여, 자력으로 수행하는 성도문聖道門과 구별한다. 다시 말해 아미타불은 모든 중생들을 구원하겠다고 서원하였으므로, 모든 죄악으로부터 벗어나고자 하는 사람은 누구나 아미타불에게서 피난처를 구해야만 한다는 것이 바로 도작의 가르침이다. 또한 도작은 말법시대에 어떻게 하면 어리석고 죄 많은 범부들이 극락에 갈 수 있는가 하는 것에 대해서도 『관무량수경』을 근거로 답변하고 있다.

『관무량수경』에서는 중생들을 아홉 종류로 나누고, 그 가운데 가장 열등한 존재로 묘사되는 극악무도한 사람(하하품下下品)조차도 왕생할 수 있다고 했으므로 걱정할 것이 없다는 것이다. 물론 칭명염불을 해야만 한다. 이러한 도작의 교화 방법으로 인하여 당시 염불하면서 헤아린 콩의 숫자가 57석이 된 사람, 또는 80석을 헤아린 사람도 있었다고 한다. 특히 도작은 서쪽에 아미타불이 거주한다고 하여, 그쪽으로는 침을 뱉거나 대소변을 보지 않았다고 한다. 이러한 도작의 상수제자가 바로 정토교의 대성자인 선도善導이다.

선도(613~681)108는 어려서 출가하여 일찍부터 정토왕생을 기원한다. 구족계를 받은 후, 『관무량수경』을 읽고 도작에게 염불왕생법을 전수받는다. 이어 장안에서 민중을 교화하여, 집집마다 염불 소리가 나지 않는 곳이 없을 만큼 성城안이 염불 소리로 가득하였다고 한다. 게다가 『아미타경』을 사경한 것이 10만 권에 이른다고 한다. 그런데 그보다 주목할 것은 그가 극락정토의 모습인 정토변상도淨土變相圖를 매우

107) 『안락집』(대정장 47), p.13하.
108) 『불조통기』(대정장 49), p.276중.

잘 그렸다는 점이다. 그것은 정토만다라淨土曼荼羅를 말하는 것으로, 오늘날의 시청각 교육과 같은 효과를 기대할 수 있는 것이다. 또한 지옥변상도를 통하여, 죄를 지으면 어떻게 되는지 직접 눈으로 볼 수 있게 하였다. 정토와 지옥의 두 그림은 선악의 인과응보가 얼마나 분명한지를 서민들의 가슴속에 강렬하게 심어주었을 것이다. 그 때문에 서민들이 한층 더 염불을 하게 되었는지도 모른다. 그 당시 선도가 그린 변상도는 300포나 된다고 한다.

선도는 정토교의 진수를 드러낸 『관무량수경소』를 남기는데, 이는 기존의 해석을 일변할 정도였다. 다만, 선도가 주장한 십념十念에 대해서는 다시 한 번 정리해 볼 필요가 있다. 법장비구法藏比丘가 수행할 때 세운 48대원大願 가운데 18번째의 서원에 관한 것이다. 그 내용은 임종할 때, 자신의 염불 소리가 자신의 귀에 들릴 정도의 맑은 정신으로 아미타불 명호를 열 번만 지극정성으로 부르면 그 즉시 극락왕생이 가능하다는 것이다. 언뜻 들으면 극락왕생하는 것이 참 쉬워 보일 수도 있다. 그러나 실제로는 그러기가 어려울 것이다. 평소 습관처럼 염불이 입과 마음에 붙어 있던 사람이 아니면 쉽지 않다는 뜻이다. 일념으로 염불만 하면 극락왕생할 수 있다는 의미에서 염불문念佛門을 타력이라고들 하지만 꼭 타력이라고만 할 수 없는 이유도 그 때문이다.

이외에도 당나라 시대 정토종에는 선도보다 조금 선배격인 가재迦才, 선도의 제자인 회감懷感, 그리고 염불선을 주장하던 자민慈愍 등 많은 고승들이 배출된다. 염불선을 중시하던 자민 계통의 선정 융합 경향은 칭명염불을 주장한 도작이나 선도 계통과는 교의상 상당한 차이가 있다. 그의 이러한 경향은 오늘날까지도 계속 이어지는 수행법이다.

사실 초기불교의 가르침은 자신의 힘으로 해탈하는 것, 즉 자력적인 해탈을 지향한다. 그러나 정토교에서는 자신의 노력보다 구원을 가져다 주는 아미타불의 본원력에 의한 해탈을 더 강조한다. 더욱이 불보살이 중생에게 공덕을 돌려준다는 회향 사상이 대두되면서, 아미타불은 자비의 화신 관음보살과 함께 대중들로부터 더욱 신뢰를 받게 된다. 즉 복잡한 수행 과정을 거치지 않고 단지 아미타불이나 관세음보살을 부르는 것만으로도 극락정토에 왕생할 수 있다고 하는 정토교의 가르침은 당시의 혼란한 시대 상황에 힘입어 일반 대중 속으로 깊이 파고든다. 그 대중성은 용문 석굴의 주된 불상이 석가모니불에서 아미타불과 관음보살상으로 변화해 가는 것에도 잘 나타나 있다. 이러한 정토교의 가르침은 누구나 다 행할 수 있기 때문에 쉽다는 의미에서 이행도易行道라 한다.

이상으로 말법 사상에 뿌리를 두고 있는 정토교와 삼계교에 대하여 살펴보았다. 정토교와 삼계교는 모두 교리적이고 학문적인 불교에서 탈피하여 누구나 쉽게 실천하고 수행할 수 있는 해법을 제시하였다고 할 수 있다. 그 덕분에 불교가 더 이상 지식층에 머물지 않고 일반 대중들에게 깊은 신뢰를 받을 수 있게 된 것도 사실이다. 그러므로 실천 측면에서만 본다면 정토교와 삼계교는 많이 닮아 있다고 할 수 있다. 하지만 삼계교가 보불普佛을 주장한 것에 비해, 정토교는 오직 아미타불 일불一佛을 주장하였다는 측면에서 차이를 보인다.

2) 율종과 도선

계율에 관한 종파, 즉 율종律宗에 대하여 살펴보기로 한다. 동진 시대 때부터 이미 『십송율十誦律』과 『사분율四分律』, 그리고

『마하승지율摩訶僧祗律』 등의 율전이 중국에 전래되어 번역되면서 율에 대한 연구가 성행한다. 『사분율』은 불타야사와 축불념竺佛念이 번역한 것으로, 사부四部로 분류되어 있으므로 사분율이라 한다. 『사분율』에는 비구 250계, 비구니 348계가 자세히 설해져 있다. 『사분율』은 북위 시대의 법총法聰에 의해 연구되었으나 학파불교에서 살펴본 대로 지론종地論宗의 혜광慧光, 즉 광통光統 율사律師에 의해 성행하게 된다. 바로 그 계통을 이어받은 사람이 남산율종南山律宗의 대성자 도선道宣이다.

당나라 때는 남산종 이외에 두 파가 더 생겨났다. 하나는 법려法礪가 개종한 상부종相部宗이고, 또 하나는 그의 제자 회소懷素가 개종한 동탑종東塔宗으로, 이들 세 파가 흥기하여 연구가 활발히 이루어진다. 그러나 상부종과 동탑종은 얼마 안 가서 법맥이 끊어지고, 도선의 남산종만 성행하여 송나라 때까지 법등을 전한다. 그러므로 오늘날 율종이라 하면 도선의 남산율종을 가리킨다.

도선道宣(596~667)[109]은 사분율종에서 세우는 9조사祖師의 제일 마지막에 해당한다. 그는 사분율종의 제8대 조사 지수智首의 제자이다. 지수는 당나라 왕실의 귀의를 받은 고승으로 학덕이 높았다. 그러므로 그가 입적하자 황제의 칙령에 의해 국상의 예우로 장례를 치렀다고 한다.

도선은 16세에 출가하여 지수智首 문하에서 율을 공부한다. 그 후 종남산終南山에 들어가 강술과 저술에 종사한다. 도선이 평생 종남산을 사랑했기 때문에 산 이름을 따서 남산南山 율사라 부르고, 그 종파를 남산종南山宗이라 하는 것이다. 원래 종남산은 물이 매우 부족한 산이었

---

109) 『송고승전』(대정장 50), p.790중.

다. 그런데 도선 율사가 그 산을 떠나지 못하게 하려는 듯, 도선이 지팡이로 치는 곳에서는 언제나 맑은 물이 솟았다고 한다. 그 때문에 그 자리에 절을 짓고 백천사白泉寺라 하였다.

도선이 50세 때, 마침 인도에서 귀국하여 홍복사에서 번역을 하던 현장이 도선에게 필수와 윤문을 부탁한다. 그게 인연이 되어 도선은 현장의 번역을 도와준다. 또한 도선은 당대唐代에 사문의 예경 문제가 다시 거론되자 황제에게 상표문上表文을 지어 올렸는데, 그 문장이 아름다우면서 당당하고, 부드러우면서도 비장한 결의를 담았기에, 황제가 이를 읽고 "사문은 왕에게 예경하지 않아도 된다"는 조칙을 내린다.

도선은 35부 188권이나 되는 많은 저술을 남기는데, 특히 율律의 삼대부三大部라 불리는 『사분율행사초四分律行事鈔』·『갈마소羯磨疏』·『계본소戒本疏』 등을 비롯하여, 율종의 오대부五大部가 유명하다. 그 중에서도 『사분율행사초』는 계율 연구자에게는 필독서라 할 수 있다. 또한 도선은 이전의 경록經錄들의 미비한 점을 보충해서 『대당내전록大唐內典錄』을 완성하여 경전을 정리한다. 그리고 도교와 대립 상태에 있던 불교를 선양함으로써 호법 운동의 일단을 과시하기 위하여 『광홍명집廣弘明集』을 찬술하기도 한다. 물론 『광홍명집』은 양나라 승우의 『홍명집』과 같은 의도에서 편집된 것이다. 그런데 흥미로운 사실은 도선이 자신을 양나라 승우가 환생한 것이라고 믿었다는 것이다. 그러므로 승우의 『홍명집』을 본떠 『광홍명집』을 찬술했을 뿐만 아니라, 승우가 『출삼장기집出三藏記集』을 남겼듯이 그도 또한 사학史學적인 업적을 본받아 그 유명한 『당고승전唐高僧傳』을 남긴다. 특히 『당고승전』에는 양나라 초기부터 당나라 초기까지 활동한 고승 600여 명이 실려 있다. 정전正傳에 340명, 부전附傳에 160명의 사적事績을 알 수 있는 자료로서 사학자들의 지침서이기도 하다.

　도선은 입적하기 바로 전인 72세에 율종 연구의 총결산으로 계단戒壇을 설립하였는데, 그것은 후대 중국·한국·일본 등의 계단 설립의 모범이 되었다. 이와 같이 도선은 율종을 창시함으로써 불교가 단순히 철학적인 면만 지니고 있는 것이 아니라, 수행의 규율을 엄격히 지킬 것 또한 요구하고 있다는 사실을 강조하고자 하였다. 제자 가운데 주수周秀가 법석法席을 계승하였고, 문강文綱, 대자大慈 등이 뒤를 이어 율종을 펼쳤으나 크게 성행하지는 못한 듯하다.

　그런데 율전에 대해서는 의정義淨(635~713)의 번역을 빠뜨릴 수 없다. 설일체유부 계통의 율전 전래와 번역은 그에 의해 이루어졌기 때문이다. 의정도 처음에는 도선과 법려의 율에 대한 소疏를 연구한다. 그러나 현장이 인도에서 돌아오자 자신도 입축구법入竺求法의 뜻을 세우고 해로를 이용하여 인도로 간다. 인도에 체재하는 동안 의정은 성지 순례를 마친 후, 나란다 사원에서 10년 간 머물며 학승과 함께 경전을 공부한다. 그 기간 동안 의정은 그때까지 중국에 전해지지 않은 범본들을 모으기 시작한다.

　25년 후 의정은 엄청난 양의 범본들을 가지고 다시 해로를 이용하여 귀국한다. 그 당시는 불교 옹호자였던 측천무후가 집권하던 시절이었으므로 측천무후의 지원을 받으며 역경에 종사하게 된다. 대부분 설일체유부율說一切有部律에 관한 것으로, 『근본설일체유부비니야』를 비롯하여 68부 190여 권이나 되는 유부 율전을 거의 역출한다.

　그는 역경 이외에도 『남해기귀전南海寄歸傳』을 남겼는데, 그것은 당시의 인도 문화를 알 수 있는 지침이 되고 있다. 또한 태종부터 측천무후의 재위 기간 동안 해로를 따라 구법순례한 56명의 중국인 구법승들의 전기가 실려 있는『대당서역구법고승전』이라는 저작도 남겼다.

3) 법상종과 현장

　　모든 존재와 실체가 설사 현상으로서는 무상無常할 지라도 근원적인 인식으로서의 본체는 실재한다고 하는 유식 사상을 설하는 법상종法相宗에 대해 살펴보기로 한다.

인도 교학의 두 계통 가운데, 세친의 유식 사상은 북위의 보리류지와 륵나마제가 번역한『십지경론』에 의해 지론종이 되고, 무착의 유식 사상은 진제 삼장이 전한『섭대승론』에 의해 섭론종이 되었음은 이미 남북조 불교에서 살펴보았다. 비록 인도 유가행파의 유식 교학이 지론·섭론학파에 의해 부분적으로 중국에 전해졌지만, 이것을 체계적으로 전한 것은 현장玄奘이다. 현장에 의해서 호법과 계현 계통의 유식 사상이 전해지고, 그의 제자 규기에 이르러 법상종이 성립된 것이다. 현장은 중국불교사, 특히 역경사에 비추어 볼 때 구마라집과 함께 만고에 빛날 만한 업적을 남겼다고 할 수 있다. 구마라집의 번역이 수려한 문장의 의역意譯인 반면, 현장의 번역은 원문에 충실하였으므로 직역의 경향이 강하다. 따라서 현장 이전의 번역을 구역, 현장 이후의 번역을 신역이라 한다.

현장(602~664)의 전기에 의하면,[110] 그는 낙양 근처의 진류陳留에서 진씨陳氏 가문의 막내아들로 태어난다. 10세에 부친이 돌아가시자, 이미 출가한 형이 머물고 있던 정토사淨土寺로 간다. 어려서부터 고전古典

---

110)『大唐故三藏玄奘法師行狀』(대정장 50), p.214상.

을 좋아하던 그는 절에 들어가서도 두각을 나타낸다. 13세에 출가 허락을 받고 경景 법사에게『열반경』을, 엄嚴 법사로부터『섭대승론』강의를 듣는다. 무덕武德 원년(618)에는 전쟁을 피해 장안으로 옮기고, 그 다음 해에는 성도成都에 들어간다. 거기서 섭론학파 도기道基 등에게 『섭대승론』을 배우고 무덕 5년(622)에 구족계를 받는다. 그 후부터 더욱 본격적으로 상주相州·조주趙州에 있는 고승을 찾아 법을 구한다. 그 다음해에 장안으로 들어가 도악道岳에게『구사론』을 배우는 등 다양한 학문을 섭렵한다. 그러던 중 현장의 가슴속에 불교 교리에 대한 의문이 생기게 되었고, 마침내 많은 의문들을 근본적으로 해결해야겠다는 생각이 들자 인도 유학을 계획하게 된다.

그러나 당시 인도 유학의 요청은 세 번씩이나 만류된다. 정관 원년 (627) 그는 할 수 없이 위험을 무릅쓰고 비밀리에 인도로 떠난다. 현장의 인도 구법求法의 첫 번째 목적은『유가사지론瑜伽師地論』등의 원전연구에 있었다. 그리고 두 번째는 인도의 불타 유적을 순례하는 것이었다. 그는 고창高昌(트루판)에서 국문태麴文泰의 원조를 받아 총령葱嶺(파미르 고원)·설산雪山(힌두쿠시 산맥)을 넘어 마침내 인도에 이르고, 불타 유적지를 순례하면서 각지에서 수학한다. 카슈미르에서는 설일체유부의 승칭僧稱(Saṃghakīrti)에게서『구사론』등을 2년 간 배우고 중인도의 나란다사那蘭陀寺에 당도한다. 나란다사는 당시 불교대학과 같은 역할을 하던 곳이었다. 그러므로 그곳에는 수많은 석학들이 구름처럼 몰려와 계현戒賢(Śīlabhadra, 529~645) 밑에서 수학하고 있었다. 현장은 이 곳에서 유가행파의 계현에게『유가사지론』등을 5년 간, 승군勝軍(Jayasena)으로부터는『유식결택론唯識決擇論』등을 2년 간 공부하여 유가유식의 깊은 뜻을 배우게 된다.

그 후 동인도에서 남인도로, 다시 서인도를 거쳐 인도 전역을 여행한 후, 다시 나란다사로 돌아와 유식의 논서를 중심으로 본격적으로 수학을 계속한다. 이윽고 계일왕戒日王의 원조를 받아 정관貞觀 19년(645), 17년 만에 다시 중국 장안으로 돌아온다. 그의 인도에서의 여정은『대당대자은사삼장법사전大唐大慈恩寺三藏法師傳』과『대당서역기大唐西域記』에 상세하게 기록되어 있다. 현장이 장안으로 돌아오자 수많은 사람들이 그를 맞이하였는데, 그 광경이 마치 미륵의 하생을 만난 것과 같았다고 한다. 물론 당시 황제였던 태종太宗도 대단히 기뻐하며 홍복사弘福寺로 맞아들인다. 자은사慈恩寺가 창건되자 태종은 그곳에 번역원을 세워 현장이 역경에만 종사할 수 있도록 대대적인 지원을 아끼지 않았다.

사실 태종은 처음부터 불교에 호의적이지는 않았으나 현장의 영향으로 불교에 귀의한다. 태종이 현장에게 관리가 되어 줄 것을 권한 적도 있으나 현장은 자신이 가져온 불경들을 한역하는 데에 여생을 바치고 싶다며 거절한다. 태종은 "이 많은 불경들을 보는 것은 하늘이나 바다를 보는 것과 같이 너무 높아서 그 높이를 다 잴 수가 없고, 너무 깊어서 그 깊이를 다 말할 수가 없다. 나는 불교의 세계가 끝이 없음을 비로소 알게 되었다. 유교와 도교에 비교하는 것은, 마치 웅덩이를 큰 바다에 비교하는 것과 같다. 삼교의 가르침이 같다고 한 말은 터무니없는 말이다"라고 소회하였다. 불교에 심취한 태종은 심지어 궁녀들이 자신을 위해 만든 옷조차 현장에게 줄 정도였고, 때로는 인도의 서역 지방에 대한 새로운 정보나 불교의 발자취 등에 대해 듣기를 즐겼다고 한다.

현장은 태종과 고종高宗의 칙허를 얻어서 홍복사·대자은사·서명사·옥화사 등에서『유가사지론』·『해심밀경』·『섭대승론』·『성유식론』

등의 유식 경론과『구사론』·『대비바사론』 등의 아비달마론서, 그리고
『반야심경』·『대반야경』 등의 반야경론을 포함, 총 75부 1335권의 불
전을 번역한다. 그 수는 역대로 한역된 불전의 약 4분의 1에 해당한다.
현장은 이것을 20여 마리의 말에 싣고 왔다고 하며, 범본이 흐트러지지
않도록 하기 위해 자은사에 대안탑大雁塔를 조성하여 거기에 보관했다
고 한다. 그의 번역문은 원문에 충실하였고 이후 번역의 모범이 된다.

　현장은 번역에 종사하는 한편, 신역 경전의 강의도 겸하였다. 그래
서 역경장에서 수많은 인재가 배출된다. 도륜道倫(遁倫, 신라 출신)은『유
가론기瑜伽論記』를 저술한다. 이것은『유가사지론瑜伽師地論』을 전권에
걸쳐 주석한 유일한 것이며, 초기 현장 문하의 학설이 다수 담겨 있다.
신태神泰(신라 출신)는 역경장에서 증의를 맡아『십륜경소十輪經疏』·『성
유식론요집成唯識論要集』·『종성차별장種性差別章』 등을 짓는다. 가상嘉
尙도 증의證義 등을 맡았으며, 나중에 지바하라地婆訶羅의 역경장에서
도 증의를 맡는다. 보광普光은 대부분의 번역에서 필수筆受를 맡았고
『구사론소俱舍論疏』를 지었다. 현장 문하에서는『구사론』의 연구도 성
행하여 신태와 법보法寶가『구사론소』를 짓는다. 보광·신태·법보를 구
사의 3대가라고 한다. 또한 정매靖邁는『역경도기譯經圖記』, 현응玄應
은『일체경음의一切經音義』를 짓는다.『대당대자은사삼장법사전』을 지
은 혜립慧立·언종彦悰도 현장의 제자이다. 역경장에는 다른 학파의 사
람도 참가했다. 앞에서도 밝혔듯이 남산율종의 도선은 필수와 윤문을
맡았다. 동탑율종東塔律宗의 회소懷素 역시 현장의 제자이다.

　이처럼 현장은 귀국 후 20년 간 오로지 역경과 강술에만 힘쓰다가 65
세로 입적한다. 현장 문하에는 규기窺基와 원측圓測을 필두로 다수의
우수한 인재들이 배출되어, 유식·구사·인명因明 등의 학문이 성행하게

된다. 그 중에 현장의 유가유식을 전승하여 사실상의 법상종 초조가 된 이가 자은慈恩 대사大師 규기이다.

규기窺基(632~682)는 장안 사람이다. 선조는 강거康居(사마르칸트) 출신이다. 17세에 출가하여 현장에게 사사받고 현경顯慶 원년(656) 25세에 현장의 역경장에 참여하게 된다. 현경 4년(659)에는 필수자로서, 스승과 함께『성유식론成唯識論』10권을 역출하였는데, 이 논서는 호법의 『유식론』에 다른 사람들의 이설異說을 참조하여 만든 것이다. 이것은 『해심밀경』·『유가사지론』과 함께 법상종의 근본 성전이 된다. 또한 『성유식론술기成唯識論述記』·『성유식론장중추요成唯識論掌中樞要』를 짓고 그 해석을 확립한다. 그 외에『대승법원의림장大乘法苑義林章』· 『법화현찬法華玄贊』·『설무구칭경소說無垢稱經疏』·『유식이십론술기唯識二十論述記』·『인명입정리문론소因明入正理門論疏』 등 다수의 주석서를 지어 '백본百本의 소주疏主'라 불릴 정도로 저술이 많다. 제자로는 치주淄州 대사大師 혜소慧沼 등이 있으며, 후에 유식종唯識宗 또는 자은종慈恩宗이라 불린다.

혜소(648~714)[111]는 15세에 출가하여 현장을 섬기고, 그 후 규기에게 사사하여 유식을 배웠다. 그는『성유식론요의등成唯識論了義燈』에서 규기의 학설을 알리고 원측의 학설을 비판한다. 그 외에『대승법원의림장보궐大乘法苑義林章補闕』·『권발보리심집勸發菩提心集』·『인명론의찬요因明論義纂要』·『금광명최승왕경소金光明最勝王經疏』 등이 있다. 치주(산동성)의 대운사大雲寺에서 활약하지만 의정義淨이나 보리류지의 역경장에도 참여한다. 제자로는 지주智周·의충義忠·도읍道邑 등이 있다.

---

111)『송고승전』(대정장 50), p.728하.

의충은 『성유식론찬요』를, 도읍은 『성유식론술기의온成唯識論述記義蘊』을 지었다고 하는데, 모두 전해지지 않는다.

지주(박양璞揚 대사, 668~723)는 19세에 출가하여, 23세 때 혜소에게 사사하여 유식을 배운다. 그 후 박양(하남성)의 보성사報城寺에서 활약한다. 저서로 『성유식론연비成唯識論演秘』·『인명론소전기因明論疏前記』와 『후기後記』 등이 있다. 제자로 여리如理가 있고, 『성유식론연비석成唯識論演秘釋』을 짓는다.

그런데 법상종을 살펴보면서 거론하지 않을 수 없는 또 한 사람이 있다. 그는 바로 신라의 원측圓測이다. 원측(613~696)[112]은 신라의 왕족 출신으로 15세에 출가하여 당나라로 간다. 처음에는 섭론학파의 법상法常과 승변僧弁에게서 수학하는 등 여러 스승을 찾아다니며 배웠지만, 현장이 귀국하자 그의 문하생이 되어 유식을 배운다. 원측의 『성유식론소成唯識論疏』는 산실되었지만, 『해심밀경소解深密經疏』·『인왕경소仁王經疏』 등은 현존하며, 전자는 티베트어로도 번역되어 있다.

그러나 원측의 학설은 진제眞諦가 전한 유식 사상의 영향을 입었기 때문에 규기의 학설과는 차이가 있다. 이로 인해 원측의 학설은 규기와 그의 제자인 혜소 등으로부터 이단시되고 배척된다. 혜소의 저작 중에 원측의 학설을 비판하는 입장에서 원측과 그 문류門流를 이단으로 보는 설이 있지만, 이것은 적절한 평가라 할 수 없다. 원측은 규기에 필적하는 현장의 수제자이고 그의 학설은 현장의 해석에 충실한 것이다. 현장이 번역한 『해심밀경』에 대한 주석서로서 유일하게 현존하는 원측의 『해심밀경소』에는 이러한 그의 입장이 잘 나타나 있기 때문에 귀중한

---

112) 『송고승전』(대정장 50), p.727중.

자료가 되고 있다.

　또한 원측은 인도에서 온 역경승 지바하라地婆訶羅가 번역할 때, 증의證義 역할을 하기도 하고, 칙명으로 서명사에서 『성유식론』을 강설하기도 한다. 원측의 문하를 서명西明학파라 하며 그의 제자로는 신라 출신의 도증道證·승장勝莊 등이 있다.

　도증은 원측의 학설을 계승하여 『성유식론요집成唯識論要集』·『중변론소中邊論疏』 등을 저술함으로써 스승의 학문을 선양한다. 그의 제자에는 대현大賢이 있으며, 그는 신라 유식학에 큰 영향을 끼친다. 승장은 『성유식론결成唯識論決』·『유가론소瑜伽論疏』를 지었다고 하지만, 이들 저작 모두 전하지 않는다.

　법상종은 만법유식의 도리를 밝히며 일체법一切法을 오위백법五位百法으로 분류하여 설명한다. 이것은 물론 세친世親의 주장에서 나온 것이다. 다시 말해 외부 세계는 식識이 만든 것으로, 실재하는 것이 아니라는 뜻에서 만법유식이라 한다. 예컨대, 먹지도 않은 뱀을 먹었다고 생각하여 병까지 나는 경우처럼 모든 것은 식이 만든 표상일 뿐 실재가 아니라는 의미에서 비유한 말이다. 그러나 법상종은 일천제一闡提설을 인정하여 모든 중생이 다 성불할 수 없다고 주장함에 따라, 후대에 화엄종의 비판을 받게 된다. 그래서인지 당나라 중기에는 크게 융성하였으나 현장과 규기가 입적하자 점차 세력이 축소된다.

　이상으로 법상종에 대하여 살펴보았다. 당나라 중기에 가장 융성하였던 법상종은 새로운 유식 교학을 인도에서 전래하고, 유식 경론을 역출한 현장과 그 문하의 규기에 의해 성립된 종파이다. 현장은 17년 간 인도에 머물며 호법과 계현 계통의 유식학을 전래한다. 그의 번역법은 이전의 번역을 일변시킨 것이므로 이후의 번역은 모두 현장의 방식을 따르게 된다. 신·구역이 나누어지게 된 것도 여기에서 유래한다. 현장에 의해 중국의 역경은 일대 전환점을 맞았던 것이다.

현장이 전래한 유식학은 일대를 풍미하였으나, '일체중생실유불성'이라는 대승불교의 핵심적 가르침에는 미치지 못하여 다른 종파로부터 비판받게 된다. 그러나 어쩌면 그것은 유식학이 지니는 사변적 교리 체계에 기인하는 것일 수도 있다.

4) 화엄종과 법장

동진 말末 중국에 온 불타발타라가 번역한 『화엄경華嚴經』을 소의경전으로 하는 화엄종華嚴宗을 살펴보기로 한다.

화엄종은 천태종과 더불어 중국불교학의 쌍벽을 이루는 종파로서 중국적 사유를 바탕으로 인도불교를 수용하여 꽃을 피운 정화이다. 따라서 당시 지식인들에게도 가장 호소력이 있었던 종파의 하나였다. 그러나 초기 조사들은 스스로를 종파, 즉 화엄종의 조사로 의식하지 않았다. 그들은 다만 특수한 하나의 경전, 즉 『화엄경』에 매력을 느껴 열심히 수행하고 연구하였을 뿐이다. 그러므로 화엄종의 초조初祖 두순을 비롯한 2조 지엄, 3조 법장까지도 자신들이 화엄종에 소속된다는 사실조차 인식하지 못하였다. 제4조 징관 때에 이르러서야 비로소 이러한 전통이 화엄종으로 인식된다.

이러한 인식의 발달은 선사이면서도 화엄종의 제5조가 된 종밀에 이르러, 선종의 사자상승師資相承에 자극받아 이루어진다. 이와 같이 화엄종이라는 명칭을 최초로 사용한 사람은 제4조 징관이고, 화엄종의 조사를 처음으로 세운 이는 제5조 종밀이다. 따라서 보통 화엄종의 계보는 초조 두순-2조 지엄-3조 법장-4조 징관-5조 종밀의 5조설이 설해진다.

화엄종의 조통설이 최초로 보이는 문헌은 규봉종밀이 『주법계관문註法界觀門』에서 표현한 3조설이다. 종밀은 두순에 대해, "화엄 신·구 두 소疏의 첫 조사이며, 엄儼 존자는 2조이며, 강장康藏 국사는 3조다"[113]라고 하여, 두순을 초조, 지엄을 제2조, 법장을 제3조로 표현하고 있다. 이것을 근거로 북송대에 강남에서 화엄을 중흥한 진수정원晉水淨源(1011~1088)이 화엄학의 지표로 세운 것이 바로 5조설이다. 지엄의 저작은 당시에 별로 연구되지 않았다. 하지만 법장이 『화엄경전기華嚴經傳記』에서 "지엄은 입교분종入敎分宗했다"[114]고 표현하고 있다. 법장 역시 그가 오교판을 확립한 것 때문에 화엄학의 확립자로서 인식되고, 이후 송대가 되면 화엄종은 현수교賢首敎로 불릴 정도가 된다. 그러므로 지엄과 법장이 화엄종의 조사로서 매우 중요한 위치에 있는 것만은 틀림없다.

그런데 두순을 화엄종의 초조로 하는 점은 지금까지도 논란이 되고 있으며, 법장과 징관은 실제적인 사제 관계가 아니다. 징관은 법장의 제자인 정법사靜法寺 혜원慧苑에게서 배운 적이 있는 법선法詵(銑)에게 화엄학을 배웠다. 그렇다면 어째서 두순이 초조가 되고 혜원과 법선이 조통祖統에서 벗어나게 된 것일까 하는 점이 의문이다.

송대에는 5조 중 징관과 종밀의 사상적 영향이 강하였다. 따라서 그들에 의해 화엄 사상이 이해되었을 것으로 생각된다. 특히 종밀 이후 오대부터 송 초에 걸쳐 두순의 저작이라고 알려진 『법계관문』은 징관

---

113) 『주법계관문』(대정장 45), p.684하.
114) 『화엄경전기』(대정장 51), p.163하.

이나 종밀의 주석을 통해서 사람들 사이에 자주 읽혀진다. 그래서 승속 모두 그것에 주석을 쓰는 등 그 유행의 정도를 짐작할 수 있다. 아마 두 순이 초조가 된 이유도 틀림없이 『법계관문』의 유행과 관련이 클 것이 다. 또한 징관은 그의 저작 중에서 혜원慧苑이 법장의 오교판을 그냥 두 고 사교판을 세운 것이나 오교판 중에서 '돈교'에 대한 법장의 이해를 부정한 것에 대하여 비판했으며, 법선은 그러한 설에 충실했기 때문에 혜원과 법선이 조통에서 벗어났다고 생각된다. 그 때문에 송나라 때 지 반志磐이 『불조통기佛祖統紀』에서 앞서의 3조祖에다 징관, 종밀을 더하 여 5조설祖說을 확립한 것이다.

이외에도 북송대의 정원淨源은 인도의 마명과 용수를 넣은 7조설을 제창한다. 즉 초조 마명, 제2조 용수, 그리고 제3조 이하에는 앞의 5조 를 배열하여 7조로 하는 것으로, 정원 자신은 주로 이 7조설을 주장한 다. 그런데 용수는 『화엄경』을 해저의 용궁에서 얻었다는 전설이 있어 서 용수를 화엄의 조사에 더하는 것에 그다지 의문이 없지만, 마명은 『기신론』의 저자이고―현재는 마명의 저작이 아니라는 것이 일반적인 견해이지만―화엄과 직접 관계되지도 않는다. 그런데도 정원이 마명 을 화엄의 초조로 한 것은 『기신론』과 화엄을 동등한 것으로 취급했던 당시의 상황이 반영되어, 정원 역시 그것과 견해를 같이했던 것으로 보 인다. 이러한 7조설은 정원이 살던 항주杭州 혜인원慧因院 등에서 남송 대까지 계승되었음을 확인할 수 있다. 그러나 5조설만큼의 보편성은 없었던 것으로 보인다.

이처럼 여러 계보설이 있지만, 불타발타라가 번역한 『60화엄경』을 소의경전으로 삼는 화엄종은 전통설에 의하면 법순法順(559~640)이 초 조이다. 그의 성姓이 두씨杜氏이기 때문에 두순杜順이라고도 한다. 천태종의 대성자인 천태지의 대사(538~597)보다 약간 후배이다. 두순은 옹주雍州 만년萬年(섬서성陝西省) 사람으로, 18세에 출가하여 인성사因聖寺의 승진僧珍에게 사사받는다. 그 후 여산에 은거하며 오로지 수선修禪을 행했다고 전한다. 『속고승전』에서는 「감통편感通篇」[115]에 입전되어 있어서, 악인을 선인으로 바꾼다거나 민중의 병을 치료하는 등 신통력을 갖춘 인물로 알려져 있다.

남송대에 쓰인 『불조통기』에서는 "문수는 지금 종남산終南山에 산다. 두순 화상이 그 분이다"[116]라고 하여, 두순을 문수보살의 환생으로 기록하고 있다. 두순은 정관貞觀 6년(632)에 태종에게 제심帝心 존자尊者의 호를 하사받았으며, 의선사에서 입적하여 번천북원樊川北原에서 다비를 행하였다.

평소에 늘 보현행을 닦았다고 하지만 구체적으로 어떤 수행을 했는지, 어떠한 교설을 폈는지는 명확하지 않다. 저서로 『법계관문法界觀門』·『오교지관五敎止觀』 등이 있지만, 모두 후세에 두순에게 가탁假託된 것이라고 주장하는 학자가 많다. 두순이 전통적으로 화엄종 초조가 된 것은 화엄의 조통설祖統說이 성립될 당시에 『법계관문』이 유행하였고, 두순이 저자라고 믿었기 때문일 것이다. 『법계관문』은 그 진위에 대해 논란이 있기는 하지만 수·당 시대에 새로운 중국불교의 형성을 나타내 보일 뿐만 아니라, 화엄 철학을 종교로서 성립시켰다는 중요한 의의를 지닌 책이라고 평가받는다. 다만 신이神異를 보이는 두순과 같은 실천자가 초조로서 자리하게 된 것은 화엄이 교학 체계 이상의 중요한 의미를 지닌다는 것을 보여 준다. 지엄은 바로 그의 문하에서 나와

---

115) 『속고승전』(대정장 50), p.653중.
116) 『불조통기』(대정장 49), p.276하.

화엄종 제2조로 추앙받는 운화雲華 존자이다.

화엄 교학의 형성에 기초적인 역할을 담당하였던 지엄智儼(602~668)[117]은 당시 신유식新唯識을 전해 온 현장과 동시대를 살았다. 그 때문에 지엄의 교학에는 공관적 영향보다 유식적 영향이 더욱 강하게 나타난다. 그는 20세에 두순에게 사사받고, 두순의 수제자인 달達 법사法師에게 교육을 받는다. 장안 교외의 종남산 지상사至相寺에서 범승梵僧에게 범문을 배우고 14세에 정식으로 승려가 된다. 그 후 담천의 제자인 보광사普光寺의 법상法常(567~645)에게 『섭대승론』을 배우고, 변辨법사法師나 임琳 법사法師 등을 찾아가 학문을 닦는다. 또한 지상사至相寺의 지정智正에게서 『화엄경』 강의를 듣고, 혜광의 『화엄경소』를 읽고서 '별교일승의 무진연기'를 이해한다. 나아가 일승一乘과 이승二乘에 대해 배우고, 『십지경十地經』 또는 『십지경론十地經論』에 나타나는 '육상六相'의 의미를 통해 마침내 일승의 참된 의미를 깨달았다고 한다.

지엄은 27세 때 『화엄경』의 최초 주석서인 『수현기搜玄記』 5권을 저술하고, 그 후 『화엄오십요문답華嚴五十要問答』 2권, 『공목장孔目章』 4권 등을 짓는다. 그 외에 십현문十玄門을 설하는 『일승십현문一乘十玄門』이 현존하지만, 지엄의 다음 세대 무렵에 지어진 것이 아닐까 생각하는 학자도 적지 않다. 설령 후세 사람의 손길이 더해졌을지라도 지엄의 사상을 잘 나타내고 있음에는 틀림없다. 또한 다른 인용에 의해 부분적으로 남아 있을 뿐이지만, 『섭대승론무성석론소攝大乘論無性釋論疏』는 그의 유식 사상을 이해하는 데에 중요한 자료이다. 화엄학의 특징적인 사상은 대부분 지엄의 저작에 기본적으로 드러나 있다. 지엄은

---

117) 『속고승전』(대정장 50), p.654상.

67세로 입적하며, 그의 문하에서는 신라 화엄의 초조인 의상과 중국 화엄의 제3조인 현수법장賢首法藏이 가장 유명하다.

법장法藏(643~712)[118]은 제3조이지만 사실상 화엄종의 개창조나 다름이 없다. 중국 화엄 사상은 바로 법장에 의해 체계화되고 확립되기 때문이다. 법장의 선조는 대대로 강거국康居國(사마르칸트Samarkand)의 승상을 지냈으며 조부 때 장안으로 이주한다. 16세 때 불사리탑 앞에서 한 손가락을 태워 공양하고, 17세에 법을 구하여 종남산의 한 봉우리인 태백산에 들어갔으나 수년 후 부모가 병들었다는 소식을 듣고 귀경한다. 그 무렵 그는 장안의 운화사에서 지엄에게 『화엄경』 강의를 듣고 지엄 문하에 들어갔다고 한다. 그때 이 두 사람의 극적인 만남에 대해 전기에서는 마치 물을 이 병에서 저 병으로 옮기는 듯하였고, 우유를 물에 섞듯이 조화를 이루는 인연이었다고 기록하고 있다.

그러나 지엄이 임종을 맞이할 때 법장은 출가하기 전이었으므로 지엄은 도성道成과 박진薄塵 두 대덕에게 그의 양육을 당부하는 유언을 남기게 된다. 도성과 박진은 당시 장안을 대표하는 대덕으로서, 후에 지바하라地婆訶羅(Divākara, 일조日照)의 역경 때 원측圓測이나 의응意應 등과 함께 역경장에 참여하여 증의證義를 맡았던 이들이다. 특히 도성은 혜광 이후 율종 계통인 법려法礪의 제자이다. 일본 가마쿠라 시대의 응연凝然(1240~1321)이 쓴 『범망계본소일주초梵網戒本疏日珠鈔』에 의하면 법장은 도성에게 화엄을 배웠다고 전한다.

측천무후의 친어머니인 영국부인이 죽고 그 공양의 일환으로 태원사가 건립되자, 법장은 칙명에 의해 삭발하고 출가하여 거기서 머문다.

118) 상동, p.732상.

중국불교

그의 수계사는 도성의 제자인 만의滿意였다고 한다. 이후 지바하라·제 운반야提雲般若·미타산彌陀山·의정義淨·실차난타實叉難陀 등의 역경에 현장 문하의 수제자들과 함께 교감校勘·필수·증의 등의 역할을 맡는다. 『화엄경』을 30여 회 이상 강설하고 많은 책을 저술하여 화엄학을 선양 한다. 또한 번역이 완성되자 그 당시의 황제 측천무후의 요청으로 궁궐 내의 장생전長生殿에서 『80화엄』을 강의하기도 한다. 이에 무후가 감격 하는 법장의 금사자 비유의 정의는 후에 『금사자장金獅子章』이라는 저 서가 된다. 또한 몇 회의 기우제도 행하여 영험이 있었다고 하므로, 법 장이 기도승으로서의 일면도 있었음을 간과해서는 안 될 것이다.

법장은 그 외에도 『60화엄』의 주석서인 『탐현기探玄記』를 비롯하여 화엄학 개론서라 할 만한 『화엄오교장華嚴五敎章』 등 25부의 저서가 현 존한다. 그는 특히 화엄 교학의 원점이자, 화엄종의 입교개종立敎開宗 에 대한 선언서라 할 수 있는 『오교장』에서 불교 전체를 오교십종五敎 十宗으로 분류하는 화엄 교판을 세운다. 화엄 교판은 많은 교판들 중에 서도 비교적 늦게 성립된 것이기 때문에 그만큼 완벽한 교판이라 할 수 있지만 그 역시 화엄경을 최고위에 두려는 의도가 엿보인다.

이와 같이 화엄 교학의 선양에 일생을 바친 법장은 대천복사에서 70 세로 입적한다. 그의 문하에 정법사 혜원을 필두로 징관·문초 등의 제 자가 있다.

징관澄觀(청량淸涼 국사, 738~839)[119]은 법장의 교학을 드러내는 것에 주력한 인물이다. 그런데 법장은 귀족 사회의 절정기에 살았던 인물이 고, 징관은 안사安史의 난(755~763) 전후를 경계로 사회 변동이 한창일

119) 『송고승전』(대정장 50), p.737상.

때 태어난다. 그러므로 화엄 사상에 대한 양자의 해석은 다를 수밖에 없다. 일본 에도시대의 봉담鳳潭(1659 또는 1654~1738) 등은 지엄·법장의 교학과 징관·종밀의 교학을 나누어, 전자를 정통인 화엄학이라고 하여 후자를 배척할 정도이다. 그러나 중국에서 그 후의 사상 동향을 보면 징관·종밀이 화엄 사상을 대표하는 주요 인물로서 확고하며, 그들의 사상적 영향은 중국 전역에 걸쳐 있을 정도로 매우 크다.

종밀宗密(정혜定慧 선사禪師, 780~841)[120]은 만년에 종남산 초당사草堂寺에 살던 때부터 규봉종밀圭峯宗密, 초당草堂 선사禪師, 규산圭山 대사大師 등으로 불린다. 유교에 정통한 재상 배휴裴休(791~864)와 교류가 있었다. 그는 과주果州(사천성四川省) 서윤西允 출신이며, 7세 무렵부터 유학을 익히고 18세쯤부터 3년 간 재가자로서 불교를 배운다. 23세부터 2년 간은 다시 의학원義學院에서 유학을 배운다. 그 후 대운사大雲寺 도원道圓을 찾아가 결국 출가한다.

종밀은 그의 생애를 통해 『원각경』에 가장 많은 관심을 기울인다. 그러나 징관에게 배운 화엄학에 기초하여 많은 주석서를 저술하고, 『원각도량수증의圓覺道場修證儀』18권과 『예참약본禮懺略本』·『도량육시례道場六時禮』 등의 저작을 남긴다. 그 외에 『원각경』을 바탕으로 천태지의의 법화참법에 따른 예참의禮懺儀를 만든다. 『원각경』은 종밀의 입장에서 가장 의지할 만한 경전이었다고 할 수 있다.

그는 화엄을 최고의 가르침이라고 인정하면서도 중생을 구제하는 능력은 『원각경』이 뛰어나다고 하였다. 그러므로 그의 불교학은 화엄학을 기초로 한 원각경학이었다고 해도 과언이 아니다. 종밀에 의하면,

---

120) 『송고승전』(대정장 50), p.741하.

이전에도 『원각경』에 대해 유각惟慤·오실悟實·견지堅志·도전道詮 등에 의한 주석서가 있었다고 하지만 현재 그 존재는 확인되지 않는다. 『원각경』 자체는 종밀의 주석서가 세상에 나온 뒤부터 사람들이 읽고 동아시아의 불교 사상에 많은 영향을 끼쳤다. 특히 '중생은 본래 성불이다'라고 하는 『원각경』에 입각한 종밀의 사상은 본각 사상의 전개를 고찰하는 데에 중요한 자료이다. 종밀의 본래성불론은 유정有情에 한하여 말하는 것이었지만, 송대가 되면 무정無情에까지 확대시켜 해석하게 된다.

이상으로 불타발타라의 『60화엄』을 소의경전으로 하여 출발한 화엄종에 대하여 살펴보았다. 조통설祖統說에서 말하는 화엄조사는 5조祖이지만, 그 가운데 화엄학의 집대성자는 제3조 법장이었다. 그가 측천무후로부터 받은 호號가 현수賢首이므로 화엄종을 현수종이라고도 한다.

법장은 불교 전체를 오교십종으로 분류하는 한편, 일체 사물을 전체 속의 부분으로 보는 본질적인 법法의 총체성 인식에서 출발한다. 따라서 자신의 기본 사상을 별교일승別敎一乘에 두고, 공空과 유식唯識의 이론을 통합·회통하고자 노력한다. 그런 의미에서 그의 화엄 사상은 불교의 철학적 노력의 정수로 간주되기도 한다. 그의 이러한 화엄종의 철학적 교리는 상당한 지식 체계를 갖춘 사람에게는 환영받기도 하였다. 그러나 당시 현실적 인식을 가진 서민들에게는 법상종과 마찬가지로 세밀한 분석이나 난해한 용어 등으로 인해 너무 어렵고 추상적이라고 생각되었다. 그러므로 그에 걸맞은 지도자가 없을 때는 그 교세가 약화될 수밖에 없는 한계를 갖고 있어 결국 서민들 속에 뿌리를 내리지 못하고 쇠퇴해 버리고 만다.

5) 선종의 성립과 발전

여타의 종파들이 당나라 말기 이후 쇠퇴해 갈 때, 유독 선종만은 더욱 융성해져 대중화되어 갔다. 학문적 교리를 떠나 현실 속의 우리들이 어떻게 하면 깨달음을 얻을 것인가 하는 자각과 반성의 분위기 속에서 선종이라고 하는 실천불교가 발전하게 된 것이다. 따라서 지금부터 말 없는 가르침을 강조하는 실천적 불교로서의 선종이 발전해 간 배경과 선종과 도가道家의 유사성에 대하여 살펴보기로 한다.

당나라 말기에 접어들면서 종래에 활동하고 융성했던 여러 종파들은 차례로 쇠퇴하여 갔다. 그러나 오직 선종만이 그 전성기를 맞이하였고 이후 중국불교의 주류를 이루게 된다. 물론 여기에는 여러 가지 요인이 있겠지만 도가 사상도 그 이유 가운데 하나일 수 있다. 왜냐하면 중국인들의 철학과 정신세계를 지배하고 있던 도가의 노장 사상과 선종의 주장에는 유사한 점이 매우 많았기 때문에, 그들은 선종을 통해 도가 사상과의 동질성을 발견했던 것이다. 그런 의미에서 선종의 어떠한 면이 도가 사상과 유사하며, 그리고 다른 종파들이 쇠퇴해 갈 때 선종만이 살아남을 수 있게 된 사상적 배경은 무엇이었는지를 중심으로 살펴본다.

선종과 도가는 한결같이 말 없는 가르침을 강조한다. 선종의 불립문자不立文字라는 종지宗旨에 상응할 만한 도가의 주장을 찾는 일은 그다지 어려운 일이 아니다. 바로 『노자』 1장의 "도라고 말하면 이미 도가 아니다(道可道非常道)"라는 것과 56장의 "아는 자는 말하지 않고, 말하는 자는 알지 못한다(知者不言 言者不知)"라는 글이 바로 그것이다.

물론 『노자』의 그 구절이 선종에서 말하는 '불립문자'와 의미가 똑같지는 않다. 그러나 불교의 '불립문자'와 노자가 1장과 56장에서 말하고자 했던 본질은 '진리 그 자체는 말이나 문자로 올바로 표현할 수 없다'고 하는 의미에서 같은 뜻을 지닌다. 즉 문자는 진리를 표현하는 방편에 불과한 것이기 때문에 언어·문자에 집착해서는 안 된다는 뜻이다. 말하자면 불교나 노자가 말하는 진리의 영역이란 언어가 끊어진 곳이라는 입장이다. 그것은 '절대적인 진리는 이런 것이다'라고 말해 버리면, 그 순간부터 그 입장이라는 것이 고정화되고, 또한 한쪽으로 치우치게 되어 보편적인 진리의 모습을 갖출 수 없기 때문이다.

그런 의미에서 선종과 도가는 그 어느 쪽도 인위적인 것을 거부하는 한편, 자발성과 자연성을 추구하는 가르침이다. 이처럼 자연스러움과 자발성의 강조라는 점에서 선禪은 도가와 매우 가깝다고 하는 것이다.

사실 있는 그대로의 진리는 문자나 언어로 전할 수 없다고 할 때의 '있는 그대로'라는 것은 어떤 의미이겠는가. 결국 인위와 인공이 가해지지 않은 자연스러운 모습, 즉 인위를 배제했을 때 나타나는 무위자연無爲自然이다. 원래 언어나 문자는 있는 그대로의 자연을 표현하기 위해 도출된 인위적인 수단이지만, 이 언어나 문자라는 인위에 의해 오히려 있는 그대로의 진리를 잃어버리게 된다는 의미이다.

그렇다면 침묵을 지키는 것이 진리를 전하는 유일한 길인가 하면 그것도 아니다. 따라서 『장자莊子』「칙양편則陽篇」에서는 "비언비묵非言非默만이 유일한 도道다"[121]라는 구절이 있는데, 이는 "말은 달을 가리키는 손가락에 불과하므로, 손가락으로 달이 있는 곳을 알았으면 방해되는 손가락을 없애 버리라"는 선종의 가르침과 같은 내용이다. 말을

---

121) 『장자』 25 「則陽」

사용하면서도 그 말 자체에 구애되지 않는 것, 즉 말을 구사하지만 그 말이 그대로 실재實在라고는 생각하지 말라는 것이다. 이처럼 도가 사상에는 선종에서 말하는 불립문자적인 요소가 있다.

또한 『노자』와 『장자』에는 인간의 자연스러운 발전을 막는 사회의 인위적인 제약을 거부하는 구절들이 많이 있다. 더욱이 도가에서는 이러한 철학이 본래부터 이 세상에 존재하고 있었던 것이라고 한다. 그것은 주재하는 이가 없어도 계절이 오가고 꽃은 피고 지며, 해가 뜨고 기우는 것과 같다는 것이다.

또 한 가지 관심을 끄는 것은 불성의 참구가 선종의 수행 방법인데, 도가에서도 도道의 내재성을 강조하고 있다는 점이다. 『장자』에는 다음과 같은 내용이 있다.[122] 어느 날 동곽자東郭子가 장자에게, "선생이 말하는 도는 어디에 있습니까?"라고 물었다. 장자는 "없는 곳이 없다"고 대답했다. 동곽자가 "구체적으로 말씀해 주십시오" 하니, 장자는 "개미나 똥강아지에게 있다"고 대답했다. 이에 동곽자가 "(고원한 도가) 어찌 그리 천박합니까?" 하고 의문을 제기하였다. 그러자 장자는 잡초·기왓장·똥의 순으로 점점 더 낮은 차원으로 옮겨 가며 대답하였다. 결국 장자가 말하고자 하는 진리, 즉 도는 이 세상 어느 하찮은 물건이라 할지라도 없는 곳이 없다는 것을 그렇게 설명한 것이라 할 수 있다.

위에서 장자가 말한 도는 역대 조사들이 불성은 없는 곳이 없다고 한 내용과 같다. 또한 주변의 모든 곳에서 불설佛說을 들을 수 있다(무정설법無情說法)고 하는 불교의 가르침과 유사하다고 하지 않을 수 없다.

이와 같이 선종과 도가는 대립적인 것의 조화와 반대되는 것의 평준

---

122) 『장자』 22 「知北遊」

화, 그리고 세속적인 집착을 없애는 것과 자연에 대한 신비한 관조 등을 공유하고 있다. 이러한 자유와 창조의 정신에 부합하여 중국의 선사들은 경전과 불상, 그리고 의례와 형이상학적인 사고에서 벗어나 깨달음에 대한 평이하고도 직접적이며, 구체적이고도 실제적인 접근을 선호하는 종파를 세운 것이다. 더욱이 선사들은 대승의 논서처럼 추상적인 언어가 아니라, 어떠한 사람도 이해할 수 있는 일상적인 언어를 사용하여, 오직 자신의 내면적인 본질을 바로 보기만 하라고 강조한다. 그러면 거기서 불타를 발견할 수 있고, 더 나아가 자신이 바로 불타임을 알게 된다고 한다.

바꾸어 말하면 자신의 본성을 곧바로 직접 봄으로써 깨달음을 실현할 수 있다는 뜻이다. 이렇게 주장하는 선사들에게 외적 시설들은 깨달음을 실현하기 위한 버팀목이며, 어디까지나 보조 수단일 뿐이다. 그러므로 선종에서는 불타가 그랬던 것처럼 외적인 것에 의지하지 말고, 자신의 본성을 바로 봄으로써 깨달음을 얻으라고 가르쳤던 것이다. 따라서 당시의 일반 대중들은 이러한 선종의 가르침에 모두가 진정으로 경도되지 않을 수 없었던 것이다. 다시 말해 선종은 천태종·법상종·화엄종처럼 사변적이지 않고 체험적 직관을 중시한다. 더욱이 유교를 적대시하지도 않고, 철학적 측면에서는 도가와도 유사하며 무엇보다 형식을 중요시하지 않는다. 이처럼 오직 실천적인 선관禪觀을 통해 자연스러움과 자발성을 강조하는 선종의 특성은 발전의 큰 장점으로 작용한다.

이처럼 선종이 당대를 풍미하자, 지식인 계층에서도 자연히 선에 관심과 흥미를 느끼게 된다. 따라서 고승들과의 빈번한 교류를 통하여 불교 교리를 자신들의 철학적 사고와 결부시켜 생각하게 되었을 뿐만 아니라, 국가적 차원에서도 3교담론三敎談論이 이루어져 서로의 교리를 알게 된다. 그로 인해 특히 유학자들이 불교 교리를 연구하게 되고, 그 결과가 바로 송대宋代의 새로운 유학, 즉 신유학新儒學인 성리학의 성립으로 이어진다.

다음에서는 논리적이고 이론적인 설명을 초월하여 말이 미치지 못하는 세계를 체험하고 입증하고자 하는 수행 방법을 채택한 선종의 계보를 살펴보기로 한다.

일반적으로 중국의 선종은 보리달마로부터 시작하는 것으로 보고 있다. 선종의 표준적인 문헌으로 인정되고 있는『경덕전등록景德傳燈錄』에 의하면,[123] 달마 대사는 520년 중국에 도착한 후, 양무제와의 그 유명한 '소무공덕所無功德' 면담 이후 양자강을 건너 북위로 갔다고 한다. 거기서 9년 동안 면벽좌선面壁坐禪을 한다. 그 소문을 듣고 신광神光이라는 젊은 수행자가 찾아가서 선의 진수를 가르쳐 주기를 간청한다. 그러나 달마 대사는 그에게 관심조차 보이지 않는다. 이에 그 젊은 수행자는 자신의 신심을 증명하기 위해 한쪽 팔을 자른다. 그로부터 달마는 그에게 가르침을 전하기 시작했고, 그의 이름을 혜가慧可로 바꾸어 준다. 그가 바로 선종의 제2조이다.

그때 달마 대사가 혜가에게 준 가르침은 이입사행二入四行으로,『능가경』의 가르침이다. 『능가경』에서는 내적 깨달음을 강조하는데, 내적 깨달음을 실현한 사람은 더 이상 세상을 이원적으로 보지 않기 때문이다. 또한 어떤 불국토에서는 그저 바라보거나 미소를 짓거나, 눈을 깜박이거나 하는 등의 표정 하나만으로도 가르침이 전달된다고 하여 사상을 전

---

123)『경덕전등록』(대정장 51), p.219상.

달하는 데에 반드시 언어가 필요한 것은 아니라고 한다. 이는『능가경』
이 후기의 선수행과 결정적인 연관성이 있음을 엿볼 수 있는 대목이다.

그 다음 혜가로부터『능가경』을 전법받은 이가 제3조 승찬僧璨인데,
그는 성姓도 출생지도 확실하지 않다. 제4조 도신이 12년 간 그를 섬기
며 법을 받았다고만 전한다.『신심명信心銘』이 승찬의 저서로 알려져
있다.

제4조 도신道信124은 7세에 출가한다. 13세에 환공산에 들어가 3조
승찬에게서 선법을 닦아 법을 계승한다. 이후 쌍봉산雙峰山에서 30년
간 주석하며 수많은 수행자를 배출한다. 어느 날 어린 수행자가 찾아와
출가하고 싶다고 하였다. 이에 도신이 어디서 온 아이냐고 묻는다. 그
아이는 "저는 온 바도 없고 갈 바도 없는 애입니다" 한다. 이어서 도신
이 성姓이 무엇이냐고 묻자, "성姓은 무성無姓이고 굳이 이름을 붙이자
면 불성佛性이라 합니다" 하고 답한다. 도신은 "그놈 참 맹랑하구나!"
하고 감탄하며 출가를 허락한다.125 그가 바로 홍인弘忍이다.

제5조 홍인은 스승이 머물던 쌍봉산의 서쪽西山에서 동쪽東山으로 옮
겨 크게 선종을 떨치는데, 선종이 어느 정도 집단 체제를 갖추게 된 것
도 이때부터이다. 또한 선종의 독자적인 의례와 규칙의 원류를 형성하
고, 안심安心, 수심守心의 선풍을 전했기 때문에, 이 교단 문하를 동산
법문東山法門이라 부른다.

홍인 문하에는 뛰어난 제자들이 많다. 그 중에서도 신수神秀와 혜능
慧能은 당대의 선종을 대표하는 인물로, 이 두 사람으로 인해 선종은 크
게 발전하게 된다.

---

124)『경덕전등록』(대정장 51), p.223중.
125) 상동, p.224상.

신수 계통은 장안과 낙양을 비롯한 강북江北을 중심으로 교세를 넓혀 간 데 비해서, 혜능慧能 계통은 처음에는 소주에서 교화를 펴다가, 그 후 강서江西를 중심으로 교세를 넓혀 간다. 그로 인해 신수 계통을 북종 선北宗禪, 혜능 계통을 남종선南宗禪이라 하며, 두 파의 교의의 차이를 남돈南頓, 북점北漸이라고 한다. 후대에 가서는 남종선이 번창하나 당 나라 때만 해도 북종선이 오히려 융성하고, 그 세력 또한 북종선이 남 종선을 능가하였다.

먼저 신수(606~706)는 낙양의 천궁사天宮寺에서 구족계를 받는다. 그 후 5조 홍인을 따라 옥천사玉泉寺에서 두타행을 하는데, 그의 선풍을 배 우고자 삼천 명의 수행자가 몰렸다고 한다. 특히 측천무후의 요청으로 중종·예종 등 세 황제의 국사로 활동한다. 법랍 80년, 세납 100여 세로 입적하며, 대통大通 선사禪師라는 시호가 내려진다. 선종의 선사에게 시 호가 내려진 것은 이때가 처음이다. 그의 제자 가운데 뛰어난 이는 의복 義福과 보적普寂이다. 그들은 당나라 중엽까지 활약하나, 이들의 입적 후 남종선이 북방 전파에 본격적으로 나서므로 북종선은 쇠퇴하고 만 다. 결국 신수 계통은 혜능 계통처럼 기라성 같은 제자들의 배출이 적었 던 까닭에 남종선에 그 자리를 내주게 된 것이라 할 수 있다.

혜능은 신수보다 30여 세나 젊었기 때문에 그가 홍인 문하에 들어갔 을 때, 하위 소임을 맡는 것은 너무나 당연한 일이다. 그러나 후대에는 혜능을 부각시키기 위해 이 사실을 매우 강조한다. 게다가 혜능의 전 기126는 후세에 와서 첨가된 부분이 많다. 그러므로 혜능에 대한 자료 적 고찰은 생략하고 일반적인 사실만 소개하기로 한다.

혜능은 강남의 신주新州 출신이다. 어느 날 땔나무를 팔고 있던 혜능 은 어떤 승려가 『금강경』을 독송하는 것을 듣고('응무소주이생기심應無所

住而生其心'구절이라 전해짐) 발심 인연이 되어, 5조 홍인을 찾아 강북의 황매(호북성)까지 간다. 첫 면담에서 홍인은 강남의 무지랭이에게 불성이 있겠느냐고 한다. 이에 혜능은 "방위야 동서남북의 구별이 있지만, 불성에는 강남, 강북 사람의 차별이 없지 않겠습니까?" 하고 답하여, 첫 관문을 통과한다.

그 후 홍인은 혜능에게 방아 찧는 일을 시킨다. 이윽고 홍인은 후계자를 뽑기 위해 문하생들에게 불법에 대해 아는 대로 게송을 지어 오라고 한다. 그 당시 그 문하에서 제일 뛰어난 이는 신수였으므로 누구나 그가 선출될 줄로 알고 있었다. 신수는 "몸은 깨달음의 나무요, 마음은 맑은 거울의 받침이다. 날마다 부지런히 털어내어 티끌이 일지 않도록 하라"는 게송을 지어 벽에 붙인다.

며칠 뒤, 그 게송 아래에 또 하나의 게송이 붙는다. "깨달음은 본래 나무가 없고, 맑은 거울 또한 받침이 없다. 본래 아무것도 없거늘 어디서 티끌이 일어나겠는가"라는 내용이었다. 물론 이 게송을 지은 주인공은 그때까지 아무에게도 관심 받지 못하던 혜능이었다. 홍인은 그의 진면목을 즉각 알아보고, 다른 사람들의 반발과 시기를 우려하여 한밤중에 비밀리에 혜능을 부른다. 그리고 혜능에게 전법傳法의 상징인 가사와 발우를 전한다. 혜능은 그 후 몇 년 간 은둔 생활을 하다가 39세되던 676년에 비로소 세상에 나와 교화하였는데, 많은 일화가 남아 있다.

혜능 문하 가운데 가장 유명한 이는 청원행사靑原行思와 남악회양南嶽懷讓, 그리고 화택신회荷澤神會 등이다. 그러나 신회의 하택종은 점차

126) 『경덕전등록』(대정장 51), p.235상.

쇠퇴해 버리고, 청원과 남악 계통만 번성한다. 남악회양의 제자로는 마조도일馬祖道一이 나왔고, 그의 제자로는 청규로 유명한 백장회해百丈懷海가 있다. 그리고 백장의 제자에는 방봉으로 유명한 임제의현臨濟義玄이 배출되어 임제종을 세운다. 또한 위산영우潙山靈祐와 그 제자 앙산혜적仰山慧寂이 위앙종潙仰宗을 세워서 남종선이 북지에 거점을 이루는 계기가 된다. 그 다음 청원행사의 문하에서도 석두희천을 비롯한 많은 영재들이 구름같이 모여든다. 여기서 동산양개洞山良价와 그의 제자 조산본적曹山本寂이 나와, 조동종曹洞宗이 성립한다.

그리고 운문문언雲門文偃은 운문종雲門宗을, 법안문익은 법안종法眼宗을 세운다. 이리하여 임제, 조동, 위앙, 운문, 법안종의 다섯 종파를 선가의 5가家라 부른다. 오가 분류의 원형은 법안문익法眼文益(885~958)의 저서 『종문십규론宗門十規論』에 처음 보인다. 그 후 이 계통의 사람이 만든 『경덕전등록』에 이 용어가 쓰이면서 선종 계보의 정형이 된다. 하지만 애초부터 법안이 선종사의 전체적인 총괄을 목표로 이러한 분류를 제시한 것은 아니다. 근래의 연구에 의하면, 이것은 법안이 일찍이 무주撫州 조산曹山에 있을 무렵(924~928), 실천적 필요에 의해 당시 자신의 주위에서 활약한 선자禪者들의 종풍을 개별적으로 분석한 것이라고 한다. 그러고 보면 조주趙州와 같은 유명한 선승이 포함되어 있지 않거나, 동산洞山 문류門流가 조동종으로 이름 붙여진 것처럼 부자연스럽거나 한 것이 이상한 일은 아니다. 동산 문류 법계는 전체적으로는 운거 계통을 주류로 하지만, 당시 동산 영역에서 활약한 계통은 조산曹山의 법손인 혜민慧敏 등의 일파였다.

이후에 5가는 임제 문하가 황룡파와 양기파로 분리됨에 따라, 5가家 7종宗을 이룬다. 이렇게 혜능 이후 5가7종으로 발전한 선종은 송대 이후의 중국불교계를 주도해 가게 된다. 왜냐하면 이전의 여러 종파들이 경전 연구나 지적 탐구에만 열중한 데 비해, 선종은 사변적이지 않으면서도 날카로운 언설과 체험적 직관력으로 마음의 작용을 중시하였기 때문이다.

선종은 할喝이나 방棒 또는 화두 등 여러 가지 방법으로 법을 전한다. 이 모든 방법이 내면에 있는 불성을 깨닫게 하기 위한 수단이라는 면에서는 동일하다고 할 수 있다.

이와 같이 고난의 시대를 지나면서도 선은 각지에서 외호자外護者를 얻어 뿌리를 내리고, 당唐 말부터 5대代에 걸쳐 몇 가지의 특색을 지닌 교단이 형성된다. 5가의 구조와 관련한 인명을 더하여 간단히 도시하면 다음과 같다.

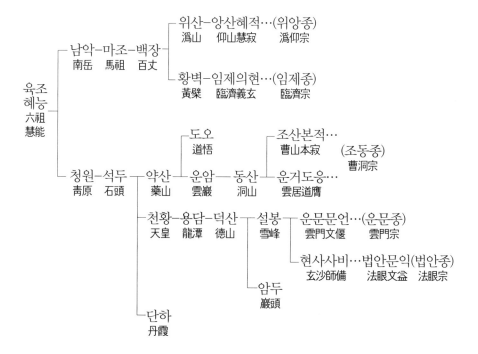

6) 밀교의 융성

　　　　　지금까지 다룬 당대의 모든 종파의 가르침을 현교顯敎라고 한다. 현교는 언어·문자로 분명하게 드러난 가르침을 의미한다. 이에 반해 밀교密敎는 비밀스런 가르침, 즉 드러나지 않기 때문에 표면적으로는 알기 어려운 가르침을 의미한다.

　밀교도들은 밀교의 가르침을 이 지상에서가 아니라 수미산이나 불교에서 가장 높은 하늘인 색구경천에서 이루어졌다고 주장한다. 그들 역시 종래 불교의 가르침과 같이 인간이 무명에 싸여 있으나 불성을 그 안에 간직하고 있다고 한다. 그러므로 무명無明에서 벗어나기 위해서는 비밀스러운 정화 의식이 필요하다는 것이 바로 밀교의 주장이다.

　밀교의 비밀스런 정화 의식 과정에는 진언眞言·인상印相·관정灌頂·호마법護摩法 등이 포함된다. 그러나 이 정화 의식에 대한 밀교 문헌은 대부분 고대 인도 신화에서 빌려 온다. 그리고 이것에 새로운 의미를 부여하여 우주 위에 군림하는 힘의 상징이 된 것이다. 이처럼 불교의 밀교 경전이나 힌두교의 밀교 경전은 본래 하나의 근원에서 나온 것이므로, 이 둘 사이의 경계선은 급속히 사라지게 된다. 더욱이 밀교의 대가인 밀교승들은 밀교 경전에 대승 사상을 부여할 수 있도록 새로운 개념의 경전 해석을 시도한다. 이러한 시도는 결국 대승불교도들에게 밀교 사상이 수용될 수 있도록 하기 위한 것이었다.

　이때 사용된 대승 사상은 바로 공空의 개념이다. 다시 말해 신과 악마는 실제로 존재하는 것이 아니라 단지 우리들의 환상의 산물일 뿐이라는 뜻이다. 그러나 비록 현상의 공성空性을 인정할지라도 현상 그 자체는 무시해서는 안 되며, 해탈로 나아가기 위한 수레로 간주해야 한다고 주장한다. 이처럼 밀교는 대승의 이론을 빌리면서도 그 용어를 일반적인 의미로 이해한 것이 아니라, 오직 그 비밀스런 교단에 입문한 사람들만이 알 수 있는 비의적秘儀的 의미로 이해한다. 밀교는 이와 같은 해석 방법으로 대승불교에 합류한다.

중국 밀교에 초기 밀교·중기 밀교·후기 밀교라는 교리적·역사적 분류 개념 이외에 어떠한 분류 개념을 상정해야 할 것인가를 정리해 볼 필요가 있다. 즉 중국인들이 밀교를 이전까지의 불교와 다른 불교로 인식한 시기를 밀교 역사의 기점으로서 규정해야만 할 것이다. 그것은 소위 '순밀純密'의 개념으로, 선무외善無畏·금강지金剛智 두 삼장이 대일大日·금강정金剛頂 두 경전을 번역한 이후일 것으로 막연히 추측해 왔다. 그러나 이러한 견해에 대해서는 조심스러워 하면서도 아직도 본격적인 논의가 이루어지지 않은 것이 현실이다. 애초에 밀교를 전수받은 고승이 중국으로 와서 밀교 경전을 번역한 시기를 중국인이 밀교를 인지한 시기라고 생각하는 것은 엄격한 의미에서 옳지 않다.

사실, 선무외 등이 이미 『대일경』의 번역을 끝낸 개원 18년(730)에 기록된 지승智昇의 『개원석교록開元釋敎錄』에서는 전혀 밀교승으로서의 모습을 엿볼 수 없다는 점에서도 분명하다. 밀교의 중국 전래 시기는 동진東晋 시대 백시리밀다라帛尸梨密多羅가 『대관정신주경大灌頂神呪經』을 전래·번역하면서부터로 보고 있다. 그 외에도 담무란曇無蘭이 4세기 말에 와서 여러 신주神呪와 관련된 경전들을 번역하였으며 남북조 시대 북위의 담요, 유송의 구나발타라가 번역한 것도 있다.

이후, 본격적으로 조직적인 밀교가 전래된 것은 8세기에 세 명의 밀교승이 중국으로 오면서부터이다. 먼저 선무외(637~735)[127]는 637년에 동아시아의 오리사Orissa 지방의 오다국烏茶國 불수왕佛手王의 왕자로 태어난다. 그 가계의 시조는 석존의 숙부에 해당하는 감로반왕甘露飯王으로 석가족이라 한다. 13세에 왕위에 올랐지만 형에게 물려주고 출가하였다. 그 후 유행하여 중인도의 나란다에 이르렀고, 80세에 현교·밀교의 두 가르침에 통달한 달마국다達磨掬多에게 사사받고 삼밀三密에 통달한다. 밀교의 가르침을 전수받은 후, 다시 중인도를 유행하며 외도를 논파하거나 사람들을 위해 비를 기원하는 등 왕성하게 활약한다. 그러던 중 스승 달마국다를 통해 중국이 인연 있는 땅임을 알게 되고, 스승의 권고를 받아들여 중국행을 결심한다.

716년 선무외가 장안에 도착했을 때, 현종玄宗은 국사國師로서 예우하며 그를 영접한다. 그는 20여 년 간 역경에 종사하며, 밀교의 기본 경전 가운데 하나인 『대일경大日經』을 번역한다. 그런데 그 당시 선무외가 수백 자로 된 범어 주문을 외워 비를 내리게 하였을 때, 현종의 감격은 이루 말할 수 없었다고 한다. 따라서 그가 만년에 고향으로 돌아가고자 청하였을 때도 현종은 허락하지 않는다. 결국 선무외는 99세의 고령으로 중국에서 입적하며, 그의 제자로는 『대일경소大日經疏』를 지은 일행一行이 있다.

일행은 홍도弘道 원년(683), 현재의 하남성河南省, 또는 하북성河北省에서 출생한 것으로 전해진다. 속성은 장張씨, 이름은 수遂이다. 그의 가문은 태종을 모신 공신 장공근張公謹의 일족이다. 혈족의 대부분이 고위 관료에 임명되어 어떤 사람은 국사의 편찬에 종사하고, 어떤 사람은 수도의 국립 대학 학장이 되는 등 명가인 동시에 학자 혈통의 집안이다. 일행은 어렸을 때부터 총명하였는데, 특히 기억력이 천재적이었

---

127) 『송고승전』(대정장 50), p.714중.

다. 10세쯤 되었을 때 이미 그의 재능이 출중하다는 사실이 알려졌다. 15세에는 유가·도가 등 중국의 전통 학문에 모두 정통하여, 천재성이 일찌감치 개화한 인물이다.

그 다음은 선무외보다 4년 늦게 중국의 낙양으로 온 금강지金剛智(669~741)이다. 금강지는 중인도의 이사나말마왕伊舍那靺摩王의 세 번째 아들로 출생한다. 10세가 되어 불도에 입문할 결심을 하고, 부왕에게 간청하여 나란다사의 적정지寂靜智를 따라 출가한다. 20세에 구족계를 받아 정식으로 승려가 된다. 그 후 6년 간 대소승의 계율을 배우고, 『백론百論』·『반야등론般若燈論』 등 중관학파 논서의 대부분을 학습한다. 28세에는 석존의 탄생지인 카필라바스투에서 승현勝賢 논사를 스승으로 3년에 걸쳐 『유가론』·『유식론』 등 유식 계통의 학문을 익힌다.

대승불교의 교리와 실천에 정통한 금강지는 31세에 남인도로 간다. 그곳에서 연령이 70세나 되는 용수 보살의 제자인 용지龍智 보살의 제자로 입문하였다. 그 후 7년 간 용지 보살을 섬기며 『대일총지다라니경大日摠持陀羅尼經』의 실천을 배운다. 그 경전의 전부를 통달하자 관정灌頂을 받아 정식으로 밀교의 계승자가 된다. 이후 금강지는 다시 중인도로 돌아가 불타의 유적을 순례한다. 하지만 그 후 남인도로 가서 관자재 보살을 신앙하는 절의 보살로부터 중국이 인연이 있는 땅이라는 말을 듣게 되고, 마침내 중국에 포교할 것을 결심하고 중국으로 가게 된다.

전기에는[128] 그의 신통력에 대한 기록이 많이 있다. 가령, 그가 만다라를 그려 불보살의 눈에 눈동자를 완성하는 날 비가 내리게 될 것이라든지, 10일 이상 의식을 잃었던 공주를 소생시켰다는 내용 등이 그것이

128) 『송고승전』(대정장 50), p.711중.

다. 71세로 낙양 광복사廣福寺에서 입적한다.

중국에 순수밀교를 이식시키고 그 기초를 개척한 것은 선무외와 금강지의 공적이다. 그러나 이를 계승하여 낙양과 장안에 밀교를 선양하고, 당나라 시대에 밀교가 융성하도록 한 사람은 바로 불공不空(705~774)[129]이다.

불공은 중국 4대 역경가의 한 사람이기도 하다. 그는 북인도 출신으로 15세에 금강지의 제자가 된다. 그 이듬해 스승을 따라 중국으로 들어가 금강지의 역경을 돕는 한편 밀교의 깊은 뜻을 깨닫는다. 스승인 금강지가 입적한 후 불공은 밀교 경전의 범본을 구하기 위해 서역과 인도로 떠난다. 그 후 다시 중국으로 돌아온 그는 가져온 범본 1200여 권의 밀교 경전을 번역하는 데에 종사한다. 그동안 그는 현종과 숙종, 그리고 태종 3대에 걸친 황제의 스승 역할을 한다.

한편 밀교 의식인 관정 의식을 행하고, 주문을 외워 비를 내리게 하며, 환자를 낫게 하기도 하였다. 그가 70세로 입적하자, 당시의 황제 태종은 3일 동안 정무를 쉬었다고 한다. 불공의 역경에 대하여, 『정원록貞元錄』에서는 110부 143권을 들고 있으며, 그 가운데 특히『금강정경金剛頂經』은 선무외의『대일경』과 함께 밀교의 2대 근본 성전이 되고 있다. 그의 수많은 제자 가운데는 6철哲이 유명하며, 그중에 혜과惠果가 그의 뒤를 계승한다. 그러나 774년 불공의 입적과 더불어 밀교는 쇠퇴하기 시작하고 인도에서도 더 이상 밀교승이 오지 않는다.

참고로 밀교에서 사용하는 대표적인 용어에 대하여 살펴보기로 한다. 밀교에서 말하는 진언(mantra)은 말 그대로 '진실한 말'이라는 의미

129) 상동.

이다. 다라니dhāraṇi도 역시 신비한 힘을 가진 주문이라는 뜻으로, 한역하면 총지總持라 한다. 이때의 총總은 모든 공덕이 다 포함되어 있다는 뜻이고, 지持는 마음에 새겨서 잊지 않는다는 의미이다. 또한 능차能遮라고도 하는데, 이것은 모든 잘못을 사전에 막는다는 의미이다. 이처럼 진언과 다라니는 불타의 위신력을 주문의 형식을 빌려 적어 놓은 것이므로, 그 원음原音 속에 모든 공덕이 다 들어 있다. 즉 고도로 응축된 말로 그 말의 힘을 상징한 것이라 할 수 있다.

그 다음은 만다라曼茶羅이다. 만다라는 우주의 진리를 언어가 아닌 그림으로 표현한 밀교의 도상圖像이다. 만다라의 어원은 본질, 취집聚集이라는 뜻으로, 윤원족輪圓足이라 한역한다. 마치 바퀴살이 모두 한가운데 축으로 모아져 하나를 이루듯이, 대일여래大日如來를 중심으로 하나가 되어 원만한 공덕을 갖추고 있다는 의미이다. 밀교의 법신불法身佛인 대일여래의 지혜와 자비의 광명에 비친 우주의 전체상을 상징한 것으로, 우주 전체가 그대로 만다라라는 뜻이다. 우주에 존재하는 생명 있는 모든 것들은 다 불성을 가지고 있기 때문이다. 이러한 밀교의 교리를 현교의 입장에서 말하면, 일체중생실유불성一切衆生悉有佛性의 의미와 똑같다고 할 수 있다.

대표적인 만다라에는 두 종류가 있다. 하나는 지혜를 금강에 상징한 금강계만다라金剛界曼茶羅인데 『금강정경』에 근거한다. 『금강정경』을 번역한 금강지와 불공이 이 계통에 속한다. 또 다른 하나는 대비大悲를 태장에 비유한 태장계만다라胎藏界曼茶羅로, 『대일경』에 근거한다. 선무외와 일행이 이 계통에 속한다.

그 다음은 의궤儀軌이다. 의궤는 여래의 비밀 돈증의식頓證儀式을 중생제도를 위해 내보인 궤범軌範이다. 경전이 이론이라면 의궤는 실천인 셈이다. 이 의궤에 의해 밀교 수행자의 신구의身口意 삼업三業이 여래의 심경心境에 도달하여 즉신성불卽身成佛할 수 있다고 한다.

밀교의 전래는 중국불교계뿐만 아니라, 국가적으로도 문화 전반에 걸쳐 큰 영향을 끼친다. 특히 불공의 활약은 불교 의례에도 큰 업적을 남긴다. 또한 만다라의 보급으로 건축·조각·회화·미술사에까지 밀교적인 요소가 가미되어, 민간 신앙과 함께 융화되고 발전된 흔적을 볼 수 있다. 또한 오늘날 우리나라 불교에서 행해지는 불교 의식의 많은 부분에도 사실상 밀교의 영향이 적잖이 스며들어 있다.

이상으로 밀교에 대하여 살펴보았다. 언어나 문자로 분명하게 드러나는 가르침이 현교임에 비하여, 밀교는 비밀스런 가르침이므로 드러나지 않는다. 그 때문에 밀교는 표면적으로는 알기 어려운 가르침이다. 중국에서 밀교의 기초를 개척한 이는 선무외와 금강지이고, 융성하게 한 이는 불공이다. 밀교의 핵심은 독특한 정화 의식인 진언·관정·만다라·호마법 등의 의궤를 행함으로써 업장을 소멸하고 즉신성불하는 것이다.

3. 5대10국의 불교

        통일된 국가로서 300년 간이나 그 융성함을 자랑하던 당나라도 말기에 이르면 혼란스러운 정국이 이어진다. 그때 주전충朱全忠이 당 왕실을 멸망시켜 중국 천하는 다시 이민족과 한족이 각각 강북과 강남으로 나뉘는 5대10국五大十國 시대가 열리게 된다. 다시 말해서 강북은 후량後梁·후당後唐·후진後晉·후한後漢·후주後周로 이어지는 이민족 지배의 5대代가 흥망을 거듭하고, 강남은 오吳·초楚·남당南唐·오월吳越 등 한족이 지배하는 10국國이 잇달아 일어난 50여 년 간을 5대10국이라 한다.

    이 시기에 계속된 전란은 5호 16국 시대에 비할 바가 아니다. 따라서 중국 역사는 바로 이 5대10국을 기점으로 하여, 이후를 근세近世라고 부른다. 불교사에서도 역시 5대 이후를 구별해야 한다. 이 시대 이후부터는 불교 사상 역시 대부분 융합되어 당나라 때와 같은 신선함을 잃어버렸기 때문이다. 이 시기는 수·당 불교로부터 완전히 중국불교화되는 과도기적 시기이고, 이 시기 불교가 전란 속에서 유지됐기 때문이기도 하다.

5대10국의 불교사에서 주목할 것은 후주後周의 폐불과 강남의 오월국왕吳越國王의 불교 신앙이다.

우선 강북의 다섯 나라는 대체로 불교를 보호하는 입장을 고수하나, 후주의 세종世宗은 삼무일종三武一宗의 법난 가운데 마지막 폐불을 단행한다. 그런데 이 법난의 특기할 만한 것은 앞서의 세 법난과는 달리 도교나 유교의 개입이 전혀 없었다는 점이다. 순전히 국가 정책상, 그것도 재정 압박으로 인해 그 재원을 사찰에서 얻고자 폐불을 단행한 것이다.

한편, 오월국은 강남의 항주를 도읍으로 하여 전씨錢氏 일족의 여러 왕들이 한결같이 불교에 귀의한다. 특히 충의왕은 인도의 아쇼카 왕을 모범으로 8만 4천의 금동탑을 세우고자 서원하였다. 현재 서호西胡 부근의 크고 작은 수백 개의 사원이 바로 이때 건립된 것이다. 그러나 이 시대의 불교 사상은 그다지 주목할 만한 것이 없다. 충의왕이 천태天台 삼대부三大部를 보고자 하였으나 이미 산실되어, 천태종天台宗의 의적의 부탁을 받은 고려의 제관諦觀이 천태 삼대부를 중국으로 가져다 전해 주었다고 한다. 그만큼 이 시대에는 전란으로 인해 많은 불전들이 산실되고 파기되었음을 알 수 있다.

4. 불교와 유교·도교의 관계

송나라 시대의 불교와 유교의 관계를 염두에 두고 중국 불교사 전반에 걸쳐 유·불·도 삼교의 교섭사를 정리해 보기로 한다.

중국불교사는 어떤 측면에서 보면, 유·도교와 갈등하며 발전한 역사라고 할 수 있다. 다시 말해 중국의 고유 사상인 유교·도교와 외래 종교인 불교가 어떻게 조화를 이루었으며, 때로는 어떻게 대항하였는가 하는 역사인 셈이다. 먼저 불교와 유교와의 관계에 대해서 살펴보자.

1) 불교와 유교

특히 송학, 즉 성리학性理學은 이전의 공맹孔孟 사상에 입각한 경서의 해석, 즉 훈고학적訓詁學的인 자구字句 해석에서 벗어나 불교 교리를 자신들의 철학 체계에 도입하여 새롭게 탄생시킨 유학이다. 특히 성리학은 선종의 영향으로 인간의 본성이 무엇이며 우주의 본질은 무엇인가를 탐구함으로써, 유학 사상의 혁명과도 같은 대전환기를 맞이하게 된다. 물론 그들 가운데는 불교를 배척하고 비판하기 위해 열심히 불교 교리를 연구하다가 오히려 호불론을 펼친 이가 있는가 하면, 반대로 그 얻은 지식을 역이용하여 신랄하게 배불론을 주장한 이도 있다. 그러나 송나라에 이르면 유儒·불佛이 한 덩어리가 된다. 불교학자가 유교를 모르면 문장을 모르는 사람이 되고, 반대로 유교학자가 불교를 모르면 학문을 모르는 사람 취급을 받을 정도로 유·불교가 융합되는 시대였던 것이다. 그런데도 유학자들 가운데 일부는 사상적·사회적, 그리고 경제적·도덕적인 면 등 온갖 시각에서 불교를 향해 공격의 화살을 날리기도 하였다. 그러나 재미있는 것은 이들이 목소리를 높이면 높일수록 불교를 닮아가게 됐다는 점이다.

유교의 불교에 대한 비판은 대체로 세 가지 정도로 요약할 수 있다.

첫째 사회적 차원의 비판이다. 승려는 일을 하지 않고도 생계가 해결되고, 세금을 내지 않아도 되므로 국가에 유익한 바가 없다. 게다가 화려한 사탑의 건립은 국고의 낭비를 불러일으키는 원인이 된다.

둘째 윤리적 입장에서 보았을 때이다. 승려는 출가함으로써 부모와 처자를 돌보지 않고, 거식踞食과 단복袒服을 하며, 왕에게 절도 하지 않는다.

셋째 사상적인 측면의 비판이다. 신멸불멸론神滅不滅論과 인과응보 사상 등은 혹세무민한다는 것이다.

이 가운데 사회적인 문제와 윤리적인 문제는 이미 각각 대두되었던 내용들을 그 시대에서 설명하였으므로, 여기서는 사상적인 문제에 초점을 맞추어 살펴보기로 한다.

유교 측에서 제기한 사상적인 비판 면에서 볼 때, 불교의 문제는 신멸불멸론과 인과응보의 두 가지 사상이다. 즉 영혼은 멸하는가 멸하지 않는가라는 문제는 윤회 문제와 직결되는 것이다. 영혼이 멸하지 않고 윤회한다면, 윤회에 대한 기준이 문제가 된다. 결국 그것은 '업'의 문제와 연결되고, 업은 다시 인과응보의 문제로 이어진다. 그러므로 가장 근본적인 문제이면서 후대에까지 계속 논란의 대상이 되었던 '신멸불멸론'에 대해 살펴보기로 한다.

이 문제를 제일 먼저 거론한 사람은 후한 시대의 왕충王充이다. 그는 신멸神滅을 주장한다. 이어서 모자가 『이혹론理惑論』에서 이 문제를 거론하고,[130] 동진東晉의 나함羅含이 신불멸神不滅을 주장하였다. 그들은 자연이 순환하듯이 영혼도 존속한다고 한다. 그리고 동진의 여산혜원은 형진신불멸形盡神不滅, 즉 육신은 멸해도 정신은 멸하지 않는다고 하였다. 이를 반박한 사람은 혜림과 하승천이다. 그들은 신멸을 주장한다. 즉 형체가 다하면 정신도 따라서 멸한다는 것이다. 이에 대한 반론은 혜원의 제자 종병宗炳이 제기한다. 영혼은 육체에서 나오는 것이 아니므로 육체를 떠나서도 존재한다는 것이다.

한편, 범진范縝은 형신상즉론形神相卽論, 즉 정신이 곧 신체라고 한다. 칼이 신체라면, 그 날카로움은 정신이라는 것이다. 범진은 『신멸론』에서 형체가 없어지면 영혼도 함께 없어진다고 주장한다. 이에 대해 범진의 손아래 처남이자 둘도 없는 친구이기도 한 소침蕭琛(476~512)은 『난신멸론難神滅論』을 통해 사후에도 영혼은 존재한다고 한다.

이와 같이 논란이 계속되자, 양무제가 법운法雲에게 칙령을 내려, 그 당시 석학들의 생각을 묻게 한다(이에 대한 62명의 답서는 『홍명집』에 실려 있

---

130) 『홍명집』 1 「모자이혹론」(대정장 52), p.1상.

다). 양무제는 불멸설不滅說을 주장하는 입장이었다. 그러므로 석학들의 답장이 영혼불멸설에 가까운 내용으로 일관되어 이론을 초월하게 되고, 그 후 종파불교의 성립과 함께 4, 5백 년이나 이어지던 논쟁은 종식된다.

그런데 영혼이 멸하지 않는다는 말은 결국 윤회한다는 의미가 된다. 중국인들이 불교를 받아들인 후, 불교 교리 가운데 가장 탁월하다고 여겼던 것이 바로 '윤회 사상'이다.

그러나 지금까지 살펴보았듯이, 신불멸설이 남북조 시대까지의 중요한 철학적 기반은 되었지만 근본적으로 진전된 내용은 전혀 없었다는 점에 주목해야 한다. 이것은 신神, 즉 정신이나 영혼이라는 개념 자체가 막연하고 추상적이라는 것에도 원인이 있다. 그러나 무엇보다도 중국인들은 영혼이라는 불변의 존재성을 인정하는 입장에서 윤회 사상을 이해하고자 한 것이다. 그러므로 그들은 자연히 윤회의 주체라 할 수 있는 업業과 인과응보 사상에 주목하게 된다. 따라서 육조六朝 사람들을 그토록 불교에 심취하도록 만들었던 불교의 인과응보 사상에 대하여 살펴보기로 한다.

먼저 오경五經의 하나인 『주역』에는 "선善을 쌓은 집에는 반드시 예상치도 못했던 경사가 있고, 불선不善을 쌓은 집에는 반드시 생각하지도 못했던 재앙이 있다"[131]는 말이 있다. 언뜻 보면 불교의 인과응보 사상과 유사하다. 그러나 그 둘은 다르다. 개인이 선을 행했을 때 선을 행한 개인에게 복이 오는 것이 아니라, 그 가정에 온다고 하는 점이 불교와 다른 점이다. 다시 말해 조상이나 부모가 선을 행하면 그 결과를 자손이 받는

---

131) 『주역』「坤文言傳」 "積善之家 必有餘慶, 積不善之家 必有餘殃."

다는 뜻이다. 또한 『서경書經』에는 "천도天道는 착한 이에게 복을, 나쁜 이에게 화를 내린다"[132]고 한다. 이 말은 이 세상의 도덕을 위해 애쓰는 많은 사람들과 불행한 사람들에게 용기와 희망이 되어 왔다.

그런데 여기에 의문을 가지고 비판을 가한 사람이 바로 『사기史記』를 저술한 전한의 사마천司馬遷이다. 『사기』「열전列傳」1권, 백이전伯夷傳[133]에서 사마천은 다음과 같이 적고 있다.

"백이伯夷와 숙제叔齊가 죽음에 임하여 세상에 올바른 군주君主가 없다고 한탄하며, 서산西山에서 나는 고사리를 먹고 아사하지 않으면 안되는 자신의 신세를 한탄하고 있다. 이는 그들이 천명天命을 원망했다는 뜻이다. 그러므로 천도天道는 선인善人에게 복을 내린다고 한 『서경』의 내용이나 공자가 백이와 숙제에게 인仁의 완성이라고 한 것은 모두 틀렸다고 생각된다. 어찌하여 백이·숙제와 같은 선인이 그토록 부당한 일을 당하지 않으면 안 되었는가? 또한 그러한 예가 한 번에 그쳤다면 우연일 수도 있다. 그런데 공자에게는 3천 명의 제자가 있었고, 그 가운데 훌륭한 제자가 70명이었다. 그런데 덕행제일德行第一의 수제자 안회顏回는 덕행과 학문밖에 모르고 살았다. 하지만 그날그날의 생계조차 걱정해야 하는 빈곤 속에 살다가 32세의 나이에 단명으로 요사하지 않았는가? 이것은 어떻게 설명해야 하는가? 반면, 춘추 시대의 유명한 도적인 도척盜跖은 수천 명의 부하를 거느리고 천하를 횡행하며 무수한 살인을 저질렀지만 천수를 다 누리고 갔다. 선인이면서 불행한 생애를 보내고, 악인이면서도 혜택받는 인생을 살다 간 예는 그 외에도 무수히 많다. 그러므로 나는 의심한다. 천도天道의 섭리는 과연 올바른

132) 『서경』 "天道福善禍淫."
133) 『사기』 61 「백이열전」 1

것인가, 아니면 잘못된 것인가?"

사마천은 이렇게 유교의 행복론에 파문을 던진다.

이것이야말로 종교로서의 유교가 실패한 원인이다. 이러한 유교의 행복론에 대한 사람들의 불만은 불교에 관심을 갖게 했을 뿐만 아니라 불교에 심취하게 하는 결정적 계기가 된 것이다. 종교란 결국 행복을 추구하는 가르침이기 때문이다. 말하자면 유교는 인생을 어떻게 바르게 살 것인가 하는 도덕론이었을 뿐, 인생을 어떻게 행복하게 살 것인가라는 행복론에는 미치지 못하는 교리적 한계를 갖고 있었다는 점을 사마천이 파헤친 셈이다.

한편, 혜원의『삼보론三報論』[134]에는 다음과 같은 내용이 있다. "경에 설하기를[135] 업業에는 세 가지 과보가 있는데, 첫째는 현보現報라 하고, 둘째는 생보生報라 하며, 셋째는 후보後報라 한다. 현보는 선악의 업이 이 몸에서 비롯되어 그 과보를 즉시 이 몸이 받는 것을 말하고, 생보는 내생에 태어나서 문득 받는 것이며, 후보는 (바로 다음 생에서 받지 않고) 이생, 삼생, 백생, 천생이 지난 연후에 비로소 그 과보를 받는 것을 말한다. 과보를 받는 것은 특별히 정해진 주체가 없고 반드시 마음에 의하여 받는 것이며, 마음에는 특별히 정해진 것이 없기 때문에 모두 밖에 있는 사상事象에 감응하여 작용한다. 감응하는 작용에는 느리고 빠른 차이가 있지만, 모두 마음의 만난 바 사상事象에 따라 과보가 대응하는 것이다. 그 대응하는 방법에 강약의 차이가 있기 때문에 경중의 차이가 있는 것이다."

혜원의 이와 같은 내용은 그때까지 응보를 현세, 즉 일생에 한해서

---

134)『홍명집』5「삼보론」(대정장 52), p.34중.
135)『阿毗曇心論』1(대정장 28), p.814중.

받는다고 생각하던 사람들이 갖기 쉬운 불만과 의문에 명쾌한 해답을 준 셈이다. 현재의 불행은, 자신의 업이 아직 익기 전이라도 전생에 행한 업의 과보가 지금 나타난 것으로 이해할 수 있다. 이 말은 현재의 불행을 극복할 수 있는 용기와 내세에의 희망을 한꺼번에 안겨준 것으로, 유교의 천명설天命說에 대한 반론이라 할 수 있다.

불교가 들어오기 전까지 중국인들은 오직 현세밖에 알지 못했다. 그런데 전생이라는 것이 있고, 다시 내세라는 것이 있다는 불교의 가르침은 당시 사람들에게 커다란 충격이 아닐 수 없었다. 내가 받고 있는 이 고통은 내가 전생에 지은 행위의 결과이고, 현재 내가 선을 닦음으로써 내세에는 좋은 과보를 받을 수 있다고 하는 불교의 삼세인과설三世因果說은 새로운 사상인 동시에 유교가 해결하지 못한 부분을 해결해 주었다. 이렇게 불교가 현재 고통받는 많은 사람들에게 현재의 불행을 극복할 수 있는 용기와 미래에 대한 희망을 한꺼번에 안겨 주자, 그들은 불교로 관심을 돌리게 된다. 그러나 그렇게 되기까지는 300년이라는 긴 잠복 기간을 거쳤다는 사실에 주목해야 할 것이다.

2) 불교와 도교

도교와 불교의 관계를 살펴보고, 이어서 삼교의 조화론을 주장한 사람들에 대해서도 살펴보기로 한다.

중국에서 종교라고 하면 불교와 도교 두 가지를 말한다. 엄밀한 의미에서 유교는 종교가 아니다. 유교의 교敎는 종교가 아닌, 교육이라는 뜻이다. 유교는 종교라기보다는 도덕의 가르침이며, 정치적인 가르침이자 윤리적 규범인 것이다. 물론 유교에도 제례祭禮, 제사祭祀 등이 있

으므로 내세 신앙이 아닌가라는 의문도 들겠지만, 불교에서 말하는 내
세 신앙관이 유교에는 없다. 원래 유교는 윤리적인 철학이다. 그러므
로 질서 유지를 위한 정치적이고 교육적인 가르침이다. 다만 후대에 불
교의 영향으로 종교적 색채가 가미되었을 뿐이다.

따라서 중국 종교 운운云云하면 결국 불교와 도교를 말하는 셈이다.
중국인들의 종교로서 불교와 도교의 관계는 표리의 양면 관계이다. 비
유하자면 불교는 표表(현관)이고, 도교는 이裏(부엌)이다. 언뜻 생각하면
밖으로 드러난 현관이 중요할 것 같지만 실은 현관 없이는 생활할 수
있어도 부엌 없이는 살 수가 없다. 즉 불교 없이는 살아도 도교 없이는
살 수 없다는 뜻이다. 하지만 이것 역시 고정적인 것이 아니라 유동적
이다. 지배 계층이나 지식층의 경우는 불교가 표表이고 도교가 이裏인
입장이지만, 서민의 입장에서는 오히려 도교가 표이고, 불교가 이인
것이다.

이와 같이 표리의 양면을 다 갖추고 있는 것이 중국인들의 복잡한 종
교 구조이며, 그렇기 때문에 그들은 어느 한쪽도 버릴 수 없는 입장을
지니고 있는 셈이다.

그러나 어느 나라든 그 나라의 역사를 주도해 온 이들은 지배 계층이
다. 그러므로 지배 계층이 현관이라고 생각하는 종교가 역사상 눈에 띄
게 된다. 따라서 중국 전체에 통용되고 공유되는 사회적 종교가 불교라
면 도교는 그들의 일상생활과 지역사회에 밀착한 토속적 민족 종교로서
둘이 양립한다. 따라서 불교는 유교·도교와 타협하지 않을 수 없었다.

불교는 중국이라는 거대한 대륙, 수많은 인구, 장구한 역사를 가진
나라에서 기존 사상들을 제치고 뿌리를 내린다. 그렇게 되기까지 불교
는 어떻게 대처하였으며, 어떤 모습으로 변화되어 수용되었는가를 알

중국불교

아야만 진정한 중국불교사를 이해할 수 있다고 하는 이유도 바로 여기에 있다.

도교는 노자를 교조로 삼고 있으나 종교적 측면은 중국 고대의 잡다한 민속 신앙을 집대성하고 여기에 노장의 철학 사상을 가미하여 체계화한다. 또한 현세적인 종교로서의 도교는 신선 사상, 음양 사상, 불로장생법, 연단술 등의 세속적인 신앙까지도 흡수한다. 이러한 까닭에 도교는 사회의 저변 세력을 확보할 수 있었다.

사실 불교는 처음에 도교의 용어를 차용함으로써 중국이라는 토양에 뿌리를 내릴 수 있었다. 하지만 그 뒤로는 반대로 도교가 불교에서 많은 것을 흡수한다. 이처럼 도불道佛 2교의 교섭은 점차 표면화되면서 상호 간에 영향을 주고받았다고 할 수 있다. 특히 삼국 시대 불교에서 살펴보았듯이 노자가 인도에 가서 그들을 교화하여 마침내 불타가 되었다는 도교 측의 『노자화호경老子化胡經』이 만들어지자, 불교 측에서는 『청정법행경淸淨法行經』을 지어 대항한다. 그 내용은 불타가 유동 보살과 광정 보살, 그리고 마하가섭을 중국에 보내는데, 그들이 각각 공자와 안연, 그리고 노자라는 것이다.

다음은 고환과 명승소의 도불道佛 논쟁에 관한 내용이다. 남제南齊의 고환顧歡(420~483)은 태시泰始 3년(467)에 『이하론夷夏論』[136]을 저술한다. 『남제서南齊書』에는 고환에 대해 "황로의 도를 섬겨 음양을 이해하고 숱한 효험을 이루었다"[137]고 되어 있으며, 불교 측에서는 고환을 도사로 여기고 있다. 그는 당시의 불교와 도교의 상황에 대해 『이하론』 본문에서 다음과 같이 말한다. "사문이나 도사가 우열을 다투어 서로

---

136) 『홍명집』「이하론」(대정장 52), p.35상.
137) 『南齊書』 54 「열전」 13 「高逸」

공격하고 본래 하나의 가르침을 다르게 보거나 원래 다른 풍속을 같은 것으로 간주하는 점이 분쟁 요인이며 혼란의 근본을 이룬다." 즉 불교와 도교의 가르침에는 근본적으로 차이가 있는데, 학자들이 상대를 비난하고 서로 비방하기 때문에 자신이 이 논문을 저술하였다며 논문의 저술 동기를 밝히고 있다. 이러한 기술은 언뜻 보면 불교와 도교를 객관적으로 보는 듯하지만, 최종적으로는 도교가 불교보다 우월하다는 입장이다.

그는 『이하론』에서 먼저 노자작불설老子作佛說을 기술한 다음, 도불일치론을 전개하고 있다. 『태자서응본기경太子瑞應本紀經』에서는 불타가 일찍이 국사나 도사, 혹은 유림의 일족이 되었다고 서술한다. 그래서 국사나 도사가 노자와 장자를 넘어서는 자가 아니라, 유림의 일족이라고 할 수 있는 자이므로 주공周公과 공자를 초월하는 자는 없다고 한다. 그는 이어서 다음과 같이 말한다. "만약 공자와 노자, 그리고 불타가 없다면 누가 그들에게 맞서겠는가. 그러므로 두 경전이 설명하는 점은 부계符契를 맞추는 것과 같다. 도道는 곧 불佛이고, 불은 곧 도이다. 그 성聖은 부합하나, 그 자취는 다르다."

공자와 노자가 불타가 아니라고 하면, 대체 누가 불타에 해당할까. 공자와 노자가 바로 불타인 것이다. 그렇다면 두 교의 경전이 설하는 내용은 부계를 맞추듯이 일치한다. 도교는 불교이고, 불교는 도교이다. 그 신성한 본체는 부합하지만 출현하는 모습이 다를 뿐이다. 이와 같이 도교와 불교가 근본적으로 일치한다는 것을 설명한 다음, 도교와 불교의 풍속이나 교화 방법의 차이가 누누이 기술되어 있다. 그렇지만 구체적으로는 중국과 서방의 야만인은 복장이나 장례에 대한 차이가 있다고 하고, 그것을 다음과 같이 정리하고 있다. "화華를 가르치는 데는 화언華言, 이夷를 변화시키는 데는 이어夷語뿐이다. …… 불교와 도교는 달화達化에 있어서는 같더라도 이하夷夏는 다르다."

고환은 중국인들의 교화에는 중화의 언어를, 오랑캐들의 교화에는 오랑캐의 언어를 사용할 따름이라고 한다. 게다가 불교와 도교는 깨달음에 이른다는 점에서는 동등하지만, 중국과 오랑캐의 다름이 존재한다고도 하였다. 그 차이를 강조한 뒤에, 논의 후반부에서 그는 불교를 가차 없이 비판한다. 불교도들이 처자를 양육하게 되자 조상을 위한 제사를 그만두게 되었다. 어른을 공경하는 가르침은 불법에 의해 왜곡되고, 불교도들은 예의에 어긋나고, 순리를 거스르며, 어린 시절 고향을 떠난 채 귀향을 잊어버렸다고 하였다.

또한 그 교화의 차이에 대해서도, 불교는 파악破惡의 방술이며, 도교는 흥선興善의 방술이다. 불교가 상대하고 있는 것은 이적(오랑캐)의 열악한 인간이기 때문에 파악의 가르침이고, 도교는 선량한 중국인을 상대로 하는 점에서 선을 더욱더 늘리는 흥선의 가르침이라고 한다. 따라서 흥선의 가르침인 도교는 있는 그대로가 존중되고, 불교는 용맹한 것을 존중하는 것이다. 불교의 가르침은 밝게 빛남이 광대하여 사람들에게 예의를 갖추도록 하는 것인 데 비하여, 도교의 가르침은 은밀하고 미묘한 것이라 사람을 교화하기보다도 자신을 위해 쓰일 수 있는 것이라고 한다.

그러한 이론의 마지막 부분에서는 불교도의 쭈그리고 앉는 자세나 이적의 언어는 상대의 풍속에 의한 것으로, 자신들은 서로 듣고 이해할 수 있지만 벌레가 아우성치고 새가 시끄럽게 구는 것과 비슷하다. 그러므로 배우기에 충분하지 않다고 기술하면서, 불교는 취하기에 부족하다고 주장한다.

이와 같이 고환이 『이하론』을 통하여, 도교가 인도에서 성립된 이적의 가르침인 불교보다 우월하다고 설명하자, 불교 측에서도 격렬한 반론이 일어났다. 『남제서』 54권 「고일전高逸傳」에 보이는 명승소明僧紹 (?~483)는 "『이하론』을 성립시켜 세상을 어지럽힌 자가 있기 때문에 이를 지어 바로 잡는다"[138]며 『정이교론正二敎論』을 저술한다. 이것은 명승소가 『이하론』의 영향력을 염려하여 그에 반박하고자 지은 것이라 할 수 있다.

예컨대, 『이하론』은 "도는 곧 불이다. 불은 곧 도이다"라고 도불 일치를 주장하지만, 이에 대하여 명승소는 안이하게 불과 도가 동일하다고는 할 수 없다고 한다. 도교에서는 경쟁하는 마음과 높은 것을 바라는 나머지 불순한 것을 뒤섞고, 닮은 곳이 있다는 점에서 사설邪說을 내세워 올바른 것을 제거하려는 것이다. 고환이 불교와 도교를 일단 같다고 놓고 도교를 우선시하는 논법을 취한 것에 대해, 명승소는 그 전제가 되는 도불 일치의 생각 자체를 부정한다.

명승소는 고환이 말하는 도를 노장의 도가나 장릉張陵이나 갈홍葛洪이 말하는 신선방술과 명확히 구별한다. 도가가 근본으로 하는 것은 『노자』와 『장생莊生』 7장(『장자』 내편)뿐이고, 선화불사설仙化不死說은 노장의 설이 아니라고 반박한다. 반면, 도교는 장생과 불사를 근본으로 하는 가르침이며, 금단을 반죽하고 안개나 구슬을 먹고, 영승(영혼을 승천시키는 것), 우태羽蛻(하근이 생겨 육체 자체가 비상하거나 나비나 뱀처럼 허물을 벗고 새로운 육신으로 살아가는 것)하고, 시해(죽은 후 다른 곳에서 태어나 선인이 되는 것)한다는 방술을 가지고 있다. 하지만 아무리 살펴보아도

---

137) 『홍명집』 「정이교론」(대정장 52), p.37중.

중국불교

그러한 경우는 찾아보기 어렵다. 또 신선이 되어 하늘에 오르지 못하면 사후에는 귀신이 되기도 하고, 천상 세계의 심부름꾼으로 일하게 된다고 하는 것은 생전의 업보에 따르는 것일 뿐이다.

그는 노자의 가르침과 신선방술을 설하는 도교와의 사이에 명확한 획을 긋고 있다. 따라서 천사도天師道의 창시자인 후한의 장릉이나『포박자』의 저자 갈홍처럼 도교 성립으로 이어지는 새로운 움직임을 가차 없이 비판한다. 그들 유파의 사람들은 진실과 위망을 하나로 합치고, 깨달음을 기원하는 자를 영구히 현혹시켜 그것을 분별하지 못하게 한다. 거짓말도 이만저만이 아니라며 대단히 신랄하게 비판하고 있다.

또한, 고환이 문제로 삼은 이하夷夏의 차이에 대해서는 이夷의 교화는 불교, 중국의 교화는 5전典이라는 데서 정해진다는 고환의 표현을 명승소는 부정한다. 성인의 효과라 함은 이夷와 하夏에 한정할 수 있는 것이 아니고, 더욱이 궁극의 가르침이라면 반드시 나라의 풍속에 연관된다는 것은 있을 수 없다고 주장한다. 명승소는『이하론』의 근본이자 논論의 전제가 되고 있는 이하의 차이를 전면 부정하고자 한 것이다.

명승소의『정이교론正二敎論』에 있는『홍명집』6, 7권에는 고환의『이하론』에 대한 불교도 측의 반박도 게재되어 있다. 그것은 사진지謝鎭之가 고환 앞으로 보내는 서한 2통(6권)과 주소지朱昭之·주광지朱廣之·혜통慧通 법사·승민僧敏 법사에 의한 반박서(이상 7권)이다.

이렇게 불교와 도교는 빈번히 논쟁을 일으켰는데, 앞에서 살펴본 3교담론敎談論에 따른 폐불 단행도 이러한 연장선상에서 이루어진 것이라 할 수 있다. 그리고 남북조 시대 말기에서 당나라 초기에 걸쳐 성립되었다고 추정되는 도교 경전에는 불교 사상의 영향이 현저하게 나타난다. 그 가장 대표적인 예가 바로『유룡전』에서 불타의 출생을 그대로 본떠 노자의 출생을 묘사하고 있는 점이다. 불교의 『보요경』을 그대로 이용하여 고유 명사만 바꾸었을 뿐이다. 게다가 불교의 불성 사상도 적극적으로 채용하여 도성道性 사상으로 전개시킨다. 이것은 앞에서 선종과 도가의 유사성을 설명하였듯이, 도가의 근본 사상인 도가 어느새 불성설의 또 다른 표현인 도성 사상으로 바뀐 것이다.

그런데 문제는 불교가 도교와 교류하면서 어느새 불교 사찰에 도교의 신상神像들을 안치시키기 시작하고, 도교 역시 도관에 불교의 관음보살이나 지장보살상을 모시게 됨으로써 도불道佛 혼합 형태를 띠게 되었다는 점이다. 이러한 경향은 송대 이후 점차 강화되는데, 현재 홍콩이나 대만에 있는 사찰과 도관에서 그 모습을 확인할 수 있다.

한편 3교 조화론을 주장한 사람들도 많다. 명교明敎 대사 계숭契嵩은 『보교편』을 지어 구양수歐陽脩의 배불론을 반박하였지만, 이 책을 읽은 구양수는 자신의 잘못을 뉘우치고 불교 경전을 외우며 임종했다고 한다. 또한 장상영張商英(1043~1121)은 『호법론』에서, "유교가 피부의 병을 고치는 것이라면 도교는 혈맥의 병을, 불교는 골수의 병을 고치는 것이므로 서로 의존해야 한다"[139]고 주장한다. 그리고 이순보는 『명도집설』에서 "파도와 바닷물이 형태는 다르지만 물이라는 본체는 같듯이, 3교가 나타난 모습은 달라도 추구하는 바는 같으므로 서로 보완적 관계에 있다"고 하였다. 이처럼 3교 조화론을 펴는 이들은 한결같이 3교가 비록 형태는 다르지만 목적은 같은 것이므로 서로 공존해야 한다는 3교 정분설鼎分說을 주장한다.

따라서 이들이 비록 불교의 개념을 차용하여 그들의 철학 세계를 정

---

139) 『호법론』(대정장 52), p.643상.

중국불교

립하거나, 혹은 조화론을 펼쳤다고 하더라도 그들을 과대, 또는 과소
평가해서는 안 될 것이다. 이들은 현실 세계의 실재성과 개인의 중요
성, 그리고 사회적 관계와 책임의 가치를 강조하여, 그들이 세운 체계
가 어디까지나 중국적인 사상의 바탕이 되고 있기 때문이다. 중국불교
는 이러한 과정을 거치며 중국인들의 종교로 자리 잡아 간다.

제4장

동화 융합 시대

(송 이후)

1. 송대의 불교

1) 송나라의 불교 정책

       5대10국은 끝없는 전쟁으로 혼란과 분열을 거듭하다가, 결국 960년 한족계인 후주後周의 무장 조광윤趙匡胤에 의해 송宋나라의 통일로 종결된다. 그가 바로 송나라 태조이다. 그는 주변의 여러 나라를 평정하여 송나라를 세우지만, 얼마 되지 않아 북방의 거란족 요나라가 일어나자 자주 분쟁하게 된다. 이에 송나라는 여진족과 결탁하여 요나라를 멸망시킨다. 그런데 그 이후 여진족인 금나라와 지역 문제로 관계가 악화되고, 결국 금나라의 침입으로 멸망하게 된다. 이 시기를 북송北宋이라 한다.

  그러나 송나라 왕실의 귀족들은 강남으로 피신하여 다시 나라를 일으키는데, 이를 남송南宋이라 한다. 하지만 남송 또한 몽골족인 원元나라에 의해 멸망하게 된다. 따라서 송宋은 북송 160년, 남송 150년을 합해 320년 간 존속한 나라이다.

송나라 시대의 불교는 수·당 시대와 비교해 볼 때, 여러 측면에서 다른 점을 엿볼 수 있다. 첫째, 당나라 시대의 여러 종파들 가운데 송나라 때까지 살아남은 종파는 선종과 정토종뿐이라는 점이다. 둘째, 송나라에는 승단을 대표하여 왕실과의 유대 관계를 공고히 할 수 있었던 수·당 시대의 지의·현장·법장과 같이 뛰어난 승려가 배출되지 못했다는 점이다. 셋째, 어떠한 새로운 종파도 나타나지 않았고, 어떠한 주요 경전도 번역되지 않았다는 점이다. 그때까지 그토록 다양한 사상 체계를 산출해 냈던 불교계의 지적 활동이 송나라에 이르러서는 거의 눈에 띄지 않는다는 것이다. 불교 미술이나 건축 분야에서도 마찬가지다. 이미 앞 시대에서 발전의 극치를 보여주었기 때문이었는지, 송대에서는 기존 것의 유지와 사소한 변화 정도에 그치고 만다. 당나라 때까지 거의 폭발적인 발전을 거듭했던 불교가 그 이후로는 기력을 소모해 버린 양상을 보인 것이다. 더욱이 회창 폐불과 후주後周의 법난은 불교 교단의 창조적인 추진력을 쇠퇴시켜 버린다. 그런데도 불교 교단의 경제적 발전만큼은 당나라 시대를 능가한다. 균전법의 붕괴와 함께 장원 성립으로 인해 사원의 토지 사유는 격증하고, 귀족들의 보시나 장생고의 운영 등은 사원 경제의 유력한 재원이 되었다.

한편 송나라 왕실은 북방의 변방 이민족에 대한 준비를 비롯한 여러 가지 문제로 막대한 세출이 필요하게 된다. 하지만 국가 재정은 점차 고갈되고, 이렇게 계속되는 재정적 위기에 대처하기 위해 국가는 두 가지 조치를 취하게 된다. 하나는 도첩度牒을 파는 것이고, 나머지 하나는 자의대사紫衣大師라는 호칭을 판매하는 일이었다.

먼저 도첩의 판매에 대하여 살펴보기로 한다. 도첩이란 본래 공식적으로 출가한 사람이 경전 시험을 통과하면 주는 것이 그때까지의 관례였다. 승려가 도첩을 받게 되면, 일반인에게 부과되는 모든 세금과 노역을 면제받는다. 그러므로 도첩은 상당한 경제적 가치가 있는 것이었다. 따라서 송나라는 이러한 면세 특권이 주어지는 승려의 도첩을 판매하여 심각한 재정 압박에서 벗어나고자 했다. 이에 따라 부유한 사람들은 도첩을 몇 개씩이나 소유하기도 하고, 일부는 일종의 국채와 같은 재산 형태로 소유하였다가 판매하는 등 그 폐해가 컸다.

다음은 자의대사라는 호칭의 판매에 대해서 살펴본다. 자의대사 호칭을 수여하는 관습은 측천무후 때부터 시작된 것으로, 고승에 대한 조정의 표창 제도이다. 그것은 국가가 승려에게 주는 최고의 영예였다. 그런데 국가가 재정 압박에서 벗어나고자 그것을 일반 대중에게 판매하였던 것이다.

이와 같이 송나라는 불교 교단을 이용하여 국가 재정의 궁핍에서 벗어나고자 노력한다. 그렇다고 해서 송 왕실이 불교를 탄압한 것은 결코 아니다. 송나라의 역대 황제들은 크든 작든 불교에 호의적이었고, 불교 역시 중국화되어 민중들에게 깊이 뿌리내렸던 시대였다. 특히 송나라 때에는 선교禪敎 일치一致 사상이 현저히 나타나서 천태선·화엄선·염불선 등이 유행한다.

그러나 송나라 이후 불교는 쇠퇴하게 되는데, 그 요인 가운데 하나가 바로 신유학의 대두이다. 신유학이 중국인들의 마음을 사로잡고 있던 불교의 영역에 도전할 만큼 성공적으로 성장한 것은 앞서 살펴본 대로이다.

2) 대장경의 성립

　　　　　송나라 불교의 가장 큰 업적인 대장경의 간행에 대하여 살펴보기로 한다.

　중국의 인쇄술은 이미 당나라 때부터 시작되었지만 그다지 융성하지는 않는다. 이후 송나라 태조대에 이르러 대장경 5천여 권의 출판 사업이 계획되어 마침내 완성을 보게 된다. 이것은 세계 인쇄 문화사에 놀랄 만한 업적이 아닐 수 없다. 더구나 이와 같은 대사업이 송나라 태조 이후 자그마치 다섯 차례에 걸쳐 행해졌다는 사실은 송나라 문화의 이채이자 불교 경전 보급에 남긴 위대한 공적으로 명기되어야 할 일이다.

·촉판 대장경

　개보 4년(971)에 태조가 장종신에게 명하여 촉의 성도(사천성)에서 출판 사업에 종사시킨 후 태종의 태평흥국 8년(983)까지 12년에 걸쳐 5천여 권을 완성하였다. 지명에 따라 보통 촉판蜀版이라고 부른다.

·동선사판東禪寺版

　북송의 신종 원풍 3년(1080)에 복주(복건성) 동선사의 혜공 대사 충진에 의하여 계획된 사설 출판인데, 제자들이 이어받아 휘종 숭년 3년(1140)까지 24년 동안 작업하여 완성한 것이다. 이어서 숭녕 3년부터 정화 2년(1112)까지 신역천태부의 장소章疏를 추조하여 6천여 권을 완성한다.

·개원사판開元寺版

　북송 휘종 정화 2년(1112)에 북주의 개원사에서 시작된 것이다. 본오·본명 이하 많은 사람들에 의하여 남송의 고종 소흥 16년(1146)까지 전후 40년 간에 걸쳐 완성한 사판私版이다. 이것도 그 후 효종 건도 8년(1172)에 소옥紹玉이 선종부를 넣어서 6천여 권으로 만들었다. 지명을 따라 복주판이라고도 하며, 민본閩本 또는 월본越本이라고도 한다.

· 사계판思溪版

송판宋板이자 사계판이라고 하는데 천태종의 정범, 선종의 회심 등이 중심이 되어 호주 사계의 원각선원에서 왕영종 등의 보시에 힘입어 조인된 사판이다. 남송 고종의 소흥 2년(1132) 전후의 개판인데 북송에서 남송에 걸친 것으로 대략 6천 권이다. 일반적으로 송판본이라 하고 있다.

· 적사판磧砂版

남송 때 강소성 평강 부적사 연성사에서 개판한 것을 시작으로 원나라가 된 후에도 주조되었으며 총 권수는 6362권이다. 이것은 비구니 홍도弘道의 발원으로 이루어진 것인데, 방화로 산실되어 그 전모를 알 수 없는 것이 유감이다.

· 보녕사판普寧寺版

남송 말부터 원나라 초기에 개판된 원판 대장경이다. 이것은 남송 도종의 함순 5년(1269)에 절강성 항주 대보녕사에서 개판을 시작하여 원나라 세조 지원 22년(1285)에 완성한 6070권이다.

그리고 홍법사판은 남송의 단종 경염 2년(1277), 즉 원의 세조 지원 14년에 하북성 북경의 홍법사에서 시작하여 지원 31년(1294)에 7182권의 조인을 완료하였다. 이것은 원나라 때에 만들어진 원판 대장경이지만 거의 송판을 모방하였기 때문에 세칭 송원판宋元版이라 부르기도 한다.

· 고려판高麗版

고려 성종 10년(991)부터 현종 2년(1011)에 만들어진 고려판은 촉판을 계승한 것으로, 현존하는 가장 오래된 대장경이자 가장 권위 있는 것으로 간주되고 있다. 그러나 애석하게도 몽골난으로 소실된다. 그리고 두 번째 판이 현재 해인사에 소장된『팔만대장경八萬大藏經』인『고려대장경』이다.

이상, 여러 판본 가운데 가장 우수하고 권위를 인정받고 있는 판본은 역시『고려대장경』이며, 현존하는 최고본最古本이다. 또한 오자가 거의 없을 만큼 정교하고 정확한 것은 현대판 대장경이라 할 수 있는 일본의『신수대정대장경』의 저본이 되었다는 점에서도 그 가치가 입증된다.

주로 필사에 의존하였던 경전은 인쇄술이 발달함에 따라 대장경 간행이 이루어져 귀족뿐만 아니라 일반인에게도 보급된다. 그 결과 불교의 민중화에 박차를 가하게 된다.

3) 성리학의 대두

여기서는 당시의 불교 상황을 먼저 살펴보고, 불교의 영향을 받아 성립된 성리학性理學과의 관계는 어떠했는지에 대해 알아보기로 한다.

당나라 때 일어난 회창會昌 법난法難(845)의 영향으로 선종만이 살아

남아 선종은 송대에 이르러서는 더욱 활기찬 모습을 드러낸다. 그것은 첫째, 선종은 경전이나 불상을 부정하지도 않지만, 외형적인 시설물에 대한 의존도가 높지 않았기 때문이다. 따라서 경전이나 불상 등이 법난으로 처참하게 파괴된 후에도 곧바로 제 기능을 수행해 나갈 수 있었다. 둘째, 여타의 종파에 비해 선종은 사원 청규 가운데 '일일부작一日不作이면 일일불식一日不食'이라는 조목이 말해 주듯이 생산적 활동을 강조하였기 때문이다. 선종은 이를 실제로 실천에 옮겨, 생산적인 노동을 함으로써 승려들의 무노동을 비난하는 사회적 비판에 대처할 수 있게 된다. 그들에게 일은 단순한 노동이 아니라 수행의 한 방법이었던 것이다. 심지어 선종의 청규를 만든 백장회해百丈懷海(720~814)는 제자들이 스승의 기력을 염려하여 일하는 도구(호미)를 숨겨 버리자, 그것을 되돌려 줄 때까지 단식하였다는 일화가 있을 정도이다. 바로 그들의 이러한 점들이 송대 이후의 불교계를 선종 일색으로 이끌어가는 원동력이 되었다고 할 수 있다.

이처럼 송대의 선종은 활동적이고 대중적인 면도 있었지만, 한편으로는 내적으로 퇴보의 징후도 보이기 시작한다. 송대에 이르러 선종의 사원은 정치·사회적인 활동의 중심지가 되고, 교단 세력이 커지면서 거주하는 승려의 수도 증가한다. 이는 결국 승려의 자질 저하로 이어졌다. 본래 선종의 가르침은 스승의 마음으로 제자의 마음에 전하는, 즉 이심전심以心傳心이다. 그러나 수행자의 증가는 이것을 어렵게 만들었다.

그러나 이 모든 조건보다 더 큰 원인은 앞에서도 언급하였듯이 불교의 교학적 측면이 수·당 시대에 이미 완벽하게 완성된 데에 있었다. 따라서 송나라에 이르면 더 이상의 교리적 발전을 기대할 수 없게 된다. 또한 간접적인 요인 중 하나는 인도에서 불교가 자취를 감추게 된 것이다. 말하자면, 인도 중관학파의 월칭月稱(찬드라키르티)과 유식학파의 계현戒賢(시라바드라)과 같은 논사들이 입적하자, 인도불교는 거센 힌두교의 물결에 의해 서서히 가라앉기 시작한다. 그 후 이슬람교도의 침입으로 최후의 타격을 입고, 1203년에는 비크라마실라 대사원이 이슬람 군대에 의해 철저하게 파괴된다. 이어 교단의 쇠퇴와 함께 1600여 년의 전통을 지닌 인도불교는 막을 내리게 된 것이다.

그토록 생기 넘치던 종교이자 지적·정신적 힘이었던 불교가 인도에서 사라지면서 중국으로 오는 인도인 전법승은 물론, 인도로 가는 중국인 구법승도 더 이상 볼 수가 없어진다. 인도에서 받아 오던 종교적이고 지적인 자극제가 없어지자 중국불교도 점차 활력을 잃게 된 것이다. 그때가 바로 송나라 시대에 해당하는 11~13세기였다.

이처럼 사상계의 중심에 있었던 불교가 그 자리를 유교에 넘겨주게 되면서, 중국사상사에서도 송대는 하나의 분기점이 된다. 후한 때 중국에 들어온 불교는 남북조 시대부터 수·당에 걸쳐 사상계를 견인한다. 물론 유교에도 그 나름대로의 사상적 전개가 있었지만, 적어도 사상사의 중심에 설 만큼 철학적인 논의는 아니었다. 그런데 중당中唐 이후 한유韓愈·이고李翶·유종원柳宗元·유우석劉禹錫·구양첨歐陽詹·황보皇甫 등을 중심으로 성性의 선악이나 천天과 인人의 관계에 대한 논의가 시작되면서 사상계의 변화를 예고한다.

물론 송대에 불일계숭佛日契嵩·원오극근圓悟克勤·대혜종고大慧宗杲·굉지정각宏智正覺, 명대에 우익지욱藕益智旭·운서주굉雲棲袾宏·감산덕청憨山德淸 등의 명승이 나온다. 그러나 이들은 유교와의 교섭에서 그 존재가 두드러졌을 뿐, 이미 성립된 종파를 넘어 새로운 종宗을 일으킬 정도의 창조성은 부족했다. 불교에서 많은 종파가 등장한 것은 송대까지이지만, 유교는 주자학과 양명학을 필두로 이후에도 새로운 학파가 잇달아 등장하는 것과 대조를 보인다. 이것은 사상적인 창조성이 불교에서 유교로 이동하였다는 증거이다. 이에 중국사상계의 새로운 출발점이라 할 수 있는 신유학에 대해 짚어 보는 것은 당시의 유불 교섭 형태를 알 수 있는 것이기도 하므로, 여기서 이를 살펴보기로 한다.

주자학에서의 이理에 대한 개념은 불교의 화엄 철학에서 주장하는 사법계설四法界說에서 영향받았다는 것이 학계의 정설이다. 즉 현실 세계인 사법계事法界와 원리(진리) 세계인 이법계理法界로 나누는 화엄 철학에서의 이理를 주자학에서 응용하고 있다는 뜻이다.

물론 선진 유학에 '이理'라고 하는 용어가 전혀 없었다는 뜻은 아니다. 유학에서 주자학이 형성되기까지의 유교가 형이상학과는 거리가 있었다는 뜻이다. 중국에 불교가 유입되면서 유교는 고도의 형이상학으로 무장된 불교를 만나게 된다. 그러므로 불교 전래 이후의 유교는 불교의 정연한 논리에 눌릴 수밖에 없었다.

당나라에 이르러 불교는 전성기를 맞게 되었지만, 당 말기가 되면서 불교의 폐단이 극심해진다. 비대해진 사원 경제의 규모는 마치 하나의 대기업과도 같은 수준이었다. 원래 사원이 소유하는 영지는 원칙적으로 보시로 마련되지만, 교단이 확장되고 사원이 융성해짐에 따라 승려들이 직접 사원을 확장하는 사업을 벌이기도 한다. 또한 승려들이 금융 사업에까지 관여하여 나중에는 고리대금업의 성격을 띠게 된다. 그 결과 당대唐代의 사원은 광대한 장원莊園을 소유하고 많은 노비를 부렸으며, 귀족과 결탁하여 부를 축적하게 된다. 이러한 사원 경제는 국가 재정을 능가하였고 결국 사회 문제로까지 야기되어, 급기야 국가 정권과 승려 지주간의 경제적인 충돌이 일어난다. 이 때문에 적지 않은 사람들이 국가 경제를 옹호하려는 생각에서 불교를 반대하기 시작한다. 결국 이러한 움직임은 배불 운동으로 나타나고, 자연스레 유교 부흥 운동으로 이어진다. 한유와 이고 등이 그 대표적인 학자이다.

한유는 『논불골표論佛骨表』등을 지어 전면적으로 불교를 비난하고 배척한다. 반면에 이고는 약산의 유엄을 찾아 도를 묻고 게송을 지을 만큼 불교에 관심이 많았다. 따라서 불교 교리를 부정하고 비판한 것이 아니라 불교의 폐단에 대해 비판했다고 보아야 할 것이다. 그것은 그의 『복성서復性書』에 고스란히 드러난다. 『복성서』에서 이고는 불교의 진여심眞如心과 생멸심生滅心을 유교의 성性과 정情으로 치환한다. 또한, 불교의 견성성불론見性成佛論을 유교의 복성성성론復性成聖論으로 대체함으로써 유교의 종교적 패러다임을 구축하기에 이른다. 한 마디로 이고의 『복성서』의 틀은 불교의 것 그대로였으며 단지 유교의 옷을 입힌 것에 불과했다. 이러한 그의 사상은 고스란히 주렴계와 장재에게로 이어져 유교의 우주론으로 발전한다.

한편, 송대에 이르면 유교는 그 자체로 선종과 융합된 모습으로 정형화된다. 특히 육상산은 인간의 마음은 그대로 완전한 것이라고 하여 심즉리心卽理를 주장한다. 그는 마음이 그대로 리理이므로 굳이 바깥에서 리理를 구할 필요가 없다고 한다. 이 이론이 당시 성행하던 선종의 영향으로 형성되었으리라는 것은 의심할 여지도 없다. 이렇게 육상산의 사상이 심학心學에 가까운 것을 지적하여, 후대의 주자학을 계승한 이들은 이를 광선狂禪이라고 비난한다. 반대로 육상산의 추종자들은 주자의 학문을 속학俗學이라고 부를 정도로 극한 대립을 이룬다. 그러나 이로부터 300년 뒤, 명나라에 이르러 왕양명王陽明이 출현함으로써 주자학을 부정하고 육상산의 학문적 노선을 따라 결국 양명학을 대성시킨다.

이와 같이 이 시대 불교계는 선종이 주도하면서 명맥을 이었고, 이러한 영향으로 유·불이 동화되고 혼합되는 양상을 띠는 가운데 성리학이라는 신유학의 성립을 보게 된다.

2. 요·금대의 불교

중국은 거대한 대륙, 수많은 인구에 힘없이 융성하기도 했지만, 이전의 5호 16국과 동진東晉, 그리고 남북조 시대에는 강북의 이민족과 강남의 한족이 지속적으로 정권을 다투며 명맥을 이어간다. 북송과 남송이 지배하던 시기 역시 송宋을 위협한 두 나라가 있었다. 즉 북송 시대에는 거란족인 요遼나라, 그리고 남송 시대에는 여진족인 금金나라이다. 지금부터 이민족 국가로서 그들 나름대로 문화와 불교를 전개시킨 두 나라의 불교를 살펴보기로 한다.

1) 요나라 불교

요나라는 요하 상류 지방에서 유목 생활을 하던 거란의 부족국가이다. 요나라 태조는 여러 부족을 통일하고 임황(요령성)에 도읍을 정하여 황제가 된 인물이다. 요는 210년 간 존속하면서 이민족 나름대로의 문화적 자존심을 세우고자 하였다. 그러므로 이러한 문제를 해결해 나가기 위해서라도 그들은 불교를 국교로 삼지 않을 수 없었다. 그러한 그들의 입장은 "천하를 평정하는 데는 힘으로 했지만, 천하를 지키는 데는 글로써 해야 한다"는 말에서도 잘 나타난다. 따라서 요나라가 불교를 국교로 삼게 된 데는 정치적인 면이 다분히 있었다고 할 수 있다. 하지만 그렇게나마 선택됨으로써 불교는 그 보편성이 널리 드러나게 된다.

이민족 정권의 국가는 언제나, 불교가 외래 종교인 만큼 이민족인 그들이 불교를 받아들이는 것은 너무도 당연하다는 논리를 펴며 불교에 호의적이고 적극적이었다. 그중에서도 특히 성종聖宗·흥종興宗·도종道宗 때가 요나라 불교의 전성기였다. 성종은 불사뿐만 아니라 1개월 동안에 1만여 명의 승려에게 청정공양을 했을 정도이다. 게다가 북위에서 일어난 폐불 이후 북위 사람들이 앞으로 어떠한 법난이 닥칠지라도 불교 경전만은 후세에 온전히 전하겠다는 비원을 품고 경전을 돌에 새기는 방산석경房山石經 불사를 다시 진행시킨다. 즉 그들은 300년 간이나 중단되었던 석경 불사를 다시 진행시켰는데, 바로 『석각장경石刻藏經』이 그것이다.

그리고 흥종은 사문들을 대거 국가의 요직에 임명한다. 그 때문에 당시 귀족 자제들의 출가 행렬이 줄을 이을 정도였다고 한다. 특히 요나라 제1의 불교 신봉자이던 도종道宗은 형식적인 면이 아니라 불교 교리 자체에 밝았다. 특히 화엄과 범어梵語에 정통하여 원본으로 공부할 정도였다. 한편 고려의 대각 국사 의천과 교류하여 원효의 저술을 입수해 읽었다고도 전한다. 이는 불교에 대한 그의 후원의 정도를 짐작하게 하는 대목이다.

요나라 불교사에서 가장 특기할 만한 것은 『거란대장경契丹大藏經』의 조성이다. 그것은 당시 요나라를 대표하는 고승 각원覺苑·비탁非濁·법균法均 등이 중심이 되어 이룩한 불사로서, 약 30년(1031~1064)에 걸쳐 조성되었으며 5048권에 이른다. 이 『대장경』 조성 사업의 이면에는 『송판대장경宋版大藏經』에 대항하고자 하는 거란족의 문화적 자존심이 깔려 있다고 할 수 있다. 고려의 의천이 『고려교장』(일명 『속장경』)을 조성할 때 바로 이 『거란대장』을 저본 또는 교본으로 삼았다고 전한다.

요나라 불교에서 주목할 것은 대략 세 가지이다. 첫째, 『육조단경』과 『보림전寶林傳』 등의 분서焚書에서 알 수 있듯이 남종선南宗禪이 배척되었다는 점이다. 하지만 종밀의 『도서都序』가 성행한 것으로 보아 하택선荷澤禪은 긍정하였던 듯하다. 둘째, 거란족 출신의 유일한 고승인 비탁非濁이 율사였던 것처럼 계율을 중시하는 교단을 형성하였다는 점이다. 셋째, 밀교가 상당히 성행하여 현밀쌍수顯密雙修의 입장이었다는 점이다. 그러나 어떤 하나의 사상이 유행하였다기보다는 융합되고 종합된 불교 사상이 선호되었다고 할 수 있다.

이처럼 요나라는 비록 문화적으로 열세인 이민족이 지배한 국가였으나, 불교 문화적 업적을 많이 남긴 불교 국가였음을 알 수 있다.

2) 금나라 불교

요나라와 긴장 관계에 있었던 북송이 여진족과 결탁하여, 요를 멸망시키고 그 자리를 차지한 이는 아쿠타阿骨陀이며, 그가 세운 나라가 바로 금나라이다. 120년 정도 존속한 여진족은 고려 왕실에 대해서도 사대事大의 예를 갖출 것을 요구하는 등 횡포가 심하였다. 그 때문에 고려 왕실은 한때 금나라의 연호를 썼던 적도 있다.

금나라는 요나라에 비하여 불교에 대한 인식이나 신심이 없었다. 한족으로부터 오랑캐라고 폄하되던 요나라는 불교가 원래 중국의 종교가 아니라는 사실에 착안한다. 따라서 오히려 불교를 적극적으로 받아들여 한족 문화에 대한 대항 문화를 형성하고자 하였다. 그러나 금나라는 그와 같은 자주 의식이 없었을 뿐 아니라 유교를 국가의 통치 이념으로 삼았다. 특히 금나라 불교가 요나라 불교와 다른 점은 선禪을 주체로 삼았다는 점이다. 요遼에서는 입장入藏시키지 않은『보림전』과 같은 남종선의 선서들을『금각대장경金刻大藏經』에 넣는다. 이것은 아마도 북송 불교의 영향인 듯하다. 이처럼 금나라는 요나라와 북송의 불교를 모두 받아들였다.

그리고 중국불교 연구에 좋은 자료가 되고 있는『금각대장경』은 1934년 산서성山西省에 있는 홍승사弘勝寺에서 발견된다. 원래 약 7천 권 정도 조성되었던 것으로 추정되지만 현재 남아 있는 것은 4950권이다. 이 가운데는 당대唐代 이후의 유식 계통 저술이 다수 남아 있는데, 특히 신라 승려인 도륜道倫의『유가사지론瑜伽師地論』의 주석서도 포함되어 있다. 북송의『송판대장경宋版大藏經』을 저본으로 하고 있으나, 거기에서 결여된 결본을 다수 수록하고 있어서 중요한 자료가 되고 있다. 더욱 놀라운 것은 그것이 왕실의 후원에 의해서 이루어진 것이 아니라, 최법진崔法珍 비구니의 원력에 의해 조성되었다는 사실이다. 법진 비구니는 스스로 자신의 팔 하나를 자르는 신심을 보임으로써 대중의 호응을 얻어, 그들의 지원에 의해『금각대장경』불사가 가능하였다고 전한다.

금나라 불교에서는 짚고 넘어가야 할 두 사람이 있다. 만송행수萬松行秀(1167~1246)와 이병산李屛山 거사이다. 만송의 행적은 이후에 언급하기로 하고, 그의 선 사상에는 법장法藏과 징관澄觀의 화엄 사상이 저변에 깔려 있다. 선과 화엄을 아우르는 그의 선풍은 금나라 불교의 타락을 막는 종교 개혁적인 역할까지 담당한 것으로 보인다. 그리고 만송의 제자 이병산李屏山은 저서 『명도집설鳴道集說』에서 정이천·정명도·주희 등 송대 성리학을 형성한 유학자들의 배불론을 하나하나 반박한다. 그의 주장은 유·불·도 3교는 궁극적으로 하나라는 것이었다.

3. 원대의 불교

1) 이민족 국가의 통일

　　　　원元·명明 시대의 중국불교는 송대까지의 불교를 계승했을 뿐이고, 새로운 종파의 탄생이나 특출한 사상적 전개도 없다고 여기는 경향이 짙다.

　남송대 이후 두드러진 움직임을 나타낸 것은 선종 가운데 임제종이지만, 사원의 등급을 공식적으로 정한 오산십찰제도五山十刹制度에 의한 국가의 보호로 교단이 안정되면서 거대화된다. 게다가 깨달음을 얻기 위한 수행법으로 공안선公案禪이 확립됨에 따라 교선敎禪 일치, 또는 선정禪淨 일치는 물론, 유불儒佛 일치로까지 확대되고 습합되어 간다. 또한 지식 계급과의 교류가 깊어지면서 승려들조차 시詩나 게송偈頌, 사육병려문四六騈儷文과 같은 화려한 문예 활동에 물들어 간다.

　명대의 유학자 진건陳建(1497~1567)은 남송 이후의 불교에 대해 "주자가 출현하면서 불교가 쇠퇴한 후로, 불문佛門에서 참선을 통해 도를 배우려는 사대부가 없어지게 되었다"[140]고 하였다. 물론 주자학자의 의견이므로 감안할 필요는 있다. 그렇지만 유교가 송대의 주자학과 명대의 양명학으로 인간 존재를 근원적으로 탐구하고자 했던 움직임과 비교하면 이 시대의 불교는 매우 퇴색되었다고 보아야 할 것이다.

그러나 적어도 표면적으로는 결코 쇠퇴 일로를 걸은 것만은 아니다. 건축된 대사원의 수나 도첩을 받은 승려의 수에서 보면, 원나라는 오히려 전대미문의 융성을 자랑한 시기였다. 명나라를 일으킨 홍무제洪武帝는 승려 출신이었으며, 청나라의 순치제順治帝가 죽은 직후에 출가했다고 말해지는 것에서도 엿보이는 것처럼, 중국불교는 원·명에서부터 청으로 이어지는 대제국의 변천 속에서도 착실히 민중들 속에 뿌리를 내렸고, 시대의 흐름에 맞추어 중요한 역할을 담당해 갔다고 보아야 할 것이다.

그러한 원·명대 불교는 크게 두 가지 관점에서 개관해 볼 수 있다. 하나는 기본 틀대로 원·명대 왕조를 각각의 단위로 정리하는 관점이고, 다른 하나는 왕조와는 관계없이 불교의 흥륭 기간을 중심으로 정리해 보는 관점이다.

중국에서의 한족과 이민족 간의 패권 다툼은 장대한 만리장성을 통해서도 알 수 있듯이 주로 중국 북부에서 전개된다. 몽골계 거란족의 요나라나 퉁구스 계통의 여진족 금나라도 북방에 거점을 둔 이민족의 왕조였다. 그런데 요나라나 금나라는 둘 다 중국 전체를 지배하지는 않았다. 그런 의미에서 강북의 금나라와 강남의 남송南宋을 합병하여 성립된 원

---

140) 陳建(1548), 『學蔀通弁終編』下

중국불교

왕조는 이민족이 중원을 통일한 최초의 왕조였다. 그 원나라를 쓰러뜨린 명 왕조는 한족이고, 다시 그 한족의 명나라를 석권한 청나라는 퉁구스계 이민족이었다. 이처럼 중국은 각 왕조마다 지배 민족이 교체되는 혼란을 겪는다. 남송 말기부터 원·명·청으로의 왕조 변화는 분명 이민족에 의한 패권 다툼이며, 국가 지배의 교체극이었다고 할 수 있다.

원나라 시대는 중국 대륙에 있던 국가로는 1271~1368년까지이고, 유목국가로는 1271~1635년까지라고 할 수 있다. 원의 기틀은 유명한 칭기즈칸이 여러 부족을 통일하고 송나라의 강북을 병합함으로써 세워진다. 그리고 마침내 칭기즈칸의 손자인 쿠빌라이가 강남의 남송까지 병합하면서 중국 천하를 통일하게 된다. 이후 1271년 세조 쿠빌라이는 몽골 제국의 국호를 대원大元으로 고친다. 그러므로 그 해부터 실질적인 중국 원나라의 역사가 시작되었다고 할 수 있다. 그 때문인지 원나라 왕실은 기존의 이민족 정권과는 많이 달랐다. 몇 차례 있었던 이전의 이민족 정권은 언제나 반쪽, 즉 강북 지역만을 다스리는 데 불과했다. 그런데 원나라는 강남·강북 전체에 군림한 첫 이민족 정권이라는 점이 다른 점이라 할 수 있다. 강북 반쪽만을 점령하여 다스렸던 몇 차례의 이민족 정권은 대체로 한족漢族 중심인 중국을 포용하려는 자세를 취했다. 따라서 한족의 문화는 물론 그들 자신과 한족을 심하게 차별하지도 않았다.

그러나 원나라는 자국인 제일주의라는 이념을 가지고 있었기 때문에 중국 문화에 동화한 것이 아니라 위력으로써 한족을 제압하고자 했다. 그들은 몽골인을 국족國族이라 하여 최우선으로 하였다. 그 다음이 색목인이고, 화북인(한인)·남송인(남인) 순서의 신분 제도를 실시한다. 당시 한족은 3~4등급의 피지배층으로 분류되어 노예 생활을 했고, 화북인은 하급 관리와 군인만 될 수 있었다. 관리 임명에도 높은 직책에는 몽골인만을 임명하고, 비록 일시적이긴 하지만 과거 제도를 중단하기도 했다. 따라서 몽골족은 한족의 반란을 두려워하여 여러 사람이 함께 모이는 것을 금지하고, 열 가구에 오직 하나의 부엌칼만 지닐 수 있게 할 정도로 그들을 경계하였다. 또한 한족 여성에게는 초야권을 적용하였다. 즉 여자 노예가 결혼할 경우 그 여자와 첫날밤 동침하는 권리를 몽골 병사에게 주었다. 이와 같은 극심한 차별은 많은 한족들을 고통스럽게 하였다.

그 후 인종仁宗(1314) 때에 이르러 과거 제도는 부활한다. 대신 과거 시험에 출제할 수 있는 원전을 주자朱子가 주注를 한 사서四書와 오경五經으로 제한하여 실시한다. 이것은 그들이 새로운 사상을 창출해 내지 않고, 송대에서 이미 섭렵한 주자학을 그대로 답습하였다는 뜻이다. 결국 원대의 사상계는 이렇다 할 사상가를 배출해 내지 못한다.

2) 원나라의 종교 정책

종교 정책은 상당히 자유로운 편이어서 불교 이외에도 도교, 야소교, 회교, 마니교 등이 있었다. 물론 국교는 라마교喇嘛敎였다. 원나라의 종교계는 그야말로 라마교 일색이라 할 만큼 라마교가 전성기를 구가한다. 라마교는 원래 서장西藏, 즉 티베트의 불교이다.

티베트에 불교가 전래된 것은 7세기 중엽이다. 그 후 8세기 중엽, 북인도 유가파의 파드마삼바바Padmasambhava(연화생蓮花生)가 티베트로 넘어가 재래 종교인 본Bon교와 융합하여 일종의 독특한 밀교적 불교를 주창한다. 이것이 바로 라마교이다. 원래 'blama'는 무상자無上者, 뛰어난 사람, 덕 높은 스승의 의미였다. 이것이 후대로 내려오면서 일반 승려들까지 모두 '라마'로 부르게 되어 라마를 신봉하는 불교를 라마교라 칭하게 되었다.

라마교가 원나라에 들어온 것은 세조 쿠빌라이 때이며, 티베트 라마교의 수장인 파스파에 의해서였다. 라마교에 비상한 관심을 가진 세조는 파스파를 황제의 스승으로 임명하고 라마교를 국교로 정한다. 조정의 모임 때는 파스파를 황제 다음 자리에 앉히고, 황제가 제위에 오를 때는 먼저 그에게 치하하는 서신을 보냈으며, 그가 티베트에서 몽골의 수도로 올 때는 승상과 고관들에게 영접을 나가도록 하였다.

파스파는 티베트 및 라마교에 관계되는 모든 일을 관장하는 중앙 정부의 최고 기관인 총제원의 수장이 된다. 종교 지도자가 정치권력을 장악하는 티베트의 독특한 관례가 여기서 비롯된 것이다. 즉 그는 정교政敎 일치의 실권자였다. 그것은 현재 망명 중인 14대 달라이 라마의 위상을 통해서도 알 수 있다. 그들은 달라이 라마를 티베트의 호국신, 관음보살의 화신으로 믿고 있는 것이다. 세조의 라마교에 대한 예우는 끝없이 계속되어, 라마교는 특별한 지위를 누릴 수 있게 된다. 무종 때는 『티베트장경』이 몽골어로 번역되기도 하고, 1309년에는 누구든지 라마를 다치게 하는 자는 그 손을 자르고, 라마에게 욕하는 자는 그 혀를 자른다는 칙령까지 반포되었다.

원나라는 정책적으로 불교를 관대하게 보호했지만, 불교 각 종파에 대한 예우에는 격차가 있었다. 그중 가장 상위에 둔 것이 위에서 살펴본 라마교였다. 원대 불교가 송대 이전과 가장 양상을 달리한 것은 티베트에서의 라마교 도입이며, 그 존재는 후대 명·청조의 불교에도 크게 영향을 주었다.

원나라 왕실의 편중된 라마교 귀의는 한족에 대한 몽골족의 우위성을 나타내기 위한 수단이기도 했다. 라마교는 한족이 신봉하는 불교와는 이질적이었고, 적어도 그때까지는 중국에 깊숙이 들어오지 않았다. 따라서 라마교를 몽골족의 불교로 가져오는 것은 상대적으로 기존 불교의 가치를 낮추는 것이었다.

이와 같이 새롭게 중국에 들어온 라마교는 국가의 수도인 대도시를 거점으로 하여 원나라에서 절대적인 권력을 보증받았다. 그러므로 기존의 불교에 대해 특별히 강경한 태도를 취할 필요가 없었다. 그 덕분에 중국의 불교 종파는 라마교의 사상적 영향을 받지 않고, 금·송대의 불교를 그대로 계승하게 된다. 다시 말해 라마교와 중국 재래의 불교 종파는 서로 사상적인 간섭을 하지 않고, 중층적으로 존재했다는 뜻이다.

한편, 원 왕실의 지나친 라마교 보호는 한족에게 일종의 저항 의식을 불러일으켜 도교에 몰입하게 만들기도 한다. 그래서 강남에서는 정일교正一敎가, 강북에서는 전진교全眞敎가 성행하게 된다. 특히 전진교는 구처기邱處機에 의해서 교단적인 발전을 이루는 한편, 그의 제자 송덕방宋德方은 불교의 『대장경』에 자극받아 『도장道藏』을 완성시켰을 뿐만 아니라, 도교 유일의 석밀石蜜을 용산에 개착한다. 이 과정에서 도교와 불교 간에 논쟁이 벌어진다. 결국 몇 차례의 논쟁 결과, 『도덕경』 이외의 도경들은 모두 위경으로 판정된다. 또한 도교가 불교로부터 날조한 교설을 14개 항목으로 정리하여 날카롭게 반박한 책까지 나온다.

라마교를 제외하면 원조의 불교는 송대와 마찬가지로 선·교·율의 삼종三宗이 정상적으로 존재하였다(『원사元史』 석로전釋老傳). 물론 종宗이 나뉘어졌으므로 그 사이에 다소의 불화가 있었던 것은 사실이다. 송대에 교종과 선종이 대립·논쟁한 사실은 『불조통기佛祖統紀』 등에도 보인다. 사소한 것이지만 동석했을 때의 좌석 순위 등에서도 종파의 상하 관계가 영향을 주었다. 특히 조동종은 송대 말기에 하북에서 가장 성행하고,[141] 남송 시대에 이르러서는 북부에서 번영한다. 그 중심이 된 인물이 만송행수萬松行秀(1166~1246)이다.

만송행수[142]는 남송 때의 승려이며, 종용행수從容行秀 또는 만송행수萬松行秀라고도 한다. 어릴 때 형주 강릉현의 정토사로 출가하였으며 후일 만송암에 기거한다. 금말 원초에 걸쳐 선풍을 크게 진작시킨다. 원나라 태조와 서역에 있던 제자 야율초재耶律楚材를 위하여 천동정각天童正覺이 뽑은 송고백칙頌古百則에 따라, 선어록禪語錄 중에서 대표작품인『종용록從容錄』또는『종용암록從容庵錄』6권을 짓는다.『종용록』은 불과극근佛果克勤(원오극근圓悟克勤, 1063~1135)의『벽암록』과 함께 선종의 2대 명저로 알려져 있다.

만송행수의 문하에서 유명한 제자들이 다수 배출된다. 선문禪門의 염상念常은『불조역대통재佛祖歷代通載』(1341)를, 각안은『석씨계고략釋氏稽古略』(1354)을 찬술하여 불교사를 설명하고, 덕휘는『백장청규』(1335)를 중수해 세상에 내놓았으며, 상매는『변위록』(1201)을, 자성은『절의론折疑論』을 저술하여 도교에 대항한다.

남송 시대에 강남에서 가장 융성한 것은 선종이었지만, 그 중에서도 "선을 배우는 사람들의 대부분은 임제를 숭상하고 조동은 고립되어 있다"는 말도 있듯이, 임제종이 압도적으로 우위였다. 임제종에 속하는 승려로서 원나라 초기에 크게 활약한 이는 해운인간과 해운의 손제자 유병충이다.

141)『五燈會元續略』(대일본속장경 80)
142)『補續高僧傳』18(대일본속장경 77), p.494중.

해운인간海雲印簡(1201~1257)[143]은 법명이 인간印簡이며, 산서山西 사람이고 성은 송씨이다. 7세에 부친이 『효경』 개종명의장을 가르치니, 그가 "연다(開) 하는데 무슨 종宗을 연다는 것이며, 밝힌다(明)는데 무슨 뜻을 밝힌다는 것입니까?" 하고 묻는다. 이를 남다르게 여긴 부친은 전계사 승려 안顔을 찾아뵙는다. 안은 그의 근기를 살피고자 석두 화상의 초암가草菴歌를 읽으라고 한다. 그가 초암가를 읽다가, "허물어지거나 허물어지지 않거나 주인은 원래대로 존재한다고 하였는데 주인은 어디에 있는 것입니까?" 한다. 승려 안이 "무슨 주인 말이냐?"라고 묻자, "허물어지거나 허물어지지 않음을 떠난 것 말입니다"라고 답한다. 안이 "그것은 곧 객일 뿐 주인은 아니다"라고 한다. 그 길로 중관사中觀寺의 승려 소沼를 찾아가 삭발은사로 삼고 구족계를 받는다. 이후 경수사慶壽寺 중화장의 법제자가 되어 여러 명찰의 주지를 지낸다. 태종에서 세조까지 4대에 걸쳐 중임되어 정치 고문으로서 활약하며, 천하의 불교의 일을 관장하는 등 그의 업적은 실로 큰 것이었다. 황제의 예우 또한 극진하였다. 불일원명佛日圓明 대사라는 시호를 받는다.

유병충劉秉忠(1216~1274)[144]은 여러 문헌에 생몰 연대가 1201~1256년으로 나와 있지만 세조 쿠빌라이 집권 연대가 1260년인 것을 기준으로 생몰 연대를 표기한다. 그는 원나라 초기 형주인邢州人이다. 원래 이름은 간侃이며 자는 중회仲晦이고, 자호는 장춘산인藏春散人이다. 승려였을 때의 법명은 자총子聰이다. 그는 박학다식하고, 특히 『주역』과 소옹邵雍의 『황극경세皇極經世』에 정통했다. 요나라에서 형태절도사부령사邢台節度使府令史를 지냈으나 곧 사직하였다. 요나라가 금나라에 망

---

143) 『補續高僧傳』 12(대일본속장경 77), p.454하.
144) 『元史』 157 「열전」 44

하자 출가하여 당시 임제종을 이끌던 해운인간 선사의 손제자가 되었다. 태종 11년(1239) 해운인간 선사의 추천으로 쿠빌라이의 막하에 들어가 원나라 제도를 개혁하는 데에 공헌한다. 헌종 때 대리大理를 멸망시키고, 항상 천지는 생명을 키우기를 좋아한다는 말로 황제를 진작시켜 많은 생명을 구해 낸다. 중통中統 5년(1264)에 환속하여 이름을 유병충으로 고치고, 태보太保가 되어 중서성 일을 관할한다. 세조 쿠빌라이에게 연경燕京을 수도로 삼도록 건의하였고, 나라 이름도 대원大元으로 정하게 했으며, 중통 5년을 지원至元 원년으로 삼도록 건의하였다. 또한 훗날 불국보온 동학인 지온至溫을 황제에게 천거하여 중용되면서, 함께 정치에 참여하여 불교 발전에 진력한다. 시호는 문정文正이며 저서로는『장춘집藏春集』이 있다.

세조世祖 쿠빌라이가 교종을 선종보다 우위에 둔 것에는 강남에서 선종의 세력을 약화시키려는 의도도 있었을 것이다. 하지만 선종의 세력은 약화되지 않았다. 선종의 번영을 지탱해 주는 큰 버팀목은 오산십찰五山十刹 제도였다. 이 제도는 남송의 승상이었던 사미원史彌遠(1164~1233)이 가정嘉定 연간(1208~1224)에 시행한 것으로 알려져 있다. 간단히 말하면 사원에 순위를 매겨 관리 감독하고, 승려에게도 서열을 매겨주지를 임명하는 제도이다. 항주杭州의 경산徑山을 최고로, 다섯 사원에 열 개의 사찰이 있고, 다시 그 아래에 갑찰甲刹이라 불리는 30개의 사찰이 있다. 그 각각의 주지는 갑찰에서 십찰로, 십찰에서 오산으로, 순위를 매겨 단계로 승진시키는 제도이다.

화남의 교종 가운데 자은종慈恩宗(법상종法相宗)은 남송대 항주杭州의 선림자은보제교사仙林慈恩普濟教寺·자은개화교사慈恩開花教寺를 중심으로 활동한다. 하지만 원조元祖 지원至元 25년(1288), 강회제로江淮諸

路에 36개 소의 어강御講이 설립되고, 화북에서 교학승이 파견된다. 이때 수석으로 뽑힌 승려가 운엄지덕雲嚴志德(1235~1322)이다. 그는 건강建康(남경南京)의 천희天禧·정충旌忠의 두 사찰에 머물며 북지 자은종의 교학을 강남에 전하여 세조 쿠빌라이에게 특별히 불광佛光 대사라는 호를 받는다.

북쪽의 화엄종·자은종에 비해 남송 이후 강남을 중심으로 계속 번영한 교학은 천태종이었다. 원대의 천태종은 남병초진사전南屏楚臻四傳의 손자 북봉종인北峰宗印의 문하에서 배출된 동주회탄桐洲懷坦·등원각선燈源覺仙·불광법조佛光法照의 세 법계가 번성한다. 하지만, 이 가운데 등원의 제자로 쿠빌라이가 불러서 가사와 시호를 하사하여 권실權實의 교괴敎魁, 원돈圓頓의 종석宗碩이라 불린 이가 운몽윤택雲夢允澤이다. 그는 교학의 우위를 쌓은 공로자로 불린다.

그런데 원 왕실의 기강 문란과 국가 재정의 피폐, 그리고 천재지변으로 사회가 불안해지자 백련교·미륵교·백운교 등의 종교적 반란이 이어진다. 선·교·율 이외에 원대의 불교 종파로는 백운종白雲宗과 백련종白蓮宗이 있다. 이들은 비록 불교의 이름을 빌려 어리석은 민중을 홀린다는 심한 비판도 받았으나, 서민 속에 뿌리를 내린 민중 불교 교단이다. 모두 송대에 생겨난 것이고, 백운종은 공자 제52대 자손 공청각孔淸覺(1043~1121)이, 백련종은 자조자원慈照子元(1096~1166)이 개조이다.

백운종이라는 호칭은 항주杭州 영은사靈隱寺 방장方丈의 뒷산에 세워진 백운암의 이름에서 연유한다. 이는 화엄종의 흐름을 이어받은 것이고, 백운종 신자는 채식을 하며 결혼하지 않는다. 절서浙西 지방(절강성 서부와 강소성 장강 이남)이라는 한정된 지역의 호민豪民 부호富戶들이 모인 교단이다. 남송 시대에는 사교邪敎 취급을 받지만, 원대에 들어서는 나라의 공인을 받아 백운종 승록사僧錄司가 설치된다. 이 승록사가 설치된 항주의 남산南山 대보녕사大普寧寺에서 절서 지방의 풍족한 재력을 배경으로 간행된 대장경이 원판元版 대장경인『보녕장普寧藏』이다. 백운종은 원대 중기에 전택田宅의 탈취와 납세 문제 등을 둘러싸고 수차례 탄압을 받기도 하지만, 원대 말까지 그 세력을 계속 유지한다. 그러나 명대 초기의 홍무洪武 3년(1370)에 백운종 금지 조칙이 나오고, 홍무제洪武帝의 절서 지방에 대한 억압 정책에 의해 경제적인 기반을 잃고 없어진다.

백련종白蓮宗은 여산혜원(334~416)에서 비롯된 백련사白蓮社의 유풍을 이은 신흥 염불결사이다. 자조자원慈照子元의 영향력에 의해 절서 지방을 중심으로 널리 강남에까지 신자가 있었다. 백운종과 마찬가지로 채식주의를 실천하였으며, 두 종파의 외적인 차이는 백운종 쪽이 처자가 없다는 점뿐이다. 원대에 들어 지원 18년(1281)에 백련종과 관련된 두만일杜萬一이 난을 일으켜 사교邪敎로 지목되어 탄압받는다.

그 사이에 여산 동림사에 있던 우운보도優雲普度(?~1330)는『여산연종보감廬山蓮宗寶鑑』,『여산복교집廬山復敎集』 등을 지어 백련종의 부흥운동을 꾀한다. 하지만 지대至大 원년(1308) 백련도인白蓮道人의 나쁜 행실에 의해 다시 금지되는 탄압을 받는다.[145] 우운보도는 당시 황태자인 인종仁宗(아유르바르와다Ayurbarwada)를 모셔다「복교상서復敎上書」를 올려 금지 해제를 청한다. 그로부터 3년 후에 금지가 해제되고, 보도는 백련종주白蓮宗主라는 칭호를 부여받는다. 이후 여산을 중심으로 하는 정통 백련종의 활동은 계속된다. 지치至治 2년(1322)에 "백련의 불사를

145)『大元通制條格』29

금한다"는 기록이 있으나, 여산의 백련종은 그 대상이 아니었을 것으로 보인다.

이렇게 백운종과 백련종은 민중 불교 교단으로서 원나라를 통해 어느 정도 지위를 얻어 활동을 펼쳤다. 다만 그 아류에는 위정자에 반기를 드는 집단이 있었다. 원래 아미타 신앙인 백련종의 신도이면서 미륵불이 구세주로서 이 세상에 강림한다고 주장하는 한 집단이다. 이들은 백련종과는 구별되므로 백련교白蓮敎라 부른다. 이 백련교의 반란은 원대 중엽에 이미 식주息州(하남성)에서 발발한다. 설사 평정되었다 하더라도 워낙 각지에서 반복적으로 세차게 일어나 결국 이것이 원인이 되어 원조는 멸망하게 된다.

원나라 천하는 승려로 망했다는 말도 있듯이, 라마교 등 불교에 대한 과도한 숭배도 하나의 원인이 되어 원나라는 백여 년 만에 멸망한다. 대규모의 사원 건축이나 호화스러운 불교 행사에 소비되는 재정은 실로 막대한 것이었다. 그래서 대용상大龍翔 집경사集慶寺 등의 큰 사원을 단기간에 창건한 문종文宗 토큐테무르Toq-Temür는 직접 창건한 사원의 금지, 도첩의 유료화, 불교 행사 폐지 등을 행하여 불교계 긴축 정책을 편다. 한편, 순제順帝는 지정至正 13년(1353) 선정원사宣政院使인 합마哈麻와 그 매부妹婿인 독로첩목아禿魯帖木兒의 권유로 서승西僧에게 운기술運氣術을, 또한 서번승西番僧에게 비밀법을 전수받아 음욕에 탐닉했다고도 한다. 이렇듯 원나라는 어떠한 형태를 띠든 불교 존숭이라는 기조에는 큰 변화가 없었다.

중국불교

4. 명대의 불교

1) 명나라의 종교 정책

　　원 말의 종교적 반란을 진압하는 과정에서 호주濠州에서 병사를 일으킨 곽자흥郭子興의 부하 가운데 주원장朱元璋이라는 병졸이 있었다. 그가 결국 몽골족을 내쫓고 명나라를 세운 태조太祖이다. 이민족 정권인 원나라를 백여 년 만에 타도한 명나라는 그야말로 한족의 중국을 회복한 셈이다. 더욱이 명나라는 300년 존속되는 동안 명나라 말기의 혼란을 빼면 이민족의 위협이 거의 없었으므로 문화적으로도 최고의 성숙기를 맞이한다. 그러나 극도의 문화적 성숙은 오히려 명나라의 파멸을 불러일으키는 요인이 된다. 명나라 태조는 과거 황각사皇覺寺에서 잠시 승려 생활도 한 적이 있었다. 따라서 불교에 대해 대체로 호의적이었다. 친히『반야경』·『능가경』과 같은 경전을 강의하기도 하고, 고승을 초청하여 법문을 듣기도 하였다. 그러나 원나라 때 국교로서 융성의 극을 달리던 라마교에 대해서는 그 횡포를 알고 있었으므로 엄격하게 다스렸다.

불교를 과잉으로 보호했던 원대와는 달리 명대에는 국가적 대응이 크게 변하지만, 그렇다고 불교를 전혀 돌보지 않은 것은 아니었다. 예컨대 홍무제洪武帝는 홍무 5년(1372)에 불전을 망라한 한역 대장경의 각행刻行을 발원하여 남경南京에서 홍무 32년(1398)에 완성시킨다. 하지만 영락永樂 6년(1408)의 화재로 판목版木이 소실되어 영락제永樂帝의 손에 의해 중각重刻된다. 『남장南藏』이라고 불리는 것이 그것이다. 이와 달리 영락제는 북경北京에서 영락 17년(1419)에 『북장北藏』이라는 한역 대장경의 조조彫造를 시작하여 정통正統 5년(1440)에 완성한다. 그 외에 영락판永樂版이라는 『티베트장경』도 출판된다. 말하자면 명나라는 교단이나 승려를 억압하기도 했으나, 불교 그 자체를 배척한 것은 아니었던 것이다.

그러나 불교는 역시 외래 종교이고, 명나라는 한족 정권으로서 자국의 전통문화에 대한 자부심이 컸다. 그래서 충효忠孝·인의仁義라는 유교 윤리를 드높였고, 홍무제의 성유육언聖喩六言(六喻)이라는 형태로 서민에게 널리 알린다. 또한 결정적으로 유교가 부활하게 된 것은 관리등용 제도인 과거를 본격적으로 재개함에 따라서였다. 명조 최초의 과거는 홍무 4년(1371)에 행해졌지만, 곧바로 전쟁에서 싸울 수 있는 능력 있는 관리를 얻을 수는 없었다. 그 때문에 얼마간은 과거를 대신해서 추경제推慶制를 채택하였다. 그리고 홍무 17년(1384)에 새로운 과거 제도가 제정되어 다음 해에 실시된다. 그 이후는 청조 말기까지 500년 이상에 걸쳐 기본적으로 3년 간격으로 과거가 실시된다. 과거를 치를 때 필수였던 것은 유교적인 교양이며, 특히 명나라 때 관학이 된 주자학의 지식이었다. 영락제는 영락 13년(1415)에 과거 제도를 유지하는 교육 기관 국자감國子監이나 부학府學·주학州學·현학縣學 등에서 사용할 교과서로 삼기 위해 『사서대전四書大全』·『오경대전五經大全』·『성리대전性理大全』의 세 대전을 편찬한다.

명나라 이후의 불교 상황에 대해 역사학자 진원陳垣(1880~1971)은 "명의 선덕宣德(1426~1435) 이후에서 융경隆慶(1567~1572) 이전의 100여 년은 교·율·정토·선 등이 중국 전역에서 쥐죽은 듯 고요했다"고 기술한다. 지적한 대로 명나라 초기와 말기를 제외한 중엽의 140년 정도는 특히 저조한 시기로, 볼 만한 자료가 거의 남아 있지 않다. 구체적으로 말해서, 진원이 지적하는 선덕 이후란 명나라의 수도가 남경에서 북경으로 옮겨지고 영락제가 죽고 난 이후를 가리키며, 융경 이전이란 명나라 말기의 융경·만력萬曆 연간의 불교 흥륭 이전을 가리킨다.

다만, 명나라에서는 선종과 정토교가 융성하였는데 정토교는 서방이 아니라 마음에서 정토를 찾아내는 유심정토 사상이 강하였다. 이렇게 마음에 관심을 집중시켜 가는 자세는 선종이나 성리학과 같은 점이다. 또한 도교에서도 명상과 호흡법에 의해 신선에 도달하는 것을 구하는 내단內丹이 융성한다. 불사의 약을 복용하는 외단外丹은 쇠퇴하지만, 이것도 신심에 축을 두어 시대 풍조에 맞추려 하였다. 불교의 마음에 대한 관심 집중이 각 교파에 전해지고, 거기서 교류와 융합, 반발이 행해지면서 역동적으로 전개된 것이다.

2) 명나라의 불교 통제

다음은 명나라의 불교에 대하여 살펴보기로 한다.
원말의 전란에 의해 강소江蘇·절강浙江 등에 명찰이라 불리던 대사원의 대부분은 잿더미가 되었지만, 원 말에 활약한 저명한 승려들은 명나라 초기에도 살아 남았다. 한마디로 명나라는 이들 고승들을 이용하면서 새로운 불교 제도로의 변화를 꾀하려 한 것이다. 이러한 홍무·영락의 시기를 불교 제도의 추이에서 보면 둘로 나눌 수 있다. 불교 통제를 위해 선세원善世院이 설치된 최초의 14년 간과 예부禮部하에 승록사가 설치된 홍무 15년(1382) 이후의 두 가지다. 영락제도 기본적으로 홍무제의 정책을 그대로 계승한다.

명나라가 정한 선禪·강講·교敎 세 가지에서 선은 선종 사원, 강은 기존의 교종 사원에 해당한다. 그리고 율종 대신 신규로 들어온 교는 원대까지의 교종 사원이 아니다. 그때까지 세 종의 사원 이외에 존재했던 갑을원甲乙院이라는 것으로, 속세에서의 불사법요佛事法要를 행하는 승려가 여기에 속한다. 이러한 승려는 유가교승瑜伽敎僧이나 부응승赴應僧이라 하며, 불사법요의 민중화에 따라 실질적으로는 송대부터 존재하였다. 하지만 이때부터는 불교 교단 내에서 무시할 수 없는 세력으로 성장한다. 그래서 명조는 불교의 지위를 인정하는 동시에 국가적인 통제를 가하게 된 것이다. 그 때문에 홍무 16년(1383)에는 유가교승에게는 3년의 수행 학습과 수도에서 시험을 치르게 하고, 불사법요의 의식 내용에 대해서도 국가에서 일정한 격식을 정했다. 또한 법사法事에 의해 얻어진 보수 금액도 규정했다. 예를 들면 독송하는 경전에 따라, 『능엄주』는 1회에 대하여 전錢 500문文, 『화엄경』은 전 1만 문 등으로 결정되었다. 이렇게 해서 경전을 독송한 승려가 1/3에서 2/3까지를 보수로 받고 나머지는 사찰의 대중에게 균등히 배분하게 하였다. 이로써 그 당시 불교에 대한 국가의 통제가 철저했음을 엿볼 수 있다.

불교에 대한 국가 관리는 홍무부터 영락 연간에 걸쳐 강화된다. 국가의 통제권 밖에서 독자적으로 종교 활동이나 은둔 수행을 계속하기가 어려워졌기 때문에 이 시기의 저명한 고승은 종교 정책에 종사한 승려를 말한다. 물론 구법을 위한 승려의 파견도 있었다. 즉 계담종륵季潭宗泐은 홍무제의 명에 따라 중국에 전해지지 않은 경전을 구하기 위해 30명의 제자를 이끌고 서역에 가서『장엄보왕문수경莊嚴寶王文殊經』등의 경전을 구해 왔다고 한다. 이것은 아마『남장南藏』간행을 위한 작업의 일환인 동시에 서역과의 관계를 깊게 하기 위한 수단이기도 했을 것이다.

명나라 초의 홍무제는 라마교를 경원하여 원조처럼 라마승 채용을 위한 티베트의 대리 지배를 행하지 않는다. 다만 그 위협을 피해 우호 관계를 유지했으므로 라마승에게 국사호國師號나 옥인玉印을 주어 우대하고, 티베트 측은 조공을 하는 형태를 취했다.

침체기인 명대 중기 140년 중에서 토목土木의 변變이 일어나기까지 처음 25년은 홍무·영락 시대의 불교계 긴축 정책을 답습한다. 하지만 그 이후의 1세기 남짓에는 도첩의 판매로 많은 수의 승려가 생겨나게 된다. 그러므로 승려의 수로만 말한다면 불교는 크게 활기를 띠었다고도 할 수 있다. 다만 이 시기 후반의 거의 1/3에 해당하는 45년 간은 도교에 탐닉한 가정제嘉靖帝에 의해 배불 정책이 행해지고, 매첩이 실시되어 큰 타격을 받은 것은 의심의 여지가 없다. 선종의 전등사류의 계보에 기재된 이 시기의 승려 수도 격감한다.

명대 후기의 가정제에 의해 행해진 극단적인 불교 억압 정책은 불교 내부의 질서도 붕괴시켰을 것으로 보인다. 명 말에는 이전의 오산십찰 제도도 이름뿐이고, 명주明州의 천동사天童寺에 보이는 것처럼 특정한 한 파에 의한 세습화가 행해진다. 제도 면에서는 당연히 융경(1567~1572)·만력(1573~1620)에 들어서부터 다소 억압이 완화되었을 것이다.

하지만 이 시기의 불교 정책에 대해서는 구체적인 사료가 남아 있지 않으므로 상세한 것은 알 수 없다. 다만 만력 이후 이름이 알려진 승려 수가 격감하므로 도첩의 급부給付는 계속되었을 것이다. 또한 도교 우대에 대한 반동도 있어서 불교 부흥의 기운이 거세지고, 무엇보다 뛰어난 고승들의 출현으로 이후 명 말에서 청 초에 걸친 불교계는 성황을 이루게 된다. 이 무렵 유교에서의 양명학 출현과 유행이 불교 부흥의 큰 요인으로 작용했다고 볼 수 있다.

3) 명대 4대 법사의 제종 융합 사상

명나라 불교계는 교학적으로는 당·송대 이후의 사상을 계승하고, 제종諸宗 융합의 경향이 뚜렷하였으므로, 결국은 통합불교의 양상을 띠게 된다. 이것은 명 말의 자백진가紫柏眞可와 운서주굉雲棲袾宏과 감산덕청憨山德淸을 더해, 후세에 '만력의 3고승高僧'이라 부르는 고승들이 출현한 덕분이다. 이 세 명에 대해서 명말 청초를 대표하는 문인 전겸익錢謙益(1582~1664)이 "만력 연간에 세 명의 대화상이 있어 자백은 선종, 운서주굉은 율종, 감산은 교종으로 각각 법당法幢을 수립했다"고 서술하였듯이, 그의 말 그대로 각각 개성을 달리하였다. 세 명은 모두 저명한 정치가나 문인과 교류를 가졌으며, 불교에 한하지 않고 당시의 사상계 전반에 커다란 영향을 주었다. 또한 이 세 명에 천태계의 우익지욱藕益智旭을 더해 '명 말의 4고승高僧'이라 부르기도 한다.

이 4대 법사法師 중에 특히 운서주굉의 영향이 크다.

운서주굉雲棲袾宏(1535~1615)[146]은 명 말의 승려로 연지蓮池 대사라고도 하며, 만력萬曆의 4대 선사 가운데 한 사람이다. 항주 인화(절강성) 사람으로 속성은 심沈씨이고 자는 불혜佛惠이다. 화엄의 대가인 변융과 선의 거장인 소감에게 가르침을 받았으나, 후에 여러 곳을 두루 순력하고 항주 운서의 계곡으로 들어간다. 그곳에서 운서사를 재흥하고 촌민을 위해 교화를 베푼다. 그 명성이 사방에 전해지자 가르침을 받고자하는 자들이 구름같이 모여들었다. 그 가운데 광인廣印(1566~1636), 원현元賢(1578~1657) 등이 가장 돋보였으며 승속의 문도가 천여 명이나 됐다. 그는 교학과 실천을 겸한 고승으로서 많은 저서를 남겼는데, 대표적 저서로는 『아미타경소초』·『선관책진』·『치문숭행록』·『자지록』·『왕생집』·『수륙의궤』·『방생의』·『죽창수필』 등이 있다. 이러한 저서에서 그가 제종을 융합·통일한 불교를 꾀했다는 점이 엿보인다. 특히 그는 계율의 부흥에 노력하고 이 계율을 기초로 선과 염불을 융합한다.

그의 사상에 대해 특기할 것은 공과격功過格 사상을 받아들여 『자지록自知錄』[147]에서 이를 주장했다는 점이다. 공과격이란 인간 행위를 선과 악의 2문으로 분류하여 선악의 공과로 점수를 내는 것이다. 하루하루 자신의 행위를 선악으로 분류하고, 점수를 매겨 그날의 행위를 자신이 직접 채점함으로써 점차 생활의 향상을 꾀하는 일종의 도덕적 사상이다.

공과격은 중국에서 일찍부터 행해졌는데 특히 북송 무렵부터 성행하였으며, 『태미선군공과격太微仙君功過格』, 『운곡선사공과격雲谷禪師功過格』, 원료범袁了凡(원황袁黃, 1533~1606)의 『음즐록陰騭錄』 등이 있다. 운서주굉의 전기 『자지록』은 이 내용들에 영향받은 것이며, 원료범의 『음즐록』과 함께 당시 사회에 널리 보급된다. 이것은 유교 사상인 동시

146) 『補續高僧傳』 5(대일본속장경 77), p.401상.
147) 雲棲袾宏(1605), 『自知錄』

에 도교의 사상이기도 하며, 나아가서는 불교 사상이기도 하다. 즉 선인선과善因善果 악인악과惡因惡果라고 하는 불교의 인과응보의 사상과 상응하는 것이라 할 수 있다. 이러한 그의 사상은 3교 조화론이라고도 할 수 있으며, 이로써 당시 일반 사상계의 풍조까지 미루어 짐작할 수 있다.

이와 같이 그의 특색 있는 불교 통일 사상은 명대 불교의 특질이기도 하다. 이처럼 운서주굉의 조화 사상은 유·불·도를 포섭하고 있으나, 오직 천주교에 대해서만은 배격하는 태도를 취하고 있다.

천주교는 원 말기부터 유럽과의 항로가 열려, 유럽인의 동양 진출이 빈번해지는 가운데 중국으로 유입되었다. 당시 예수교를 최초로 전한 사람은 선교사 마테오리치이며, 그는 명나라 신종神宗의 우대를 받아 북경에 교회당을 건립한다(1601). 그 후로 선교사가 잇달아 건너와 활발하게 예수교의 전도에 힘쓰면서 서서히 그 신자도 늘어 갔다. 여기서 운서주굉은 마테오리치와 논쟁을 한다. 그는 마테오리치의 천주 사상을 천박한 사교邪敎라고 하며, 불교 공격에 대해서 하나도 남김없이 반론을 제기한다. 이러한 사실로 미루어 볼 때 그는 열렬한 호법가였다고 할 수 있다.

더욱이 운서주굉은 염불이 결코 선수행에 방해되지 않을 뿐만 아니라, 오히려 참선에 큰 도움이 된다고 하여 '선정동귀설禪淨同歸說'을 주장한다. 이러한 경향은 4대 법사들에게 공통적으로 나타난다. 이것은 당나라의 회창 법난 이후, 선종과 정토교만이 가장 유력한 종파로 남았기 때문이기도 하지만, 다른 한편으로는 이 두 종파의 조화 문제가 당시 불교인들에게 매우 중요한 문제였다는 것을 알 수 있다. 다시 말해 선종은 자신의 수행을 통해서 불타가 되는 것을 목적으로 하는 철저한 자력 성불 성격을 갖는다. 반면에 정토교는 현생에서의 자력 수행을 통한 성불이 아니라, 아미타불에 대한 신앙과 염불을 통하여 정토에 왕생하고자 하는 타력 신앙적인 성격이 매우 강하다. 따라서 선은 불교의 본래적인 수행관을 견지하고 있는 반면에 대중적이지 못하고, 정토교는 자력 성불이라는 본래의 면모는 갖추고 있지 않지만, 대중적인 면에서는 단연코 우세한 입장이었다.

이처럼 상반되는 성격의 두 가르침을 어떻게 조화시킬 수 있는가 하는 문제 의식으로부터 선정禪淨 일치의 주장이 등장하게 된 것이다. 어떤 의미에서 이러한 이중 구조는 바로 오늘날 한국불교의 현상과도 유사하다. 선과 염불을 어떻게 조화시켜 바람직한 불교 수행과 신앙을 정립할 것인가 하는 문제는, 바로 이 시대 불교인들이 해결해 나가야 할 귀중한 거울이 되고 있다.

그 다음 자백진가紫栢眞可(1543~1603 또는 1604)[148]는 명대의 걸승으로 만력萬曆의 4대 선사 가운데 한 사람이다. 속성은 심씨이고 강소성 오강 출신이다. 자는 달관이며 호는 자백인데 자백 존자라고도 한다. 그는 성격이 용맹하고 쾌활하며 유년에 출가한다. 연경 대천불사의 변융에게 사사하여 화엄을 배웠으므로 운서주굉과는 스승이 같다. 그는 정토교를 습합시킨 선정 일치를 주장하였는데, 명 말 사상계를 석권한 왕양명의 발본색원 풍조에 영향받아 사회적 관심이 강하였다. 임제·대혜의 재래라고 할 정도로 인망이 있었고, 조정의 총애도 받았다. 그러나 그 시대의 폐단에 맞선 규탄으로 관료의 눈밖에 났다. 결국 신종神宗의 황태자 책봉에 관한 사건에 연루되어 처형된다. 저서로는 『반야심경요

---

148)『光緒蘇州府志』134

론』과 『자백노인집』 등이 있다. 그 역시 제종 조화 사상에 중점을 두었다. 각지에 있는 사탑을 부흥시킨 것과 만력 연간에 감산 등과 더불어 대장경을 조인한 공적이 크다. 『가흥장嘉興藏』이라고 알려진 대장경이 그것이다.

감산덕청憨山德淸(1546~1623)[149]은 명 말의 화엄승으로 역시 만력의 4대 선사 가운데 한 사람이다. 속성은 채蔡 씨이고 자는 징인澄印이다. 감산은 그의 호이며 시호는 홍각弘覺 선사이다. 안휘성 전초全椒 사람인 감산덕청 선사는 어려서부터 출가의 뜻을 지녀 11세 때 보은사 서림영녕 법사의 문하로 들어가서 불교 경전은 물론 유교와 도교의 경전을 함께 배운다. 그는 19세 때 보은사에서 삭발하고 출가한다. 변융·소암 등 여러 스승에게서 가르침을 받았으며, 일찍이 선문에 들어선다.

훗날 교·선 일치론의 대표적 존재가 된 그는 유儒·불佛 및 화엄과 선의 융합을 제시하여 제종의 조화를 도모한다. 자백진가와의 교분이 매우 두터웠으며, 그가 그랬듯이 감산덕청 역시 사회 활동에 적극 참여하여 사대부의 존경을 받는다. 여산에 암자를 지어 염불에 전념하기도 하였으나 다시 조계산에 돌아와 78세로 입적한다. 저서로는 『관능가기』·『법화경통의』·『원각경직해』·『기신론직해』 등 여러 권이 있으며, 그의 문도들이 엮은 『감산노인몽유집』과 『감산어록』이 있다. 불교 이외의 저서로는 유불 융합의 입장에서 쓴 『중용직해』가 있고, 『노자해』와 『장자내편주』도 있다. 이 모두는 불교 사상의 입장에서 유교와 도교의 전적을 해석한 것으로 그의 3교 조화 사상이 잘 나타나 있다.

이처럼 운서주굉, 자백진가, 감산덕청 이 세 사람은 모두 약간의 시

149) 『高僧摘要』 3(대일본속장경 77)

중국불교

차가 있으나 자연스럽게 교유·협력하여 불교 부흥에 전력한다.

마지막으로 우익지욱藕益智旭(1599~1655)[150]은 명말 청초의 승려이다. 속성은 종鐘씨이며 오현吳縣 사람이다. 부친이 대비주를 염송하다가 꿈에 고승이 자식을 주는 태몽을 꾸고 우익지욱 선사를 낳았다고 한다. 선사는 어려서부터 글공부를 하여 학문에 매우 밝았다. 처음에는 불교에 반대하여 불교를 비방하는 글을 짓는다. 그 후 연지 대사 운서 주굉의『죽창수필』과『자지록』을 읽고 발심하여 예전에 쓴 글들을 모두 태워 버리고 불법에 귀의하여 천태학을 연구한다. 20세 때『지장경』을 보고 출가한다. 24세 때 어느 법사가 강의하는 것을 듣고 홀연히 의정疑情이 일어나 오랫동안 참구하여 마침내 활연대오한다. 그는 송나라 때 천태종을 중흥시킨 사명지례四明知禮(960~1028)의 학설을 전수하여 크게 부흥시켜『교관강요』·『대승지관석요』·『법화회의』등을 저술한다. 결코 천태종이라는 한 종파에 머물지 않고 불교 제종의 통일과 융합을 위해 애쓴 그는 천태학도이면서도 명대에서 가장 유력한 정토교도이다. 한때 우익지욱은 오강吳江 지방에 가서 정진하다가 우연히 병에 걸려 매우 위독한 적이 있었는데, 그때 비로소 정토에 뜻을 두게 된다. 왕생주往生呪를 수지하여 7일 간 지성껏 염송하고 정토를 발원하여 쾌차한다.

또한 그는 계율·법상·선의 부흥자이기도 하다. 물론 각각 고립되어 있는 종파의 부흥을 꾀하고자 한 것이 아니라, 제종의 사상을 혼연히 융합한 새로운 불교를 제창하였다고 할 수 있다.

만년에 그는 영봉에 기거하면서 정토를 널리 권한다. 당시 선수행자

---

150)『新續高僧傳』9(大藏經補編 28)

들은 염불인들에게 반드시 '염불하는 자는 누구인가?'를 참구하게 했으나, 우익지욱은 다음과 같이 말하였다.

첫째, 부처님 명호를 지니는 것이 곧 원돈심종圓頓心宗이다. 둘째, 향상 일로는 선도 정토도 아니고, 즉선즉정卽禪卽淨이다. 셋째, 눈앞의 아미타불을 버리고 별도의 자성미타를 말하며, 서방정토를 버리고 별도의 유심정토를 말하는 것은 공안公案을 어지럽히는 일이다. 끝으로 염불법문은 특별한 것이 없고 단지 신심으로 열심히 행하면 된다.

우익지욱은 1655년 1월 21일 서쪽을 향하여 단정히 앉아 염불하고, 한 손을 들고 입적한다. 세납 57세였다. 2년 후 감실龕室을 열어 보니 시신의 모습이 생시와 똑같았다고 한다. 저서는 『능가경의소』·『점찰경의소』·『범망경합주』·『능엄경현의』·『비니집요』·『재가율요후집』·『열장지율』·『미타경요해』·『유식관심법요』 등이 있고, 그 밖에도 60여 부를 헤아릴 정도이다. 그는 또한 『사서우익해』와 『주역선해』를 저술하여 유교와 불교를 융화시키고 있다. 하지만 예수교에 대해서만은 운서주굉과 마찬가지로 맹렬한 배격 운동을 한다. 『천학초미』와 『천학재미』는 그가 예수교 배격 운동의 지도적 입장에 있었다는 것을 드러낸다.

이 시대에 많은 거사불교도가 나와 청조 거사불교의 계기를 만든 것도 명 말 불교의 한 특징이다. 이들 승속의 불교는 선과 염불을 중심으로 하는데, 이 시대의 정토교는 송나라 이래 잃었던 활기를 다시 띠게 된다. 그 유명한 운서주굉·우익지욱이 그 대표자였다. 우익지욱은 위의 책 이외에도 『정토십요』를 편찬하고, 거사 원굉도는 『서방합론』을, 주극복은 『정토신종』을 편찬한다. 또 대우는 『정토지귀집』을, 전등은 『정토법어』를, 무진은 『정토무생론』을, 일념은 『서방직지』를 편찬한다. 이 모든 저술은 당시 정토교 및 그 염불 사상이 어떻게 일반 사회에 받아들여졌으며, 활발히 믿게 되었는지를 알게 해 준다.

이밖에, 명 말의 특징적인 불교의 움직임은 기독교에 대한 비판서가 나왔다는 것이다. 그것은 앞서 언급한 운서주굉과 우익지욱의 저서를 통해서도 알 수 있다. 그 비판 내용은 불교 측이 일신교一神敎의 입장을 이해하지 않는 것 때문에 시작부터 서로 맞지 않았다. 따라서 마테오리치는 중국인들이 이해하기 쉽도록 "천주天主란 상제上帝에 관한 것이다"라며 유교 용어를 사용하기도 한다. 그러나 불교 측은 "천주교가 알고 있는 것은 불교에서 말하는 천상 세계의 천주 한 사람에 불과하다"고 매도하는 정도에서 끝을 낸다.

4) 양명학의 대두

명대 사상계에서 뛰어난 유학자 한 사람이 배출되는데, 바로 중국 명대 중기의 왕수인王守仁, 바로 왕양명王陽明(1472~1528)[151]이다. 그는 지행합일知行合一을 주장했다. 이전의 송나라 주자朱子는 마음의 불완전함을 보완하기 위해 지知를 완성해야 된다고 하는 반면, 왕양명王陽明은 지知는 행行이 됨으로써 참된 지가 된다며 실천을 강조한 것이 주목된다. 소위 양명학陽明學은 그가 주장한 새로운 유학이다. 그 후 양명학은 좌파와 우파로 갈라지는데 그의 좌파 제자 왕심제王心齊의 '만가성인설萬街聖人說'이 유명하다. 어느 날 왕심제가 외출에서 돌아오자 스승인 왕양명이 물었다. "외출에서 무엇을 보았느냐?" 심제

---

151) 『王文成公全書』 32 「年譜」

心齊가 대답한다. "거리에 가득 찬 사람들이 다 성인임을 보고 왔습니다." 이에 스승인 왕양명이 "상대 쪽에서도 네가 성인인 것을 보았을 것이다"라고 하였다.

말하자면 이 시대의 유학은 올바름의 연원으로서 '천天'을 유교 도덕인 '리理' 그 자체로 인식했다(천즉리天卽理). 또한 동시에 그것을 인간의 본질로 인식한다(성즉리性卽理). 이처럼 인간은 누구나 본질로서의 '천'이 내면에 성性으로 부여되어 있으므로, 그것을 완전하게 발휘하여 '성인'이 되어야 한다는 것이다. 이것은 불성론과 같은 것으로, 선종의 영향임을 부정할 수 없다.

양명학의 성인상 역시 심격心格의 높이에 따라 성인인 것과 그 성인은 마음이 외계에 적확하게 대응할 수 있는 존재라고 하는 두 점에서 주자학과 동일하다. 이러한 송학과 양명학 양자는 다음과 같은 세 가지 점에서 일치한다. 첫째, 만인은 최고의 존재로서의 성인에 이를 수 있다는 점을 강조한다. 둘째, 그 최고의 존재에 대해서는 순수하게 마음의 상태로 말한다는 점이다. 셋째, 그 마음의 본령은 내심과 외계의 반응 관계에서 찾아진다는 점이다. 이러한 점이 바로 불교의 가장 큰 영향이라 할 수 있다.

먼저, 불타와 성인이라는 최고 존재로의 도달 가능성에 대해서이다. 그래서 이들 세 가지에 대해서 좀 더 설명하려고 한다. 모든 사람이 성인에 도달할 수 있는 사상이라면 곧바로 연상되는 것이 불교의 실개성불悉皆成佛일 것이다. 여기서 문제는 중국 고대의 성선설性善說과 실개성불의 관계이다.

탕용동湯用彤은 한漢·위魏 이후의 성인에 대해, ① 성인이 될 수 있는가, ② 성인에 어떻게 도달할 수 있는가 하는 문제가 생겼지만, 중국 전통 사상에서 성인은 배울 수 있는 것도 도달할 수 있는 것도 아니라는 생각이 한대에 이미 널리 퍼졌고, 현학도 그것을 계승했다. 이 두 설은 조정하기 곤란해 보이지만, 동진東晉·송宋의 사령운(385~433)의 『변종론』으로 이끈 도생道生(축도생竺道生, 355~434)의 말로는 두 설을 절충한 새로운 의미를 제출한다. 그것을 다음과 같이 정리한다.

①성인은 배우는 것도 도달하는 것도 할 수 없다는 것이 중국 전통 사상, ②성인은 배우는 것도 도달하는 것도 할 수 있다는 것이 인도 전통 사상, ③성인은 배울 수 있지만 도달할 수 없는 것이라는 것은 이치로서 성립하지 않는다, ④성인은 배울 수 없지만 도달할 수 있다는 것이 도생의 새로운 설이다. 또한 이러한 도생의 새로운 설이라는 것은 만인의 성불을 설하는 것이지만, 배움(學)의 축적을 포함하지 않는 돈오라는 단박의 깨달음을 말하기 위해 '성인은 배우지 않는다'는 표현 방식이 된다. 말하자면 도생은 성인에 이른다는 점은 인도에서, 성인은 배우지 않는다는 점은 중국에서 본뗘, 두 설을 조정했다는 것이다.

탕용동은 이러한 도생의 사유 방법이 누구라도 성인이 될 수 있다고 주장한 초기 도학道學의 정이程頤에 연관되어 있다고 한다. 다만 정이의 경우는 성인에 도달할 때에 학문에 필수인 것이고, 그 단적인 표현이 안자소하학론顔子所何學論인 것이다. 탕용동의 말을 빌리면, 당시 성인에 이르는 데 배우지 않는다는 것이 일반적이었지만, 정이는 그것을 배우려고 한 것이고, 이 문장을 본 호원胡瑗이 놀란 이유도 여기에 있다. 말하자면 도생 이후 성인이든 부처든 신선이든 될 수 있다는 생각의 일반화가 일어났지만, 다만 성인에 도달하는 데에 필요한 수단에 분기가 생겨났다는 것이다.

5) 민간 신앙과 4대 보살

중국의 수많은 불교 성지 중에서 타의 추종을 불허하며 민중으로부터 절대적인 신앙을 받고 있는 곳이 4대 영산靈山(4대 도량이라고도 한다)이다. 즉 문수보살의 영장이라는 오대산, 보현보살의 영장이라는 아미산, 관음보살의 영장이라는 보타산, 지장보살의 영장이라는 구화산 등이다. 중국에서는 이 4대 보살이 불교 교의를 드러낸다고 생각한다. 즉, 문수보살은 지智(지혜), 보현보살은 행行(실천), 지장보살은 원願(서원), 관음보살은 비悲(자비)의 상징이다.

사실 예로부터 중국에서는 명산을 성지로 하는 신앙이 존재하고 있었다. 그 중에서도 태산泰山 신앙이 가장 유명하다. 고대의 진시황秦始皇은 태산의 정상에서 하늘에 제사 지내며, 불로불사와 신선의 능력을 획득하고자 하였다. 이러한 제사는 북송의 진종眞宗 황제(1008)에 이르기까지 여러 가지 형태로 계속된다. 그러나 4대 영산은 이러한 왕조의 신앙 형태와 달리 주로 민중의 불교 신앙에 의해 성립된 성지라고 할 수 있다.

오대산이 문수보살의 영장으로서 신앙을 모은 것은 『화엄경』이 역출·유포되고서부터이다. 더 구체적으로는 『60화엄』「보살주처품菩薩住處品」에 등장하는 "동북쪽에 있는 청량산에서 문수보살이 1만 명의 권속과 함께 머물며 항상 법을 설한다"[152]고 하는 기술에 의거한 것이다. 특히 북방에서는 북위의 영변靈弁(477~522)이 『화엄경론華嚴經論』 100권을 찬술했다고 한다. 이로써 북위 시대에는 문수보살이 청량산

---

152) 『화엄경』 「보살주처품제」 27(대정장 9), p.589하.

(오대산)에 머물면서 5백 선인에게 설법하고 있다는 전설까지 생겨난다. 『화엄경』이 중국에 널리 퍼지고 연구되는 과정에서 문수 신앙은 고조에 달한다. 그러나 청량산이 중국의 오대산을 가리킨다고 하는 구절은 경전의 어디에도 기록되어 있지 않다.

보현보살의 영장은 아미산으로, 사천성四川省 아미현峨眉縣의 남서부에 위치하며, 성도成都에서 168km 떨어진 곳에 있다. 『아미지峨眉志』에 의하면, 포옹蒲翁이라는 사람이 약초를 캐기 위해 산에 들어갔다가 산꼭대기에서 오색구름이 흰 빛을 내뿜고 있는 것을 보았다고 한다. 그런데 갑자기 한 마리의 사슴이 나타났고, 그 사슴에게 이끌려 바위 위에 이르자 절이 건립되었다는 것이다. 그래서 그 사찰의 이름을 백수보현사白水普賢寺라고 한다. 아미산이 어느 시대부터 보현 신앙과 연결되었는지는 확실히 단정할 수 없지만, 송대(10세기 이후)에 가장 성행한 것은 확실하다.

지장보살의 영장인 구화산은 안휘성安徽省 남부 청양현青陽縣에 있으며, 산의 모습은 100km² 남짓밖에 안 된다. 예로부터 능양산陵陽山, 책산幘山, 구자산九子山이라 하였으나, 당나라 시인 이백李白(701~762)이 "일전에 구강九江을 유람할 때 멀리 구화봉九華峰을 바라보았네. 천강天江의 녹수에 걸려 있어 수려한 아홉 개의 연꽃 같네"라는 시를 노래하고서부터 구화산이라 불리게 되었다. 8세기 중엽에 단호檀號라는 당나라 승려가 이 땅에 들어오기까지 구화산은 선인仙人이 사는 선경仙境이라 하여 도교의 성지였다. 『구화산지九華山志』에 의하면, 단호가 비록 현지의 유력자에게 쫓겨나긴 했지만, 구화에 초가집을 짓고 중생에게 포교한 곳으로, 나중에는 불교와 도교가 타협해서 합류하게 되었다고 한다.

그런데 구화산이 지장보살의 성지가 되기까지 다음과 같은 인연담이 전해 온다. 당나라 개원 7년(719), 신라의 왕족 출신 석지장釋地藏(속명 김교각金喬覺, 김대각金大覺)이라는 승려가 바다를 건너와 구화산의 깊은 골짜기에서 살았다. 어느 날 마을의 제갈절諸葛節 등이 산에 들어갔는데, 석지장은 동굴에서 홀로 백토와 좁쌀을 먹으며 살고 있었다. 이렇게 고행하는 모습에 감복한 제갈절 일행은 금을 희사하였고, 일찍이 단호가 입산했던 옛 땅에 사찰을 건립했다. 그 후 불과 몇 년 동안에 대사원으로 발전하여, 건중建中 원년(780)에는 화성사化城寺라 불렀다. 곧이어 석지장의 백부 두 사람도 산에 들어와 그의 고행하는 모습을 보고 감동하여, 끝내 구화산에 머물다 그곳에서 죽었다. 사람들은 백부들을 기념하여 묘를 건립하였는데, 이것이 지금도 현존하는 두 개의 성전聖殿이라고 칭한다.

　　석지장이 죽자, 그를 지장보살의 화신, 또는 지장보살의 재래再來라하여 존경하게 되었으며, 구화산은 지장보살의 도량으로 자리매김한다. 그 후에 신라의 승려가 잇달아 구화산을 찾아왔는데, 그 가운데 정장淨藏은 쌍봉암雙峰庵을 창건한다. 이처럼 구화산을 연 것이 중국 승려가 아니라 신라의 승려라는 점이 흥미롭다.

　　관음보살의 영장 보타산普陀山은 절강성의 주산舟山 열도에 떠 있는 하나의 작은 섬으로, 동서 3km 남짓이고, 남북은 9km에도 못 미친다. 서한西漢 말년(기원 전후)부터 세상 밖의 선경仙境이라 불렸고, 옛날에는 도교의 신선경이라 여겼다. 한편, 『중수남해보타산지重修南海普陀山志』에는 "보타산, 범어로는 보달락가補怛洛迦라 이름한다"고 기록되는 등, 불교에서의 관음보살의 주거지인 보달락가와의 연관성을 강조한다.

　　『화엄경』「입법계품入法界品」에 등장하는 선재동자는 게송을 듣고 관음보살이 사는 보달락가산으로 간다. 거기에서 선재동자는 금강석 위에 결가부좌하고, 무량한 보살과 중생을 위해 대자비의 법을 설하는 관음보살의 모습을 볼 수 있었다는 것이다. 이것으로 볼 때, 당시 사람들은 관음보살이 사는 산을 중국의 보타산에서 모방하려 하였음을 알 수 있다.

민중의 불교 신앙에서는 여성에 관한 위경이 많이 만들어진 점도 눈에 띈다. 그 내용은 주로 여성의 사회적 지위나 결혼, 생리상의 괴로움에 집중되어 있는 것이 특징이다. 명청 시대에 중시된 『불설대장정교혈분경佛說大藏政教血盆經』, 그리고 민간 종교에서 『고불천진고증용화보경古佛天眞考證龍華寶經』·『불설황씨여간경보권佛說黃氏女看經寶卷』·『불설리산노모보권佛說離山老母寶卷』·『보모혈분경報母血盆經』 등이 알려져 있다. 유교의 남존여비 관념을 비판하여 남녀는 나면서부터 평등하며, 동일한 종교적 공동체 내에서도 대등한 관계에 있다고 주장한다. 이는 여성에 대한 존경과 신뢰, 관심과 동정이 담겨 있는 경문이라 할 수 있다. 또 한편으로 명청 시대에는 여성이 죽은 후 승니나 도사를 초청하여 경전을 외우면 사후 세계에서 죽은 자가 핏물을 마시는 고통을 면하고, 그 죄업으로부터 구제된다는 신앙이 있었다.

이상으로 중국의 4대 불교 영산 신앙과 민간 종교의 관점에서 불교 민간 신앙의 이론적 형태와 장례 등을 살펴보았다. 이들의 공통점은 정통적인 유교나 불교의 교단을 대신하여 보살의 자비로 모든 중생을 구제하고자 하는 바람을 지녔다는 것이다. 이러한 형태가 미륵 신앙이나 민간 신앙과 결부되어 농민 반란이나 왕조 교체의 기폭제가 되었던 것도 사실이다. 그러므로 이러한 것들 역시 불교 민간 신앙의 중요한 형태이다. 그러나 아직도 어찌하여 민간 불교, 또는 민간 종교가 출현해야만 했는지, 그리고 정통적인 불교 교단은 어찌하여 민중의 종교적 욕구를 만족시킬 수 없었는지에 대해 시원스레 응답할 만한 연구 성과는 부족하다.

5. 청대의 불교

1) 청나라의 불교 정책

　　　　명나라는 300년 간이나 평화를 누리며 한족의 자존심을
세워 주다가 결국 멸망하고, 역사는 다시 한 번 이민족에게 힘을 실어
주어 만주족이 지배하는 청淸나라로 바뀌게 된다.

　청나라는 중국 북부의 만주滿洲에서 흥기했지만, 태조의 건국 정신
은 라마교에 의한다고 할 만큼 라마교와 깊은 교섭을 가졌다. 태조太祖
는 문수보살의 화신이라는 설이 있고, 만주족에서 만주라는 말의 어원
가 문수사리보살의 '문수'에서 유래한다고 할 정도로 라마교와 깊은 관
계가 있다. 이 때문에 청나라 역시 원·명과 마찬가지로 불교의 중심에
라마교가 있었다.

　역대 황제의 라마교에 대한 지극한 존경심은 한결같았다. 물론 신앙
적인 입장도 있었지만, 라마교를 신앙하는 티베트 지역과 몽골 지방의

변방 통치 정책이 수월했다는 정치적인 면도 있었다고 볼 수 있다. 따라서 청나라는 전국의 명산名山 어디를 가도 황의승을 만날 수 있었다고 할 만큼 라마교가 성행한다. 일반 불교의 승려를 청의승이라 하는 반면, 라마승을 황의승이라 한 것은 라마승들이 황의黃衣를 걸쳤기 때문에 나온 말이다.

그러나 청나라는 변발 등 풍습의 차이에도 불구하고, 근본적으로 불교를 포함한 한 문화에 대한 이해가 있었다. 청나라는 중국을 지배하는 데에 명나라 신하들을 이용하여 적절히 대응하였다.

과거 제도 면에서도 순치順治 2년(1645)에는 과장조례科場條例를 반포하여 다음 해 3월에는 과거의 최종 시험인 전시殿試를 통해 373명이 진사進士가 되었고, 그 이후에도 과거 제도는 막힘없이 실시된다.

불교 정책 면에서도 역시 명대의 제도를 답습한다. 그러므로 태종 홍타이지Hontaiji의 천총天聰 6년(1632)에 이미 승록사僧錄司·도록사道錄司가 설치되고, 청규를 지키는 자에게는 경전의 뜻대로 도첩을 지급하도록 정한다. 그러나 사도승私度僧은 엄격하게 단속하고, 사원의 창건을 금지하는 등 명나라와 마찬가지로 억제 정책이 계속된다.

이후 강희康熙·옹정擁正 연간을 지나 건륭제建隆帝에 이르면 불교는 완전히 거세되어 활력을 잃게 된다. 다만 선종 가운데 임제종만은 황제와의 관계에 힘입어 지속적으로 활동하게 된다.

청조의 순치제順治帝는 죽기 직전에 출가했다는 설이 있으며, 삭발한 것도 사실이다. 그가 겨우 24세에 붕어崩御하자, 당시 8세인 강희제康熙帝(재위 1661~1722)가 즉위한다. 강희제의 치세는 60년의 장기간이었지만, 유교에 의한 이상 정치를 목표로 하여 긴축 재정을 하는 등 훌륭한 정치를 행한다.

불교에 대해서는 강희 9년(1670)에 발표된『성론聖論』153 16조 중 제7조에 이단을 물리침으로써 정학正學을 배운다고 한 것처럼, 아버지와는 달리 부정적이었다. 그러므로 제도적으로 승려에 대한 규제를 강화한다.

강희 12년(1673)에 오삼계吳三桂가 반란을 일으켜 양자강 이남을 점령한다. 이에 강희제는 반란 평정을 위해 달라이라마 5세에게 협력을 요청하였으나 달라이라마가 이에 응하지 않아 대응에 실패하게 된다. 이 때문에 달라이라마에 대한 강희제의 불신감은 증폭되고, 티베트 문제에 개입하게 된다. 따라서 강희 59년(1720)에는 청나라의 공인을 얻은 달라이라마 7세가 청조군淸朝軍의 보호하에 포탈라 궁에서 즉위하게 된다. 이는 중국불교 내에서 달라이라마 일파의 지위와 신뢰가 추락하였음을 뜻한다.

강희제를 계승한 것은 강희제의 넷째 아들로 근세 중국에서 대표적인 독재 군주라고 불리는 옹정제(재위 1722~1735)이다. 그는 즉위했을 때 나이가 이미 45세였으므로 13년 동안 다스렸다. 하지만 군기처에 의해 독재 정치의 색채를 강화하는 한편, 검소와 절약을 취지로 국고의 비축을 달성한다. 더욱이 직접 상소문을 보고 결재한 근면한 황제로도 알려져 있다. 그는 청나라 불교사에서 가장 중요한 위치를 차지하는 황제이다.

법왕 옹정제는 황제라는 권력을 배경으로 하여 불교계를 완전히 수중에 넣는다. 그는 젊어서부터 불교 연구에 뜻을 두고 가릉성음迦陵性音에게 참문하는 등 선불교에 관심을 가지고 선을 수행하였다. 한편, 라마승 장가章嘉 국사國師에게 법을 구하여 스스로를 원명 거사라고 칭하였다.

---

153) 淸世宗(1724),『聖諭廣訓』7

그가 남긴『어선어록御選語錄』19권에는 선종의 고승들 수십 명과 도사 한 명, 거사 한 명, 그리고 자신의 전기와 어록이 실려 있다. 그가 도사 한 명을 포함한 것은 도교와 불교를 조화하는 일에 호의를 품고 있다는 표시이고, 거사 한 명을 포함한 것은 청나라 불교에서 차지하는 거사불교의 비중을 말해 준다. 또한 옹정제는 유·불·도 3교 일치와 불교 제종파諸宗派의 일치와 선종에서의 5가家의 일치를 주창한다. 게다가 제종의 융합과 통일을 주장한 운서주굉을 존경하여 선정禪淨 일치를 도모하면서도, 선문의 폐풍을 정리하기 위하여 정토문을 고취한다. 그리하여 불교는 종파를 막론하고 염불을 기본으로 삼게 된다. 그는 역대 황제 중에서 드물게 보이는 불교 교학 연구자라고 할 수 있다.

옹정제의 후사인 건륭제(재위 1735~1795)는 불교에 대한 조예가 깊었지만, 그 이상으로 유교를 신봉하여 한족漢族의 문화 현창에 힘쓴다. 따라서 고금의 기간既刊·미간未刊된 책을 편찬하여 방대한 고전 전집『사고전서四庫全書』7만 8천여 권을 완성시켰다.

한편, 건륭제 때 청나라의 칙판勅版 대장경인『용장龍藏』이 나왔는데, 이를 최초로 계획한 이는 옹정제였다. 옹정 13년(1735)의「어제중간장경서御製重刊藏經序」를 통해 옹정제가 시작하여 건륭제 3년(1738)에 완성되었음을 알 수 있다. 또한 건륭제는 건륭 38년(1773)부터 17년 간 한역 대장경의 만주어역본을 간행한다.

이와 같이 청나라 때는 엄청난 양의 대장경이 이어서 간행된다. 그러나 사찰과 승려의 사회적 신분은 이미 옛날의 영화를 찾아볼 수 없었다. 따라서 청나라 제왕들이 승단에 제한 조치를 취한 것도 놀라운 일이 아니다. 가령, 결혼한 승려에게는 죽장 80대를 때리고 사원 시설을 마음대로 한 주지에게는 죽장 100대를 때리고, 남자 16세 이상, 여자

14세 이상 되어야만 출가를 허락했다. 그뿐만 아니라 미래의 승려 수를 통제하기 위해 철저하게 도첩제를 실시했다. 이러한 상태에서 청나라 불교 승단은 자연히 무기력해지고 휴면 상태가 되었다.

2) 고승의 활약과 거사불교

이 시대에 활약한 고승들을 살펴보면 다음과 같다.

목진도민木陳道忞(1596~1674)[154]은 임제종 승려이다. 광동廣東 조양 사람이며 속성은 임林씨이다. 자字는 목진木陳이며 호는 산옹山翁, 또는 몽은夢隱이다. 유학儒學을 공부해 벼슬을 하다가 불교 경전을 읽고 여산의 개선사에서 삭발한다. 부모의 강압으로 환속하여 일시적으로 혼인, 슬하에 아들을 두었으나 27세에 다시 출가하여 감산덕청에게 구족계를 받는다. 사명산 천동사에서 밀운원오의 법을 계승한다. 세조가 불러 설법하게 한 후 홍각弘覺 선사라는 호를 내린다. 강희 13년에 입적하니 세납 79세 때이다. 저서로는 『홍각민선사어록弘覺忞禪師語錄』 20권과 『홍각민선사북유집弘覺忞禪師北遊集』 6권, 『주대록奏對錄』·『시문집詩文集』 등이 있다.

감박성총憨璞性聰(1610~1666)[155]은 자가 감박憨璞이고 법명은 성총性聰이다. 청나라의 세조를 섬겨 명각이라는 호를 받아 명각明覺 선사라고도 불렀다. 저서로는 『명각선사어록』이 있는데, 여기에 "명조明朝에서 자라 늙어서는 청淸을 섬겼으니, 아! 그대의 대의大義는 밝지 못하였

---

154) 『雍正浙江通志』 199
155) 『正源略集』 10(대일본속장경 85), p.61상.

네. 일편단심은 변치 말아야 할 일, 수양산 빛깔은 고금에 푸르건만" 이
라는 탄식의 소리가 실려 있다. 아마 시대를 잘못 타고난 것에 대한 자
신의 소회를 밝힌 듯하다.

옥림통수玉林通琇(1614~1675)[156]는 강소성 출신으로 명나라 말기에 태
어나 청나라 초기까지 임제종 사찰을 중심으로 활동한다. 형계荊溪 땅
의 경산원수磐山圓修 선사에게 인가를 받은 후 절강성 무강武康 보은원
報恩院에서 법석을 드날렸고, 절강성 천목산에 머물다 입적한다. 어록
12권을 남겼는데 그 선문답에, '사릉답지四稜蹋地', 즉 '의자의 네 다리
가 바닥에 제대로 놓여 있다'고 하는 글이 나온다. 이 구절은 지금도 선
가에서 회자되고 있다.

위림도패爲霖道霈(1615~1702)[157]는 속성이 정丁씨이며 이름은 위림여
박爲霖旅泊, 호는 비가수非家叟라고 한다. 14세에 출가하여, 『법화경』
과 『능엄경』 등 여러 경전에 통달하였으며, 많은 선지식을 탐방하여 대
오한다. 저서로는 『화엄소론찬요華嚴疏論纂要』 20권을 탈고하고, 『선
해십진禪海十珍』을 포함한 여러 저술이 있다.

백형속법柏亨續法(1612~1723)[158]은 속성이 심沈씨이며, 자는 백형伯亨,
별호는 관정灌頂이라 한다. 9세에 자운사 명원明源에게 출가하여 많은
경전을 독송하고, 사서와 『시경』·『역경』에 통달한다. 특히 화엄 일가
의 교관敎觀에 통달하였으며, 일생 동안 600여 권의 저서를 남긴다.

한편, 청나라 불교계를 이끌어 오고 유지한 것은 오히려 유학자들의
불교 연구에 의해서였다. 청나라 불교를 거사불교라고 하는 까닭이 여

---

156) 『高僧摘要』 3(대일본속장경 87), p.333중.
157) 『正源略集』 3(대일본속장경 85), p.19중.
158) 『雍正浙江通志』 198

기에 있다. 청나라 초기의 유학자 왕부지는 법상학에 정통하였고, 팽소승과 양인산 등이 유명하다.

팽소승彭紹升(1740~1796)[159]은 양명학과 아울러 불교학도 깊이 연구한다. 그는 건륭제 때의 사람으로, 호가 척목尺木이어서 척목 거사라 하며, 장주長洲(강소성江蘇省)에서 출생한다. 부친은 병부상서를 지냈으며, 귀족 출신으로 20세가 되지 않은 어린 나이에 과거를 보아 진사에 합격했으나 벼슬은 하지 않았다. 육왕학陸王學을 공부한 뒤『대장경大藏經』을 읽고 불교에 귀의하였으며, 보살계를 받고 엄격한 계율 생활을 한다. 운서주굉을 깊이 사숙하였으므로 제종 융합을 지지한 학자이다.

그는 유교와 도교에도 밝아 유·불·도 3교의 조화를 주장한다. 저서로는 유·불의 조화를 주장한『일승결의론一乘決疑論』을 비롯하여『화엄염불삼매론華嚴念佛三昧論』·『정토삼경신론淨土三經新論』·『거사전居士傳』·『선여인전善女人傳』등이 있다. 특히 그는『일승결의론一乘決疑論』에서 송·원 시대 유학자들의 불교에 대한 비판이 얼마나 어리석은가를 설명하고, 양자의 조화를 주장하기도 한다. 그는 "무량수경은 여래칭성지원교如來稱性之圓教이며 중생본구지화의衆生本具之化儀"라 하며 구성염불을 강조한다. 팽 거사의 입장에서 볼 때 염불하는 동안에 불상은 필요하지 않은 것이었다. 염불 그 자체가 불타를 이루는 것이고, 또한 불佛은 오는 일 없이 우리에게 오고 우리도 또한 가는 일 없이 불佛에 도달하는 것이라는 생각에서였다. 이로 보건대 척목 거사는 염불교도로서 청대 정토교의 대표자라고 할 수 있다.

또한『거사전』은 중국 재가 불교의 전통을 밝힌 것으로, 불교에 대해

---

159)『거사전』56(대일본속장경 88), p.290중.

깊은 관심을 지닌 거사로서의 그의 면모를 보여 주는 것이기도 하다. 유학 방면으로는 양명학의 입장에서 주자朱子의 『사서집주四書集註』에 의疑 4편을 쓴 것이 있다.

양인산楊仁山(1837~1911)[160]은 팽소승에 이어 청나라 불교를 대표하는 거사이다. 이 양 거사야말로 홍수전의 폐불 사건 이후 중국불교 부흥의 실마리를 연 인물이다. 그의 자는 문회文會이며 안휘성安徽省 출신이다. 영국과 프랑스에서 유럽 문물과 사회 정세에 관하여 공부한다. 귀국 후 홍수전의 폐불 사건으로 황폐화된 중국불교계의 부흥에 매달리고, 특히 불교의 홍법과 출판에 전력을 다한다. 그는 불교 홍법이나 연구에는 무엇보다 불서佛書가 필요하다고 생각하여, 금릉각경처金陵刻經處를 설치하고 불서 간행 사업에 종사한다.

당시는 홍수전의 종교 반란으로 인해 한 권의 불서를 구하는 것도 대단히 어려운 상황이었다. 그러므로 저본을 입수하는 일도 곤란했다. 그런 상황에서 그는 두 번째 유럽 방문 중에 일본의 난조후미오(南條文雄) 박사를 알게 되고, 일본에서 불교 서적을 수입하여 인쇄 사업에 심혈을 기울이게 된다. 그가 일생의 사업으로 출판한 불서는 화엄·열반, 이외에 온갖 대·소승 경전과 중국 찬술 불서 등 2천여 권을 헤아릴 정도이다. 그에 의해 보급된 불서만도 총 100만 권 이상이라고 한다. 이와 같이 그는 출판 사업을 통해 불교를 재건하는 데에 누구보다도 큰 공헌을 한 사람이다.

그의 불교 사상은 제종 통일의 사상이었으나 신앙으로는 아미타불을 귀의처로 했다고 한다. 단순히 출판 사업뿐만 아니라 스스로도 많은 책

---

160) 『楊仁山居士遺書』(大藏經補編 28)

중국불교

을 저술하여 불교를 널리 퍼뜨리는 데에 노력한다. 왕매숙, 조혜보 등 그 외의 동지와 함께 불법을 펴고 많은 제자들을 양성한다. 그의 금릉 각경처 사업은 모두 이들에 의해 계속 이어진다. 중국의 불서는 이 금릉각경처에서 만들어진 것이 많다. 그는 선통 3년인 1911년 8월 17일 75세로 생을 마친다.

여기서 잠시 홍수전洪秀全의 폐불에 대해 살펴보기로 한다. 홍수전은 1850년 야소교를 신조로 상제회를 만들었다. 이들이 거병하여 전국에 걸쳐 600여 개의 도시를 점령하고 태평천국太平天國이라 하여 남경에 도읍까지 정한다. 이는 태평천국의 난이라고도 불리는데, 13년 간이나 지속된 종교 반란으로 그들은 통과하는 곳의 불상·경전·사원을 모두 소각시켰다. 그래서 불교의 명맥과 승단은 극심한 피해를 입게 된다. 이 반란 이후, 앞에서 설명한 양 거사의 불교 부흥 운동으로 불교계는 약간의 실마리를 잡는다. 그러나 청나라 말기가 되자, 다시 불교 박해가 시작되어 사원 재산이 몰수되고 사원을 학교나 군대의 병영으로 만들어버리는 예가 속출하였다. 그 후 얼마 되지 않아 청나라가 무너지고 중화민국이 건국된다.

3) 청대 불교의 특징

청대 불교는 1644~1911년까지 중국을 지배한 최후의 왕조 불교이다. 청나라의 특징은 만주인의 지배·유교의 중시·티베트 불교의 숭배 세 가지를 들 수 있다. 이 시기의 불교는 이전의 전통불교에 대한 제한 정책이 많이 실시되어 변모하지 않으면 안 되었다.

원대부터 청의 건륭제까지 500년 간의 불교가 송대 이전의 불교와 가장 큰 차이점은 라마교가 그 정점에 계속 존재했다는 것이다. 다만, 라마교는 황제 등 위정자의 종교로서 제한적인 활동을 행하여 기존의 불교 종파 활동에 큰 장애가 되지는 않았다. 그럼에도 불구하고 이 시기의 중국불교는 사상적인 발전이 거의 없었다. 불교는 당·송대에 이미 사상적인 완성을 보았으므로, 발전의 여지가 없었다는 견해도 있다. 그러나 교단의 비대화와 국가의 관리 강화에 따라 종교로서의 생명력 자체가 위축된 결과라고도 할 수 있다.

시대적인 흐름에서 보면 원대에는 과도한 불교 보호 정책하에 선종과 교종의 융성이 극에 달한다. 그러나 명대에 들어서면서 황제에 따라 차이는 있지만 대체로 불교 억압 정책을 취했다. 특히 도교에 탐닉한 가정제嘉靖帝 때에는 불교가 극심하게 침체된다. 이후 명나라 만력기萬曆期(1573~1620)에 들어 세 고승의 출현을 계기로 불교는 재흥되고, 특히 선종이 번창한다. 하지만 청대에 들면서 얼마 안 되어 선종 역시 황제의 손에 의해 무력화된다. 물론, 장의葬儀나 법요法要 등으로 민중 생활 속에 뿌리를 내린 불교가 계속해서 제 역할을 담당한 측면도 있다. 그러므로 단순히 국가나 황제와의 관계만으로 가치를 판단할 수는 없다.

비록 그렇더라도 원대 이후의 중국불교가 쇠퇴의 길을 걸은 것은 사실이다. 물론 그 최대 원인은 불교가 납세를 피하고 무위도식하는 무리를 숨겨주는 수단으로 이용되거나, 역대 왕조의 도첩의 남용으로 승려의 수가 증가하도록 방치해 온 점에 있다고 할 수 있다.

명말의 운서주굉은 『죽창수필竹窓隨筆』[161]에서 "지금의 승려는 신심이 재가자에게조차 미치지 못하기 때문에 불도가 성취될 수 없다"고 한

---

161) 雲棲袾宏(1615), 『竹窓隨筆』

탄한다. 어느 시대든 불교의 성쇠는 승려들의 자각에 달려 있다고 보아야 할 것이다.

중국불교 연구의 대가인 겸전무웅鎌田茂雄은 일찍이 한·중·일 삼국 불교의 현재 모습에 대해 다음과 같은 가설을 세운다. 현재의 일본불교는 당대의 유풍이 강하게 남아 있고, 한국불교는 송대의 흔적이 잘 나타나 있으며, 중국불교는 거의 명·청불교의 연장선에 있다는 것이다.

확실히 중국불교사만을 본다면 왕조가 교체될 때마다 불교는 격심한 변화를 보인다. 특히 청왕조 시대에 이루어 낸 변모는 근현대 중국불교 형성의 토대가 된다. 물론 근대 이후의 중국불교도 역시 격동의 시대에 농락되었고, 스스로 그 변화에 불가피하게 대응해 가며 현재까지 살아남았다. 이 때문에 현재의 중국불교는 청대 불교의 유산을 짊어지고, 그것들을 청산하면서 재생을 꾀하는 역사라 할 수 있다.

6. 민국혁명 이후의 불교

1) 중화인민공화국의 종교 정책

       1949년 모택동이 주도하던 중국공산당은 8년 간의 항일 抗日 전쟁과 일본의 항복에 따라 제2차 세계대전이 막을 내림과 동시에 3년 반이나 끌어 오던 장개석의 국민당을 누르고, 비로소 중화인민공화국을 탄생시키게 된다. 그때 1949년 10월 1일, 바로 북경 천안문 광장에서 신국가의 성립 의식을 거행한다. 그리고 1954년 9월 20일, 제1회 전국인민대표회의가 개최되고 중화인민공화국의 헌법이 채택된다. 헌법 제88조에 "중화인민공화국의 국민은 종교·신앙의 자유를 인정 및 보호한다"는 규정이 명시되어 있었던 것이다. 다시 말해, 국가가 종교를 보호한다는 것은 종교 분야를 담당하겠다는 의미이다. 이에 반대하는 세력들이 옛날의 꿈을 꾸며, 신중국의 건설을 거부하는 움직임이 일어났으나, 곧 체포됨으로써 무산되고 만다.

그러나 중국은 인민의 국가이며, 인민의 행복을 근본으로 하는 국가이기 때문에 인민이 종교를 신앙하는 한, 영원히 이 정책은 계속될 것이다. 따라서 불교를 융성하게 하는 것도 쇠하게 하는 것도 정부 쪽에 있지 않고, 인민의 신앙 여하에 달려 있다. 종교·신앙의 자유도 거기에 대한 보호 정책도 결코 일시적인 것이 아니고 정치적인 것도 아니며 바로 인민의 행복을 위한 정책이라는 것이다.

이러한 기본적인 정책하에 불교를 비롯하여 많은 종교가 평등하게 보호받고 있다. 더구나 단순하게 신앙의 자유를 말한다기보다 적극적으로 종교를 보호해 주고 있는 정책에 주목하지 않을 수 없다. 보호라는 것은 가령 건립이나 수리·보수를 해야 할 경우에 국비로 원조해 주는 일이며, 더 나아가 '종교·신앙의 자유'라고 하는 정책을 방해한다고 하여 공공장소에서의 종교 비판을 금지하는 일이기도 하다.

어느 시대 어느 나라에서도 신정권의 혼란은 있기 마련이다. 단지 그것을 어떻게 극복하고, 그 위에 어떠한 국가를 세울 것인가가 문제일 뿐이다.

2) 중국불교협회의 결성

중화민국의 건국 이후 불교 부흥의 본격적인 활동은 중국불교협회를 중심으로 이루어진다. 중국불교협회는 중화인민공화국의 각 민족 불교도들의 연합 조직이다. 1953년 6월에 허운虛雲·원영圓瑛·조박초趙樸初 등 불교계의 유명 인사들의 제안에 의해 북경에서 창립되고, 그 본부는 북경의 광제사廣濟寺에 설치된다. 협회의 최고 권력 기관은 전국불교도대표대회이다.

1953년에 성립된 이후 1966년 문화대혁명 때까지의 협회는 불교 교무의 관리·불교 인재의 육성·불교 학술 연구·국제 불교계와의 교류 등 다양한 분야에서 지도적인 역할을 발휘하며 큰 업적을 남겼다. 즉 「현대불학現代佛學」이라는 회부를 간행하고, 『중국불교』 시리즈를 편집하여 출판한 것이 그것이다. 또한 1956년에는 북경의 법원사法源寺에 중국불학원中國佛學院을 창립하여, 1966년까지 수많은 졸업생을 배출해 중국불교의 인재 육성에 공헌한다. 더욱이 국제회의의 참가나 상호 방문 등의 활동을 통해 스리랑카·미얀마·태국·일본 등의 불교계와 활발히 교류하여 중국불교의 존재감을 세계에 알린다.

그러나 문화대혁명이라는 정치의 소용돌이에서 협회 역시 타격을 받는 것이 불가피했고, 그 결과 큰 피해를 입게 된다. 10년 간 수많은 사원이 파괴되고, 다른 기관에 징용되기도 하였다. 그 외에도 승려들은 환속을 강요당하고, 조박초 등 책임자들은 농촌 지방으로 보내져 육체노동을 강요당한다. 이 때문에 발족 이후 적극적으로 펼치던 협회의 활동과 각종 사업은 이 시기에 완전히 정지된다.

그러나 1979년 이후, 다시 서서히 협회 활동이 재개되고 1980년 제4회 전국불교도대회를 기점으로 조박초 회장의 지도 아래 가까스로 발전 궤도에 오르기 시작한다. 각지의 파괴된 사원은 수복되어 불교 활동의 장소로 신자들에게 개방되었다. 그 가운데 북경의 옹화사擁和寺·법원사法源寺, 상해의 옥불사玉佛寺·용화사龍華寺, 강소성江蘇省 소주蘇州의 영암사靈岩寺, 강소성 남경南京의 서하사棲霞寺, 절강성浙江省 항주杭州의 영은사靈隱寺, 절강성 천태天台의 국청사國淸寺, 광동성廣東省의 남화사南華寺, 복건성福建省 고산鼓山의 용천사龍泉寺, 소주蘇州의 서원사西園寺·한산사寒山寺, 양주揚州의 대명사大明寺, 서안西安의 자은사慈

恩寺, 개봉開封의 대상국사大相國寺, 낙양洛陽의 백마사白馬寺 등 147개소의 사원이 중점사원으로 지정되는데, 이것들은 명실공히 중국불교의 중심지라 할 수 있다. 또한 심수시深圳市의 홍법사弘法寺, 해남성海南省의 남산사南山寺 등은 근년에 창립된 사원이지만, 새로운 신앙의 중심지로 계속 성장하고 있다.

인재 육성에 대해서는 중국불학원의 부흥 이외에도 영암산靈岩山 분원이나 서하산棲霞山 분원이 설립된다. 이 밖에도 상해, 복건福建, 사천四川, 감숙甘肅, 티베트 지역에도 각각 불학원이 창립되어 많은 불교 연구자나 사원의 관리자를 육성하는 기지가 되고 있다.

불교 문화 사업에 대해서는, 금릉각경처는 신자를 위해 경전을 발행하고, 중국불교도서문물관은 불교 문물의 발굴·탁본·정리·연구 등에 종사하고 있다.

또한 불교 연구 분야에서는 중국불교문화연구소를 설립하여 연구자를 모아 불교 연구를 행하여, 『법음法音』·『불교 문화』·『불학연구佛學研究』 등의 잡지를 간행하고 있다.

국제 교류 활동도 역시 날이 갈수록 성행하는데, 특히 일본불교계와의 교류는 큰 성과를 거두고 있다. 1985년에는 조박초와 교토의 불교대학 총장이었던 수곡신정水谷信正의 제안으로 일·중불교학술교류회의가 북경에서 개최되었다. 이후 이 회의는 2년마다 중국과 일본에서 열리고 있으며, 2008년에는 중국 강소성에서 제12회를 맞이하였다.

또한 1993년 조박초는 '한·중·일 3국 불교의 황금의 유대 1굴레'라는 구상을 내세웠다. 이것을 기반으로 1995년에 제1회 중국·한국·일본불교우호교류회의가 북경에서 개최되었다. 그 후 매년 이 회의는 세 나라에서 열리며 3국 불교 교류의 추진에 크게 기여하고 있다. 그 공로로 조박초는 1993년 대한민국 서울 동국대학교에서 명예박사 학위를 수여받기도 한다.

또한 협회는 중국대륙불교의 창구로서 홍콩·대만불교계와의 교류에도 큰 역할을 담당하고 있다. 특히 홍콩이 천단대불天壇大佛의 건립을 비롯하여 홍콩·대만에서의 불아佛牙사리 공양 등의 법회에 협회가 적극적으로 협력하여 적잖은 공헌을 하였다.

나가는 말

　　　　　이상으로 2천 년 간의 중국불교사에서 중요한 부분을 추려 개관해 보았다.

　물론 이처럼 대략적인 서술 방식으로는 불교사의 모든 분야를 탐구하고 설명하기 어렵다. 그러므로 중요한 사건들과 거기에 연관된 중심 인물만을 다룬 셈이다. 그러나 중국에 불교가 전래된 이후 그들에게 수용되는 단계에서 성장과 발전 과정을 통틀어 알 수 있도록 나름대로 배려하고자 하였다. 아울러 중국불교사가 중국 문화 내지 중국인들의 삶에 미친 영향까지 살펴보고자 하였다.

　그것은 어떠한 사상과 역사도 그 시대의 일정한 여건 속에서 살았던 사람들의 생활과 연결 지어 생각하지 않으면 성립될 수 없기 때문이다. 다시 말해서 일정한 시대의 일정한 사람들이 특정한 사상에 왜 그토록 흥미를 느끼고 거기에 목숨까지 걸었는가 하는, 인간의 생생한 숨결을 중국불교사의 흐름 속에서 찾고자 하였다는 데 이 책의 의미가 있다고 할 수 있다. 그러나 제한된 지면을 탓하지 않더라도 여러 분야의 설명을 빠뜨린 감이 역시 없지 않다.

북위 시대의 찬란한 불교 문화를 사진을 이용해 좀 더 사실적으로 다루지 못한 점, 사원 경제와 승관 제도, 그리고 불교 의례 등을 좀 너 구체적으로 설명하지 못한 점도 아쉬움으로 남는다. 그러나 전체적인 조감은 어느 정도 되었다고 생각되며, 이 책을 불교사 연구의 기초 자료로서 활용하는 데에는 도움이 될 것이다. 하나하나 출전을 밝혀 둔 것도 다행이라 믿는다.

참고문헌

『중국불교사』, 道端良秀 저, 계환 역, 우리출판사, 2007.

『중국불교(상)-역사와 전개-』, 케네스 첸 저, 박해당 역, 민족사, 1991.

『중국불교(하)-역사와 전개-』, 케네스 첸 저, 박해당 역, 민족사, 1994.

『중국불교문화론』, 賴永海 저, 박영록 역, 동국대학교출판부, 2006.

『중국불교문화』, 孫昌武 저, 우재호 역, 중문, 2001.

『中國佛敎史槪說』, 牧田諦亮 저, 양은용 역, 원광대학교출판국, 1984.

『中國佛敎思想史』, 木村淸孝 저, 박태원 역, 경서원, 1988.

『중국불교사상사』, 木村淸孝 저, 장휘옥 역, 민족사, 1989.

『中國佛敎史-初傳期의 佛敎-』 1, 鎌田茂雄 저, 장휘옥 역, 장승, 1992.

『中國佛敎史-受容期의 佛敎-』 2, 鎌田茂雄 저, 장휘옥 역, 장승, 1993.

『中國佛敎史-南北朝의 佛敎-』 3, 鎌田茂雄 저, 장휘옥 역, 장승, 1996.

『中國佛敎史』, 鎌田茂雄 저, 정순일 역, 경서원, 1985.

『중국불교사』, 藤堂恭俊·鹽入良道 저, 차차석 역, 대원정사, 1992.

『中國佛敎史』, 野上俊靜 저, 권기종 역, 동국대학교역경원, 1993.

『中國佛敎史』, 장원규 저, 동국대학교역경원, 1976.

『중국불교석굴』, 馬世長·丁明夷·李裕群 저, 양은경 역, 다할미디어, 2006.

『中國佛敎의 思想』, 玉城康四郞·鎌田茂雄 저, 정순일 역, 민족사, 2006.

『중국불교조각사 연구』, 정예경 저, 혜안, 1998.

『中國佛敎彫刻史硏究論著目錄』, 배진달 編, 민족사, 1995.

『중국불교철학 1, 인생론』, 方立天 저, 김봉회·이봉순·황성규 역, 서울불교대학원
　　　　대학교 출판부, 2006.

『중국불교철학 2, 심성론(상)』, 方立天 저, 김봉희·이봉순·황성규 역, 서울불교대
　　학원대학교 출판부, 2010.

『중국불교철학 3, 심성론(하)』, 方立天 저, 김봉희·이봉순·황성규 역, 한국학술정보,
　　2010.

『중국불교철학사』, 심재룡 저, 한국학술정보, 2004.

『중국불교학 강의-중국불교학의 원류를 찾아서-』, 呂澄 저, 覺昭 역, 민족사, 1992.

『(講座佛敎4)中國の佛敎』, 結城令聞 等編, 大藏出版, 1958.

『(北朝隋唐)中國佛敎思想史』, 荒牧典俊 編著, 法藏館, 2000.

『(新)中國佛敎史』, 鎌田茂雄, 大東出版社, 2001.

『(新アジア佛敎史5-中央アジアⅢ-)文明·文化の交差點』, 奈良康明·石井公成 編,
　　佼成出版社, 2010.

『(新アジア佛敎史6-中國Ⅰ南北朝-)佛敎の東傳と受容』, 沖本克己·菅野博史 編,
　　佼成出版社, 2010.

『(新アジア佛敎史7-中國Ⅱ隋唐-)興隆·發展する佛敎』, 沖本克己·菅野博史 編,
　　佼成出版社, 2010.

『(新アジア佛敎史8-中國Ⅲ宋元明淸-)中國文化としての佛敎』, 沖本克己·菅野
　　博史 編, 佼成出版社, 2010.

『シナ佛敎の硏究』, 津田左右吉, 岩波書店, 1959.

『唐代佛敎史の硏究』, 道端良秀, 法藏館, 1957.

『唐代寺院の経濟史的硏究』, 道端良秀, 東方書院, 1934.

『大唐西域記の硏究』 二册, 足立喜六, 法藏館, 1943.

『大乘佛敎芸術史の硏究』, 小野玄妙, 文雄閣, 1927.

『道敎と佛敎』, 吉岡義豊, 日本學術振興會, 1959.

『道敎と中國社會』, 窪德忠, 平凡社, 1948.

『道敎の基礎的硏究』, 福井康順, 理想社, 1952.

『道敎の硏究』, 吉岡義豊, 法藏館, 1952.

『敦煌と中國佛教』, 牧田諦亮・福井文雅 編, 大東出版社, 1984.

『敦煌佛教資料』, 西域文化研究會, 法藏館, 1958.

『東洋思想の形成』, 增穀文雄, 富山房, 1964.

『東洋人の思唯方法』, 中村元, 春季社, 1951.

『梁の武帝』, 森三樹三郎, 平樂寺書店, 1956.

『歷史と美術の諸問題』, 西域文化研究會, 法藏館, 1963.

『老藏の思想と道敎』, 小柳司氣太, 關書院, 1935.

『遼金の佛敎』, 野上俊靜, 平樂寺書店, 1953.

『遼金時代の建築と其の佛像』, 竹島卓一, 東方文化研究所, 1944.

『龍門石窟の研究』, 水野淸一・長廣敏雄, 座右寶刊行會, 1941.

『六朝宗敎史』, 宮川尙志, 弘文社, 1948.

『佛敎と儒敎倫理-中國佛敎における孝の問題-』, 道端良秀, 平樂寺書店, 1978.

『佛敎と儒敎』, 荒木見悟, 平樂寺書店, 1963.

『三階敎の研究』, 矢吹慶輝, 岩波書店, 1941.

『西域之佛敎』, 羽溪了諦, 興敎書院, 1928.

『釋道安研究』, 宇井伯壽, 岩波書店, 1956.

『禪宗史研究』三冊, 宇井伯壽, 岩波書店, 1942.

『五臺山の寺寺-中國佛敎交流の源泉をたずねて-』, 二橋進, 中山書防佛書林,
　　　　1986.

『王陽明の禪學的思想研究』, 久須木文雄, 日進堂書店, 1958.

『雲岡石窟とその時代』, 水野淸一, 創元社, 1939.

『魏書釋老志の研究』, 佛敎文化研究所, 1961.

『入唐求法巡禮行記の研究』, 鈴木學術財團, 1964.

『肇論研究』, 塚本善隆 編, 法藏館, 1962.

『宗敎と社會倫理』, 中村元, 春季社, 1959.

『中國近世佛敎史の研究』, 牧田諦亮, 平樂寺書店, 1957.

『中國近世淨土敎史の研究』, 安藤更生, 百華苑, 1963.

『中國佛敎と社會福祉事業』, 道端良秀, 法藏館, 1976.

『中國佛敎における經錄硏究』, 川口義照, 法藏館, 2000.

『中國佛敎の社會との交涉』, 道端良秀, 平樂寺書店, 1980.

『中國佛敎の硏究』1, 橫超慧日, 法藏館, 1981.

『中國佛敎の硏究』2, 橫超慧日, 法藏館, 1980.

『中國佛敎の硏究』3, 橫超慧日, 法藏館, 1981.

『中國佛敎美術と漢民族化-北魏時代後期を中心として-』, 八木春生, 法藏館,
　　2004.

『中國佛敎史の硏究-佛敎と社會倫理-』, 道端良秀, 法藏館, 1970.

『中國佛敎史-初傳期の佛敎-』1, 鎌田茂雄, 東京大學出版會, 1984.

『中國佛敎史-受容期の佛敎-』2, 鎌田茂雄, 東京大學出版會, 1984.

『中國佛敎史-南北朝の佛敎(上)-』3, 鎌田茂雄, 東京大學出版會, 1984.

『中國佛敎史-南北朝の佛敎(下)-』4, 鎌田茂雄, 東京大學出版會, 1990.

『中國佛敎史-隋唐の佛敎(上)-』5, 鎌田茂雄, 東京大學出版會, 1994.

『中國佛敎史-隋唐の佛敎(下)-』6, 鎌田茂雄, 東京大學出版會, 1999.

『中國佛敎四代名山圖鑑-五臺山·峨眉山·普陀山·九華山-』, 秦孟瀟 主編, 柏書
　　房株式會社, 1991.

『中國佛敎史論』, 高雄義堅, 平樂寺書店, 1952.

『中國佛敎思想史の硏究-中國民家の佛敎受容-』, 道端良秀, 平樂寺書店, 1983.

『中國佛敎思想史の硏究』, 佐藤成順, 山喜房佛書林, 1985.

『中國佛敎思想史硏究』, 鎌田茂雄, 春秋社, 1969.

『中國佛敎思想硏究』, 木村宣彰, 法藏館, 2009.

『中國佛敎史硏究』2, 牧田諦亮, 大東出版社, 1984.

『中國佛敎史硏究』3, 牧田諦亮, 大東出版社, 1989.

『中國佛敎社會經濟史の硏究』, 道端良秀, 平樂寺書店, 1983.

『中國佛敎社會史硏究』, 竺沙雅章, 同朋舍, 1982.

『中國佛敎史』, 鎌田茂雄, 岩波書店, 1982.

『中國佛教史』, 龍穀大學 編, 百華苑, 1974.

『中國佛教石經の研究』, 氣賀澤保規 編, 京都大學學術出版會, 1996.

『中國佛教制度史の研究』, 諸戸立雄 編, 平河出版社, 1990.

『中國佛教彫刻史論-魏晉南北朝前期-』1, 松原三郎, 吉川弘文館, 1995.

『中國佛教彫刻史論-南北朝後期·隋-』2, 松原三郎, 吉川弘文館, 1995.

『中國佛教彫刻史論-唐·五代·宋(付道教像)-』3, 松原三郎, 吉川弘文館, 1995.

『中國佛教通史』1, 塚本善隆, 鈴木學術財團, 1968.

『中國佛教·文化史の研究』, 山崎宏, 法藏館, 1981.

『中國禪宗史の研究』, 阿部肇一, 誠信書房, 1963.

『中國淨土敎家の研究』, 小笠原宣秀, 平樂寺書店, 1951.

『中國淨土敎理史』, 望月信亨, 法藏館, 1964.

『中國宗教制度』, デ·オロート 著, 清水金二朗 等譯, 大雅堂, 1946.

『中央アジア古代語文獻』, 法藏館, 1961.

『中央アジア佛教美術』, 西域文化研究會, 法藏館, 1962.

『支那における佛教と儒教道教』, 常盤大定, 東洋文庫, 1930.

『支那の建築と芸術』, 關野貞, 岩波書店, 1938.

『支那の佛塔』, 村田治郎, 富山房, 1940.

『支那佛教の研究』三捲, 常盤大定, 春季社, 1938.

『支那佛教史研究-北魏篇-』, 塚本善隆, 弘文堂書房, 1942.

『支那儒佛道三敎史論』, 久保田量遠, 東洋文庫, 1931.

『支那淨土敎史』, 佐々木月憔, 無我山房, 1913.

『支那中世佛教の展開』, 山崎宏, 清水書店, 1942.

『天台思想史』, 安藤俊雄, 法藏館, 1964.

『慧遠研究 遺文篇·研究篇』, 木村英一 編, 創元社, 1960·1962.

찾아보기

중국불교

초판 1쇄 발행　　2014년 3월 20일
초판 2쇄 발행　　2022년 9월 30일

지은이　　　　　계환
펴낸이　　　　　윤재승

주간　　　　　　사기순
기획편집　　　　사기순, 김은지
기획홍보　　　　윤효진
영업관리　　　　김세정

펴낸곳　　　　　민족사
출판등록　　　　1980년 5월 9일 제1-149호
주소　　　　　　서울 종로구 삼봉로 81 두산위브파빌리온 1131호
전화　　　　　　02-732-2403, 2404
팩스　　　　　　02-739-7565
홈페이지　　　　www.minjoksa.org
페이스북　　　　www.facebook.com/minjoksa
이메일　　　　　minjoksabook@naver.com

ⓒ 2014, 계환

ISBN 978-89-98742-20-1 04220
ISBN 978-89-98742-21-8 (세트)

이 도서의 국립중앙도서관 출판시 도서목록(CIP)은 e-CIP홈페이지(http://www.nl.go.kr/ecip)에서 이용하실 수 있습니다.
(CIP제어번호 : CIP2014005885)